SDGsと家庭科 カリキュラム・デザイン

増補版

探究的で
深い学びを
暮らしの場から
つくる

鈴木真由子
小高さほみ
平田　京子
編著

K 教育図書

はじめに

　2020年、新型コロナウイルス（Coronavirus Disease：COVID-19）が世界的な感染を引き起こし、人の生活や経済、国際行事などへ深刻な影響を与えた。各国の現況やその分析が瞬時に世界をめぐり、政府や自治体だけでなく、個人もその情報をもとに自らの行動を判断、実行することが求められた。

　各国でほぼ同時的に休校や外出自粛などの要請がされたが、その影響を最も受けるのは日々の生活であった。休校措置では子どもの居場所や昼食などの食生活、消費にかかわって日常品の買い占め問題、住居の換気や清潔の維持など、感染を防ぎ、健康、安全な生活をつくる知恵や実践力、そして利己的に行動するのではなく人との協力協働や共生のあり方も改めて見つめる機会になったように思う。

　この状況においては、これまで教育で強調されてきた「生きる力」がまさに試される。ネット情報を鵜呑みにせず相対化して考える批判的思考力や判断力とともに、栄養バランスの良い食事を手元の食材で調理する力、日用品を日ごろからストック（ローリングストック）し、部屋を清潔に保つなどの知識やスキル、危機に際して人と協力して対応する力などが必要となる。これらの実践力の育成に最もかかわりの深い教科のひとつが家庭科である。たとえ学校が休校で自宅待機となっても子どもたちは大人に世話をしてもらうだけの存在ではない。小学校の5、6年、中学、高校と学ぶ家庭科の衣食住や消費・環境の学習で身につけた知識・スキルを活用すれば、子どもは生活の主人公（生活主体）として、家族を支える頼もしい存在となる。子ども自身が自分を見直し自信をつける絶好の機会にもなるだろう。

　同時に、この世界規模の危機に際して、改めて注目されるのが、国際的な連携の下でよりよい世界を創る指針として策定されたSDGs（Sustainable Development Goals：持続可能な開発目標）である。2015年9月に「持続可能な開発のための2030アジェンダ」が国際連合で採択され、すべての国が2030年を目標に責任ある取り組みをすることが課せられた。「誰一人取り残さない」をスローガンに、人と地球とその繁栄のための17の目標と169のターゲットを掲げている。これらは貧困の撲滅や食糧、健康や福祉、教育やジェンダー問題、まちづくりや消費、労働と経済、クリーンなエネルギーや環境保護、不平等の是正や平和維持など、まさに地球規模で人の命と生活を守るために協働で知力を結集することを目指すものだ。

　2030年までの目標実現に向けて、こうした理念を理解し実行する担い手を育てることが教育に求められている。家庭科教育は、衣食住や消費・環境、家族や福祉などの学習を通してより良い生活（ウェルビーイング）の担い手を育てる教科であり、SDGsとは学習目標、内容ともに深くかかわっている（I-1 pp.14-15）。「生活」を科学し、より良い生活とは何かを考える（哲学する）ことはSDGsと目指す方向が重なっている。また生活知識やスキルの実践力を育てるという意味で、日々の「暮らし」の場からの行動力を鍛えることを目指している。この「生活」から発する学びは他の教科にはなく、家庭科の独自性といえるだろう。

本書は、このSDGsと家庭科の関連を理論的に整理し、教育実践の可能性を明らかにすることを柱の一つとしている。もう一つの柱は、2017、2018年の学習指導要領の改訂において示された「主体的・対話的で深い学び」を家庭科でどう展開するかを具体的に理論と実践で示すことである。すでにみたように、国内外、さらには地球規模のさまざまな難題を解決するためには、粘り強く創造的に問題を解決するための思考力、判断力が不可欠であり、その力をつける新たな教育の枠組みとカリキュラムのデザインが求められている。

　以上のように、本書は、新たな学習指導要領のもと、SDGsの国際的目標と家庭科との重なりを視野におさめるとともに、思考力、判断力などの探究的な力に裏づけられた生活実践力を身につけるための包括的な家庭科カリキュラム・デザインの枠組みと方法を提案するものである。

　全体は以下の三部で構成されている。

　第Ⅰ部では、「探究的で深い学び」を実現する家庭科の資質能力とSDGsとの関連や、具体的な学びのデザインを学習方法や評価も含めて提示している。第Ⅱ部では、家庭科が現実の生活課題にどうかかわるのか、学習指導要領で新たに提起された4つの視点（協力・協働、健康・快適・安全、生活文化の継承・創造、持続可能な社会の構築）をもとに説明し、SDGsと具体的な学習内容とのかかわりについて述べている。さらに家庭科の学習内容について今日的な課題に触れながら解説している。第Ⅲ部では、探究的で深い学びを授業の中でどう創るかについて、具体的にSDGsにかかわる9つの実践例をもとに紹介している。その大半の授業は第Ⅰ部のカリキュラム・デザインにのっとって設計されたもので、生徒たちの深い学びが引き出されている様子が報告されている。また、各章や項目に関係するさまざまな活動に携わっているNPOや専門家の方々に寄稿やコラム、解説をご執筆いただいた。

　日々家庭科の授業づくりに取り組んでいる教師や家庭科関係者、教職を目指す学生をはじめ、生活の学びやカリキュラム・デザインに関心のある教育関係者、そしてSDGsと教育とのかかわりに関心のある市民や企業や各種機関の皆様に是非、目を通していただければと思う。生活の学びからSDGsの目標にアプローチする教育の可能性について、議論の輪を広げることができれば幸いである。
・・・・・・・・・・・・・・・・・・

　2020年発刊本は幸いにも多くの方々にお読みいただき、第3版まで版を重ねることができた。本新刊「SDGsと家庭科カリキュラム・デザイン（増補版）」は、データの更新や図版のバージョンアップとともに、新たに小学校の家庭科についてもⅢ部に実践例を加え、小学校から高校までの一貫した家庭科カリキュラム・デザインの全容を示し、さらなる充実を図ったものである。

2022年3月吉日

編著者を代表して

荒井　紀子

もくじ

第Ⅰ部　探究的で深い学びをつくるカリキュラム・デザインと SDGs

第Ⅱ部　暮らしの場から考える SDGs：現代の生活課題に迫る

第Ⅲ部　探究的で深い学びの授業

第Ⅰ部

探究的で
深い学びをつくる
カリキュラム・デザイン
とSDGs

新たな時代に求められる家庭科の資質・能力とSDGs

1 これからの時代に求められる能力とその背景

　近年、新たな学力や能力についての関心が高まっている。その背景には何があるのだろうか。

　21世紀にはいってからの約20年、私たちがこれまで抱いていた人類の進歩のイメージが揺らいできている。科学の進歩や人間の英知、経験知によって、人間社会は困難を乗り越え、より良い社会へ向かっていくだろうという楽観のようなものが、少しずつ崩れつつあるといえるだろう。

　一例をあげるなら、地球温暖化による海水温度の上昇は、これまでにない大型の台風を生み出し、日本においても2010年代以降、河川の氾濫や土砂崩れ、都市機能のマヒなど大きな被害が起きている。メディアにより40年、50年に1度の災害と報道がされても、私たちはこれが今後も常態的におこるのではとの不安がぬぐえない。南米や北米、アラスカでの大火災による森林の損失が樹木の光合成で生まれる酸素の供給を妨げ、北極の氷塊の溶出による海面上昇など自然界の変化は生態系や食糧生産に影響を及ぼしている。大量生産・大量消費によるゴミ、とりわけプラスチック廃棄物の問題は海洋生物だけでなく、やがては人体被害へと確実につながる問題でもある。こうした自然破壊の問題と合わせて、21世紀に入ってから、貧富の拡大、飢餓、紛争による難民増加や社会の非公正、不平等の問題も、ますます複雑さを増している。

　誰が見ても解決は簡単ではなく、かつ、改善、解決が必要な地球規模の問題が顕在化してきており、それへの待ったなしの取り組みの必要性が、世界共通に認識されてきている。2019年、スウェーデンの16歳の少女、グレタ・トゥーンベリさんの気候変動への危機感と問題提起が世界の数百万ともいわれる若者の抗議デモにつながり、同年9月の国連気候行動サミットでの彼女の演説が瞬時に世界に報道され、多くの共感を呼んだことなども、この問題が広く共有されていることを示している。

　これらの問題に取り組む個人や集団の意欲や能力、実行力が今ほど、求められている時代はないだろう。ここで求められるのは、困難な問題に向き合い、粘り強く創造的に問題を解決するための、世界をつなぐ哲学や取り組みの手立てである。と同時に、状況をクリティカルに分析して探究的に思考し、協働して問題解決に取り組む実行力を持つ人をどう育てるかが課題となる。

2 時代の課題と向き合う SDGs と消費者市民の視点

　地球のさまざまな課題と向き合うために世界共通の指針として提起されているものの内、本書で特に注目したいのは、SDGs と消費者市民の2つの視点である。

（1） SDGs （Sustainable Development Goals）

　地球規模の課題に対し、各国が協働して取り組むべき重要な視点として国際的に提起されたのが、「持続可能な開発（sustainable development）」と、それを包括的に進める目標を示した「SDGs」（Sustainable

Development Goals：持続可能な開発目標）である。まず、1992年の国連の地球サミットにおいて、地球環境の問題に各国が足並みをそろえて取り組む必要性が唱えられ、「持続可能な開発」の概念が提起された。持続可能な開発とは、「将来の世代がそのニーズを満たす可能性を損なうことなく、現世代のニーズを満たす開発」を意味する。その後、持続可能な開発の概念は国際社会の共通認識として、各国の施策や教育（Education for Sustainable Development p.66で詳述）で広く取り組まれてきた。国連はその後、2000年に、21世紀の国際社会がより安全で豊かな世界となるよう、保健、衛生、教育、女性のエンパワーメントなどで国際社会の支援を必要とする課題に取り組む「MDGs」（Millennium Development Goals：ミレニアム開発目標）を設定し、2015年を期限として取り組みを進めてきた。

　これらの理念をさらに包括的にとらえ、2015年9月、世界が直面するさまざまな課題について、全ての国々に責任ある取り組みを課する「持続可能な開発のための2030アジェンダ」が国連で採択された。このアジェンダに記載されているのが「SDGs（Sustainable Development Goals：持続可能な開発目標）」である。各国はその力を結集し、あらゆる形態の貧困に終止符を打ち、不平等と戦い、気候変動に対処しながら、「地球上の誰一人として置き去りにしない」ことを理念として取り組みを進めることが掲げられている[1]。

　前項で見たような困難な課題に対し、世界全体で取り組む「枠組み」が作られたといえる。

　具体的には、以下のような17の目標（ゴール）のもとで169のターゲットが示されており、各国は、2030年までに、これらの目標を達成することを求められている。

1	貧困をなくそう	2	飢餓をゼロに	3	すべての人に健康と福祉を
4	質の高い教育の保証	5	ジェンダー平等の実現	6	安全な水とトイレ
7	クリーンなエネルギー	8	働きがいと経済成長	9	産業と技術革新
10	不平等の是正	11	住み続けられるまちづくり	12	つくる責任、つかう責任
13	気候変動への対策	14	海の豊かさを守る	15	陸の豊かさを守る
16	平和と公正をすべての人に	17	パートナーシップで目標達成		

出典：国際連合広報局

図1　持続可能な開発のための17の目標

この目標を概観すると、SDGsは、21世紀の世界が協働して目指す社会の姿をトータルに示したものであることがわかる。と同時に、これらの目標は私たちの個人や家族の具体的な生活やコミュニティの姿を示したものであり、その意味でこれからの生活のあり方やそれを創る担い手の姿とも重なるものである。

（2）　消費者市民社会の視点

　21世紀の市民社会を展望するうえでもう一つの注目すべき視点が、消費者市民（Consumer Citizenship）という考えかたである。1990年代以降、消費者の概念は商品の安全性を追求したものから「消費の主体」として社会にどうかかわるかを問う、より広い概念に転換した。2003年に、消費者市民ネットワーク（CCN）を立ち上げたノルウェーのヴィクトリア・トーレセン（Victoria Thoresen）によれば、消費者市民とは「倫理的、社会的、経済的、エコロジカルな視点を考慮して責任をもって選択し行動できる人」を意味している[2]。CCNの活動はその後、PERL（The Partnership for Education and research about Responsible Living）へ発展的に引き継がれた。国連のSDGsを国ごとに取り組むには、行政による目標設定や環境、制度の設計とともに、それを担う個人の意識や意欲、実行力が重要となる。現在と未来の生活に責任を持って行動する思考力、判断力、表現力が必要であり、そうした力をもつ市民（消費者市民）を育てることが教育の課題となっている。

　これらSDGsの目標や消費者市民社会の理念を実現する主体を育てることは、生活者として生活に責任を持ち、より良い生活をつくる主体（生活主体）を育てることを目指す家庭科教育と深くかかわっている。具体的にどうかかわるかについて、第Ⅰ部の以下の章と、第Ⅱ部の学習の視点や生活課題、第Ⅲ部の授業実践例のなかで順次、述べていきたい。

3　新たな学力をめぐる世界と日本の学力論

　1990年後半以降、複雑で解決が容易でない世界規模のさまざまな課題を改善、解決する次世代の教育として、従来の知識伝授型とは異なる教育のあり方が問われ、国際機関や各国で新たな学力をめぐる議論が活発化した。その中で特に各国に大きな影響を与えたDeSeCoのキー・コンピテンシーと、21世紀型学力について概観する。

（1）　DeSeCoのキー・コンピテンシー

　DeSeCoは、OECD（経済協力開発機構）のもとで1997年に設けられた教育プロジェクトである。正式名は「コンピテンシー（能力）の定義と選択：その理論的概念的基礎：Definition & Selection of Competencies: Theoretical & Conceptual Foundations」という。教育、心理、経済、統計等の各国の学際的なメンバーによって、人が生涯を通じて獲得すべきコンピテンシー（能力）の新しい概念枠組みが検討され、2003年に報告書が発表された。そこでは、人が獲得すべき3つの鍵（キー）となるコンピテンシー（能力）とその構成要素が3つのカテゴリーとして以下のように提起された[3]。

第1カテゴリー「相互作用的に道具を用いる」
　A：言語・シンボル・テキストを相互作用的に用いる　　B：知識や情報を相互作用的に用いる
　C：技術を相互作用的に用いる

<u>第2カテゴリー「異質な集団で交流する」</u>

　　A：他人とよい関係を創る　　B：協力する、チームで働く　　C：争いを処理し解決する

<u>第3カテゴリー「自律的に活動する」</u>

　　A：大きな展望のもとで活動する　　B：人生計画や個人的プロジェクトを設計し実行する

　　C：自らの権利、利害、限界やニーズを表明する

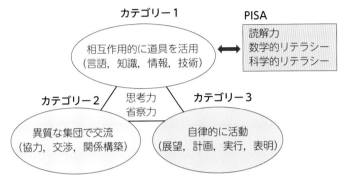

図2　DeSeCo のキー・コンピテンシーの枠組みと PISA との関係[3]

　図2のように、各カテゴリーの能力は相互に関係しており、その中核に思考力と省察力が位置している。この思考力（思慮深さ）には物事や経験を相対化するなどの批判的思考力や判断力が含まれている。また興味深いのは、OECD の DeSeCo の下部組織で行われている PISA の世界学力調査で獲得度をみる3つの学力「読解力」「数学的リテラシー」「科学的リテラシー」は、カテゴリー1（相互作用的に道具を活用する）のみと関連しているということである。PISA の測る義務教育段階で獲得するリテラシーは、人が一生を通じて遭遇するさまざまな状況の中で求められる能力（コンピテンシー）の一部に過ぎないことを示唆している[4]。

　なお、このキー・コンピテンシーは、個人的な課題（仕事や給料、健康と安全、人間関係）と社会的課題（経済性生産性、民主的体制、公正・人権）を実現し平和で持続可能な社会を創るために、人が生涯にわたって獲得する能力と位置づけられている[5] その目指すところは、まさに SDGs の実現と合致しており、21世紀初頭にキー・コンピテンシーの枠組みが提起されたことの歴史的意味は大きい。

（2）　21世紀型能力について

　国立教育政策研究所は、学習指導要領の改訂を見据えて、2013年に新しい学力論を図式化した「21世紀型能力」を提案した[6]。これらは、1996年に中教審（中央教育審議会）答申で提案された「生きる力」（自ら課題を見つけ、自ら学び、考え、主体的に判断、行動し、よりよく問題を解決する資質・能力）や2008、2009年の学習指導要領の「活用力」の視点を引き継ぐとともに、世界各国の教育改革や学力論、DeSeCo のキー・コンピテンシーの枠組みを参考にして作られたものである。

　図3のように、基礎力（言語、数量、情報のスキル）を土台とし、これを思考・判断力を用いて実践力につなげていくという上下構造として描かれている。DeSeCo との対応を見ると、基礎力（カテゴリー1）と実践力（カテゴリー2、カテゴリー3）とを発展的に階層化し、思考力がそれをつなぐものととらえられていることがわかる。資質・能力ベースの新学習指導要領は、この枠組みを基本として作られている。

実践力
・自律的活動力
・人間関係形成力
・社会参画力
・持続可能な未来づくりの責任

思考力
・問題解決・発見力・創造力
・論理的・批判的思考力
・メタ認知・適応的学習力

基礎力
・言語スキル
・数量スキル
・情報スキル

出典：国立教育政策研究所　教育課程の編成に関する基礎的研究報告書 5
「社会の変化に対応する資質や能力を育成する教育課程編成の基本原理」　p.26　2013年 3 月

図 3　21世紀型能力の概要

4 家庭科で育てたい資質・能力の特徴と SDGs とのかかわり

（1）　学習指導要領の改訂の要点

　学習指導要領（2017年、2018年改訂）の大きな特徴は、第 1 に、諸外国の学力論を踏まえ、各教科の資質・能力と目標、内容の連動を明示化したこと、第 2 に教科ごとのカリキュラムの構造化を図り、各教科独自の「見方・考え方」を提示したこと、第 3 に思考力・判断力を培う問題解決型学習の学習プロセスが具体的に提案され「深い学び」が推奨されたことである[7]。これらの点について、家庭科における改訂の要点をみていく。

1）資質・能力と目標や学習内容との関連の明示化

　家庭科教育における資質・能力は、「知識及び技能」「思考力、判断力、表現力等」「学びに向かう力、人間性等」の 3 項目で構成され、その内容は各々、以下のように示されている。

知識及び技能……………………生活の自立に必要な家族・家庭、衣食住、消費・環境についての基礎的・科学的な知識の獲得・理解と技能の習得
思考力、判断力、表現力等……生活の中から問題を見出して課題を解決し、過程や結果を表現する
学びに向かう力、人間性等……家族や地域の人と協働し、より良い生活の実現に向けて生活を工夫、創造する

　一方、家庭科の目標は、小学校、中学校、高等学校で文言は異なるが、その根幹の共通部分は以下のように整理できる。

　「児童・生徒が生活にかかわる知識や技能を獲得し、生活の中から問題を見出して課題を解決し、より良い生活に向けて主体的に行動する実践力を育む。」

　これらの目標の文言と資質・能力の３観点との対応をみると、知識技能を獲得するは「知識及び技能」、生活の中から問題を見出して課題を解決するは「思考力、判断力、表現力等」、より良い生活に向けて主体的に行動するは「学びに向かう力、人間性等」と対応している。

　また、これまでの学習指導要領においては、学習の大項目の下に順次、学習内容が列記されているのみで、思考、判断や問題解決が具体的に各内容とどうかかわるかが曖昧であった。この点が今回、大きく改訂され、各学習項目に応じて学習内容と資質・能力とのつながりが分かるように、ア「知識、技能の理解や習得」、イ「考察や工夫（思考、判断、表現）」に分けて示されている。一見、煩雑ではあるが、「内容を学ぶ」から「内容の理解・活用を学ぶ」、「内容をもとに思考、判断、表現する」へ学習を転換させる道筋が、より具体的に目に見える形で示された点は大きな変化である。

２）学習内容を領域横断的に貫く視点の提示（見方・考え方）

　今改訂では、家庭科の学習内容を領域横断的に貫く４つの視点が、生活の問題を捉える視点として提起され、それを用いてより良い生活の実現に向けて考察することが、家庭科の「見方・考え方」として示された。図４（文科省資料）には、学習内容と４つの視点―協力・協働、健康・快適・安全、生活文化の継承・創造、持続可能な社会の構築―との関係が構造的に表されている。

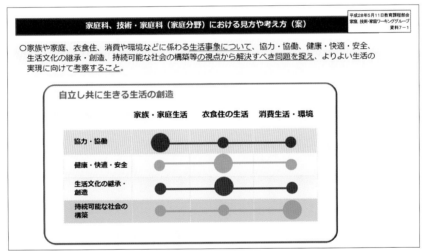

出典：文部科学省 教育課題部会 家庭科、技術・家庭科ワーキング（第８回）資料7-1
図４　家庭科の内容を領域横断的に貫く４つの視点（見方・考え方）

　小、中、高校の家庭科の学習内容をヨコに配置し、タテに４つの視点が示されている。４つの視点は、各学習内容を横断的に貫くもので、どの内容とも関連があるが、そのかかわりの度合いは学習内容によって異なってくる。例えば「協力・協働」は家族・家庭生活の学習に最も深くかかわり、健康・快適・安全は衣食住の生活の学習により密接にかかわる。同様に、「生活文化の継承・創造」は衣食住の生活に、「持続可能な社会の構築」は消費・環境の学習とのかかわりが深い。

　これらの視点は、今とこれからの生活をとらえる切り口であり、キーワードともいえる。それらが、かかわりの強弱はあってもいずれの内容ともかかわるというとらえ方は、生活の各部分を個別に習得するのではなく、生活を包括的にとらえ、知識やスキルをつなげて将来を見据えて活用する力をつけるという意味で、これまでにない家庭科の学習展開を促す可能性を持っている。もともと総合的、包括的な

「生活」を学習対象とする家庭科において構造的なとらえ方が提示された意味は大きい。但し、学習指導要領においては、各視点の切り口として何を意味するかについては必ずしも明らかではない。4つの視点の意味や価値、目指す方向等について、第Ⅱ部で順次、検討していきたい。

3）問題解決型の学習方法や学習プロセスの提示と「深い学び」の推奨

これまでの学習指導要領においても問題解決型学習の重要性は謳われてはいたが、学習目標や内容とかかわらせてカリキュラムへ具体的にどう組み込むかについては具体的な記載はなく、現場の裁量に任されていた。そのため、時間数の少なさも相まって、問題解決型の学習が広く実践されていたとは言い難い。

今改訂では、自分や家族の生活とかかわらせて思考・判断・表現する一連の学習の流れが問題解決のプロセスと合わせて提案された。また同時に、教師主体から生徒主体の学習方法への転換をうながす意味での「主体的・対話的で深い学び」が推奨された。教え込みからアクティブラーニングへという学習方法の転換にとどまらず、生徒にとって無理のない学習内容のつながりや、学習視野の拡大、内容理解の順位制と深まりへの配慮など、よりダイナミックで繊細な授業のデザインと展開が必要となってくる。（その具体的な方法や手立てについてはⅠ-2以下で詳述する）

（2） 生活主体を育む家庭科の可能性

1）家庭科の目標とDeSeCoの能力論とのかかわり

世界の学力論や教育改革に大きな影響を与えたDeSeCoのキー・コンピテンシーの枠組みは、前項で述べたように、PISAのリテラシーを3つのカテゴリーのひとつ（知識・技術の習得活用）に位置づけ、他の2つのカテゴリー（異質な集団での交流、自律的な活動）と対等なトライアングルの関係にあることを明快に示した。

この3つのカテゴリーでの能力のとらえ方は、実は家庭科教育との親和性が高い。カテゴリーごとの能力と家庭科の目標との対応を見ると、第1カテゴリー（相互作用的な道具の活用）は「生活に必要な知識・技術を活用する」、第2カテゴリー（異質な集団での交流）は「家族や他の人と協力して生活を営む」、第3カテゴリー（自律的な活動）は「家庭や地域の生活の課題を主体的に解決する」と目指す方向が重なっている。いずれも家庭科教育の目標の柱として学習指導要領に明記されているものである。その意味で、家庭科は、DeSeCoの提起する世界標準の能力のいずれも包括的に獲得することを目指しているといえる[8]。生涯を通じて必要となる能力の獲得を目指す家庭科の可能性は大きい。

2）家庭科の学習内容とSDGsの目標とのかかわり

SDGsの1から17までの目標を眺めてみると、家庭科の教科内容とかかわる部分が多いことが見えてくる。これらの目標の実現は、生活の担い手を育てる家庭科にとって、身近なものであるといえるだろう。

図5は、家庭科で教える内容と特にかかわりの深いSDGsについて図示したものである。

まず、ゴール1（以下G1）の「貧困をなくそう」とG2「飢餓をゼロに」は、家族・家庭生活の内容と関連している。経済格差や子どもの貧困がおこる背景や原因、格差が家族・家庭に与える影響、その対策としての子ども食堂などについての学習が考えられる。G3「すべての人に健康と福祉を」は、健康・快適・安全な衣食住や児童・高齢者の福祉について学ぶ家庭科の内容とつながっている。G5「ジェンダー平等」は、男女がともに家庭と仕事にかかわり家事や育児を協働しておこなうパートナー

シップや平等な社会参画などの学習を通して深めることができる。G8「働きがいと経済成長」もワーク・ライフ・バランスとつながっている。G10「不平等の是正」は多文化共生や多様性の保障、LGBTQなどの学習、G11「住み続けられるまちづくり」は住まいや防災、バリアフリー、ユニバーサルデザインなどの学習と重なっている。G6、7、14、15は水や電気の省エネ、ゴミやプラスチック削減など身近な環境への配慮、G12「つくる責任・つかう責任」は、商品の選択・購入やエシカル消費、5R（リサイクル、リユース、リデュース、リフューズ、リペア）など、家庭科の消費・環境の学習とつながっている。

図5　SDGsと家庭科学習内容との関連（筆者作成）

　以上のように、家庭科は、学習内容のなかにSDGsとかかわる内容が多く含まれており、そこで培いたい理解や認識もSDGsの方向と重なっている。と同時に、家庭科は生活をよりよくする主体を育てることを目標としており、すべての行為は、図の中央に位置する生徒自身、すなわち生活主体のパワーアップにつながっている。これらのことから、家庭科は、世界が目指すSDGsの理念を理解し、その実現のために主体的に行動する力を、「生活」の視点から身につけさせることができる教科であるといえるだろう。

（荒井　紀子）

【引用文献】
1）日能研.（2017）. SDGs（世界の未来を変えるための17の目標）－2030年までのゴール. pp.13-15.
2）The Consumer Citizenship Network. Consumer Citizenship education Guidelines, Vol.1, 7.
3）ドミニク・S・ライチェン、ローラ・H・サルガニク.（2006）. キー・コンピテンシー　国際標準の学力を目指して. 東京：明石書店. 図2は同書 pp.196-218をもとに筆者作成.
4）荒井紀子.（2014）. 学力論と家庭科教育－世界標準の学力論からみえる家庭科教育の可能性と課題. 日本家政学会誌, Vol.65 No.1 37-44.
5）同上3）pp.207-217
6）国立教育政策研究所.（2013）. 教育課程の編成に関する基礎的研究　報告書5. 社会の変化に対応する資質や能力を育成する教育課程編成の基本原理.
7）荒井紀子.（2018）. 高等学校家庭科で育てたい資質・能力と探究的な学びのデザイン. 中等教育資料, No.989, 46-49.
8）同上4）43.

「探究的で深い学び」をつくる
家庭科のカリキュラム・デザイン

1 探究的で深い学びとは

（1） 探究的で深い学びとは

　学習指導要領（2017-18）には、学びの質を顕す表現として「主体的・対話的で深い学び」という文言が使われている。「主体的」とは、学ぶ内容に関心と意欲をもって粘りづよく取り組むこと、「対話的」とは、自分の考えを他の人に伝えるとともに、子ども同士、教員や地域の人、先哲の考えに耳を傾けて理解し、これらを通して、自分の考えを相対化したり新たな発見をしたりすることを意味している[1]。学びの主体として、このように自らの知識や体験を通して思考を深め、また他との双方向の学びの中で思考を深めること、これらを総体として「深い学び」と表現されている。

　本書では、この「主体的」「対話的」な姿勢とともに、学ぶ対象に知的関心をもって深く迫り、思考力や判断力を養う、という意味を加え、目指したい学びの総体を「探究的で深い学び」と称することにする。

（2） 探究的で深い学びの要件

　「学びを深める」とはどのようなことを意味するのか。それは段階的に示せるのだろうか。

　この問いを検討するうえで参考になるのが、アメリカの教育学者ブルーム（B. S. Bloom）が1948年に発表した「教育目標の分類学」（以下、ブルーム・タキソノミー）[2]である。

　ブルームは、教育目標の行動的局面を、「認知的領域」「情意的領域」「精神運動的領域」の3つの領域でとらえた。またこのうちの認知的領域を、単純なものから複雑なものへ「知識」「理解」「応用」「分析」「統合」「評価」に分類した。単に、知識を得るだけの段階から、それを理解し、分析、統合、評価するという認識の深まりが明示的に構造化された点が特徴である。

　その後、ブルームの弟子であるアンダーソン（L. W. Anderson）等によって、2001年にブルーム・タキソノミーの改訂版が発表された[3]。ここでは、旧版の知識次元（事実的、概念的、方法・手段的、メタ認知的）を切り離し独立させてタテ軸とし、認知過程（「記憶」「理解」「応用」「分析」「評価」「創造」）の次元をヨコ軸として、表1のように構造化がなされている[4]。

　この構造化により、学びの深まりとは、知識を記憶したり理解したりするにとどまらず、それを応用・活用したり、分析、評価するとともに、新たな価値やものの創造に向かう行為であることが明示化されたといえる。

　さらにこの表は、知識にも次元があり、単に記憶や理解とつながるものだけではなく、より高次の認知過程である分析、評価、創造とも関連していることを示している。

表1　タキソノミー・テーブル（taxonomy table）[4]

		記憶	理解	応用	分析	評価	創造
		認知過程の次元					
知識次元	事実的知識						
	概念的知識						
	方法・手段的知識						
	メタ認知的知識						

出典：L.W. Anderson & D.R.Krathwohl (eds.). A Taxonomy for Learning, Teaching and Assessing : A Revision of Bloom's Taxonomy of Educational objectives.

　この改訂ブルーム・タキソノミーは、家庭科において「探究的で深い学び」をイメージするとき、多くの示唆を含んでいる。第1に、認知過程の次元でみるなら、知識を「記憶」したり「理解」したりするにとどまらず、それを実際の生活の中で「応用」（活用）したり、分析、評価したり、新たなものを発想したりものを創造したりすることが重要であり、学習の中でそうした過程をたどることで生徒の認識は深まっていく。

　第2に、従来の学びでは、多くの場合、まず知識やスキルを習得させ、そのあとで（時間があれば）、応用や活用に取り組むという学習の順次性をたどってきたきらいがある。家庭科の限られた授業時間のなかで、かつ生徒の生活力が年々低下する中で、知識やスキルの習得で手いっぱいであり、応用的な学習をする時間はほとんど無い、というとらえ方が大勢であった。しかし、タキソノミーの知識次元で見るように、知識にも事実的知識だけでなく、調査学習とつながる概念的知識や問題解決のステップとかかわる方法・手段的な知識、さらには体験を通して深めるメタ認知的知識がある。探究的な学びのなかでこそ習得できる知識があり、それを身につけていく学習の構造を工夫する必要がある。

（3）　批判的思考力と深い学び

　上記の改訂ブルーム・タキソノミーにおいて、事象を分析・評価したり、新たに発想したり創造したりすることに深く関係するのが批判的思考力（クリティカル・シンキング）である。

　批判的思考の研究者として知られるエドワード・グレイサーは批判的思考を「何を信じ、何を行うかの決定に焦点を当てた合理的で省察的な思考」と定義している。また道田泰司は、批判的思考の「批判（クリティカル）」の重要性に着目し、「批判と改善の往復運動」と表現している[5]。

　対象となる考え方や事象を鵜呑みにせず、表面的なことにとらわれず、さまざまな角度から論理的に考え判断することが深い学びを生み出す。批判的思考は日常的に以下のような思考を意識することで培うことができる。

- ・なぜそうなのか、理由や背景、要因を考える
- ・その考え方で当てはまらない場合を考える
- ・各要素がどうつながっているか、文脈を考える
- ・具体的な例で考える
- ・実際にやってみる。検証する
- ・その判断の価値や意義を考える

これまで、知識教授型の授業においては、知識を反復させたり、教科書のどこかに書いてある正解を生徒に探させたり、ワークシートの穴埋めをさせたりする方法がとられていた。しかし、それでは既存の知識を覚えることはできても、新たな知を発見したり思考を深めたりすることはできない。教師は、授業の中で上記のような問いを発し、日常生活のさまざまな事象について生徒と一緒に考えていく。つまり生徒を引っ張るのではなく、生徒の探究を伴走する意識を持つことが重要である。

（4）　問題解決型の学習プロセス

　探究的な学びは、授業の一コマのなかでも前項のような教師の問いかけや個別の教材を使って行うことはできる。しかし、単発的な探究の場を提供するだけでなく、生徒が生活のなかで出会う問題に自ら取り組む問題解決型の学習を授業に組み入れると、生徒は自ら探究を深めていく。図1は、ジョン・デューイの反省的思考の学習理論をもとに、問題解決のプロセスを生徒の学習活動を想定しながら図解化したものである。

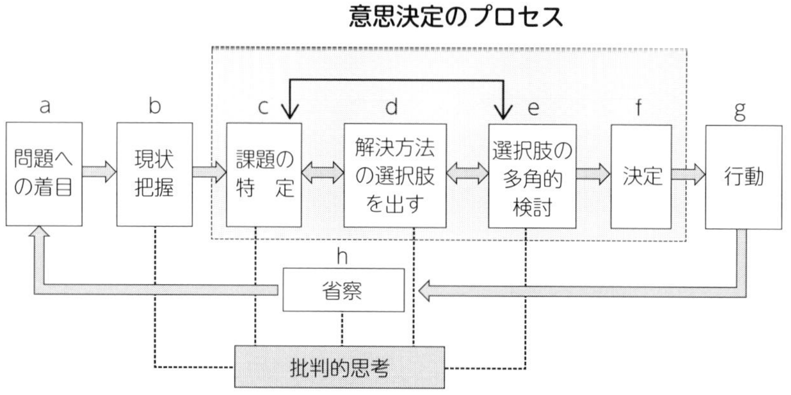

意思決定のプロセス

図1　問題解決学習における意思決定のプロセスと批判的思考（筆者作成）

　まず、a：生活の中での問題（必ずしも顕在化した問題だけでなく、意識に上らないものも含む）に着目する。この問題に気づくこと、気づかせることは存外に難しい。問題はあってもそれに気づかない生徒の「何も問題はない。見つからない」という反応に戸惑った経験がある教師は少なくないだろう。生活に関心を持ち、問題に気づくことが問題解決の大事なスタートであることを生徒に理解させたい。生徒がそれぞれに問題をとらえたならば、次に、b：その問題を取り巻く現在の状況を把握する。それをもとに、c：要するに何が問題か（課題）を特定する。d：特定した課題の解決（改善）方法の選択肢をできるだけ多く出したところで、e：選択肢を多角的に検討し、f：最も良いと判断できる方法を決定し、g：行動（実行）する。さらに、行動の結果をh：振り返り、その省察の結果を新たな問題解決のサイクルに生かしていく。

　この一連のサイクルを螺旋形につなげていくことで、学習の探究的な輪がつながっていく。問題解決サイクル全体を意思決定ととらえる考え方もあるが、ここでは、より厳密に、c「課題の特定」からd「解決方法の選択肢を出す」、e「選択肢の多角的検討」、f「決定」までを意思決定ととらえる。とくに核心の部分は、cの課題の特定と、それに続く選択肢の創出とその多角的検討である。この部分をしっかり考えた生徒の問題解決は的確なものになるし、ひとたび授業で丁寧にこのサイクルを踏むと、生徒は問題解決の方法を会得し、納得する。生徒の「批判的思考」が働くのは、b「現状把握」からe「選択肢の多角

的検討」および行動後の h 「省察」である[6]。

　授業においては、最終的な決定やアウトプットだけでなく、各探究の過程で生徒が何をどう試行し判断するかのプロセスが重要となる。特に、 c から d、 e のステップで生徒がどう思考を重ねるか、重ねたかを教師は丁寧にみて支援し、評価する必要がある。

2　探究的で深い学びを実現するカリキュラム・デザイン

　家庭科の授業を、生徒の思考を促す「探究的で深い学び」とするためには何が必要だろうか。まずは授業を生徒の立場から見直し、授業づくりの観点を教師主導から生徒の思考や経験の深まりに沿ったものに変えていく必要がある。また、教え込みからアクティブ・ラーニングへという学習方法の転換にとどまらず、生徒にとって無理のない学習内容のつながり、学習視野の拡大、内容理解の順次性と深まりへの配慮など、よりダイナミックで繊細な授業のデザインと展開が必要となるだろう。このような教科全体を見通した学習内容・方法の包括的な組み立てと授業の構想を、本書では「カリキュラム・デザイン」と称することにする。その視点と具体的な枠組みについて、順次述べていきたい。

（1）　学習内容を時間軸、空間軸で見通す

　家庭科では、生活事象を時間軸、空間軸のなかでとらえることが重要である。図2はそのイメージ図である。まず、生徒を生活する主体ととらえ、今の年齢と生活環境（中央のサークル）に目を向けさせる。家庭科の学習の多くは、この現在の自分の生活をより良くすることが中心にあるが、衣食住や家族、保育、高齢者、経済、環境問題などは、今を起点に過去にさかのぼったり、未来を想像したり展望したりすることでさまざまなことが見えてくる。このタイムスパンを広げる視点が時間軸である。他方、自分や家族の生活を空間としてとらえる視点も重要である。生活の問題は、家族を取り囲むコミュニティ、自治体、国、さらには世界各国の問題と密接につながり、相互に影響し合っている。この空間的に視野を広げてとらえる視点が空間軸である。

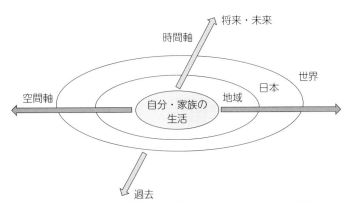

図2　家庭科における学びの時間的・空間的広がり（筆者作成）

　この時間軸・空間軸の視点を教師が持っているかどうかで授業の枠組みは大きく異なってくる。例えば、家庭科の衣食住や保育、高齢者の学習において、この時間軸、空間軸で学習をとらえるなら学習内容は立

体的になるだろう。食を例にとるなら、「人は何を食べているか」について他国の食文化を調べたり（空間軸）、日本人はこれまで何を食べてきたかを振り返る（時間軸）学習が考えられる。子どもの視野が自分の生活から時間的、空間的に無理なく広がるような学習内容のつながりを創ることが大切である。各領域の導入部などで、短時間であっても時間軸と空間軸の視点からの学習を入れると生徒の視野は格段に広がっていく。

（2） 学習題材を学習内容（領域）と４つの視点（見方・考え方）の交点でとらえる

今改訂の学習指導要領では、学習の見方・考え方として４つの視点－1「協力・協働」、2「健康・快適・安全」、3「生活文化の継承・創造」、4「持続可能な社会の構築」が提起された。

表2は、家庭科の学習内容（領域）をタテに、４つの視点をヨコに配置し、各領域と各視点の交点に学習題材が位置づくことを示したものである。４つの視点はいずれも学習内容をタテに貫くものであり、異なる学習内容であっても同じ視点から扱うことによって、視点のつながりが生まれ、生活を包括的にとらえる見方や考え方を鍛えることが可能になる。

各視点からの学習を横断的に実践することで獲得できる力は、具体的に以下のようにとらえることができるだろう。

○協力・協働－ジェンダーや福祉、人権について理解し、平等な関係を築き、ともに生きる
○健康・快適・安全－健康で快適、安全な食生活、住生活、衣生活を自立的に営む
○生活文化の継承・創造－先人の生活文化を理解し、今の生活文化を楽しみ味わい、これからの生活文化を創造する
○持続可能な社会の構築－生活にかかわる環境や消費に関して持続可能な社会を築くことの意義と方法がわかり、主体的に行動することができる

表2　学習内容・学習視点と学習題材

＊タテ（内容）とヨコ（視点）の交点が学習題材

学習内容		学習視点	1 協力・協働	2 健康・快適・安全	3 生活文化の継承・創造	4 持続可能な社会の構築
人の一生と家族・家庭及び福祉		生涯の生活設計	ジェンダー・福祉・人権を理解し共に生きる	健康で快適、安全な生活を自立的に営む	生活文化を楽しみ味わい、新たな文化を創る	環境・資源・消費の問題に主体的にかかわる
		青年期の自立と家族・家庭				
		子どもの生活と保育				
		高齢者の生活と福祉				
		共生社会と福祉				
衣食住の生活の自立と設計		食生活				
		住生活				
		衣生活				
消費生活・環境		消費・生活経済				
		環境				

表3　学習内容と学習視点（見方・考え方）のマトリックス　〈小学校「家庭」〉

交点：学習題材例

学習視点 学習内容		1　協力・協働	2　健康・快適・安全	3　生活文化の 継承・創造	4　持続可能な 社会の構築
人の一生と家族・家庭及び福祉	生涯の生活設計	・自分の成長 ・男らしさ、女らしさ、自分らしさ⑤ ・自分のいいところ ・将来の夢		・ペットのいる暮らし	
	青年期の自立と家族・家庭	・家庭生活と家族の大切さ ・家族との協力 ・家族との触れ合いや団らん ・いろいろな家族	・家庭の仕事の計画と工夫 ・家庭の仕事と生活時間 ・家庭の仕事、自分でできること		
	子どもの生活と保育	・幼児や年下の子とのかかわり		・伝承遊び	
	高齢者の生活と福祉	・高齢者との触れ合い	・高齢者から生活の知恵を学ぶ	・高齢者から生活文化を学ぶ	
	共生社会と福祉	・地域の人々とのかかわり ・地域の人々との協力		・地域の慣習・行事	・地域の一員として、問題を見つめる・かかわる
衣食住の生活の自立と設計	食生活	・家庭での食事づくりの主体⑤ ・ダイエット ・孤食、個食、共食	・人と食べ物（なぜ食べるのか） ・健康的な食事（栄養と献立） ・簡単な食事作り（調理の基本） ・偏食	・地域の食べ物 ・食卓の工夫とマナー ・好き嫌い ・人をもてなす	・食べ物を五感でとらえる ・食品の選び方（安全・表示・食品添加物） ・食と環境（ごみ・洗剤・排水・エコ調理）⑫
	住生活	・自分の住むまち、住民参加のまちづくり⑥⑦⑪⑫⑬	・人と住まい（住まいとは何か） ・住まいと健康（採光・暑さ寒さ・通風・換気・音・衛生）⑪⑫⑬ ・住まいの整理整頓・清掃 ・安全な住まい⑪	・地域の住文化 ・季節の変化に合わせた生活の大切さ⑦⑫⑬	・自然を上手に利用する方法⑪⑫⑬ ・冷暖房機器の利用と省エネルギー⑥⑦⑪⑫⑬
	衣生活	・洋服の色やデザインとジェンダー⑤	・基礎的な技術（ボタン付け、手縫い、ミシン縫い） ・季節や目的に応じた着方 ・衣服の働き	・楽しんで着る ・小物作り⑫ ・状況に応じた着方	・洗濯（手洗い）⑫ ・衣服の手入れ⑮ ・リサイクルとリユース⑮
消費生活・環境	消費・生活経済	・ニーズとウォンツ ・物や金銭の計画的な使い方 ・おこづかい帳の記録 ・フェアトレード⑩⑫	・商品の安全性と表示・マーク ・メディアリテラシー	・キャッシュレス化の実際	・買い物の仕組み ・消費者の役割⑫ ・商品情報の収集と整理 ・収支のバランス
	環境	・自分の生活と環境とのかかわり	・3R の実践⑫⑭⑮	・昔の暮らしに学ぶエコロジー	・環境に配慮した物の使い方⑫ ・生活排水を考える⑥

＊ SDGs と関係の深い題材には下線と該当する SDGs の目標番号をつけている

表4　学習内容と学習視点（見方・考え方）のマトリックス　〈中学校「技術・家庭」家庭分野〉

交点：学習題材例

学習内容		学習視点	1　協力・協働	2　健康・快適・安全	3　生活文化の継承・創造	4　持続可能な社会の構築
人の一生と家族・家庭及び福祉	生涯の生活設計		・自分らしさと自尊 ・ジェンダー⑤ ・セクシュアリティ、LGBTQ⑩	・将来の生活	・通過儀礼	
	青年期の自立と家族・家庭		・自分の成長と家族とのかかわり ・いろいろな家族・家族関係 ・家族・家庭の機能 ・家庭や社会の性別役割分業⑤	・家庭の仕事、自分でできること ・家庭生活を支える社会の仕事 ・生活の自立	・昔の家族、今の家族	・ワーク・ライフ・バランス⑤⑧
	子どもの生活と保育		・幼児とのかかわり方 ・幼児の成長と家族の役割 ・両性による子育て⑤ ・子どもの権利と福祉③ ・家庭保育と集団保育	・幼児の発達と生活の特徴 ・幼児の食事や衣服 ・幼児の遊びと安全	・幼児の遊び、児童文化（絵本、アニメ、玩具、遊具など） ・世界の子どもたち	・子どもをとりまく環境と課題（子どもの遊び場、居場所、子どもの貧困、虐待、子どもの権利条約）①②③ ・地域の子育て共同参画
	高齢者の生活と福祉		・高齢者とのかかわり方 ・多様な高齢者	・高齢者の身体の特徴と生活	・高齢者から生活文化を学ぶ	
	共生社会と福祉		・地域の多様な人との協力、協働③⑩ ・家庭と地域とのかかわり		・地域の活動を知り交流する（行事や慣習、伝承文化）	・誰もが暮らしやすい地域③⑫ ・多文化共生⑩ ・地域の課題解決に取り組む
衣食住の生活の自立と設計	食生活		・家庭での食事づくりの主体⑤ ・ダイエット ・地域の人に料理を習う ・孤食、個食、共食	・人間と食べ物（食習慣と食事の役割） ・食品の管理と安全生 ・中学生の栄養の特徴と献立 ・日常食の調理（計画と調理）	・地域の食文化（行事食、郷土料理、地域の食材を用いた調理） ・会食（食卓の工夫とマナー）	・食品の選択と購入（加工食品と表示、食品添加物） ・食と環境（ごみ・洗剤・排水・エコ調理）⑫ ・食糧問題（自給と輸入）
	住生活		・住まいと共生 ・家事のしやすい住空間 ・住民参加のまちづくり⑦⑪⑫⑬	・住居の基本的な機能 ・健康で快適な室内環境⑪⑫⑬ ・安全な住空間の計画（家庭内事故防止、防災など）	・風土と住文化（和式・洋式の住まい方の工夫、現代の住まい方） ・住空間の計画・リメイク⑫	・持続可能な生活（省エネルギー）とまちづくり⑥⑦⑪⑫⑬ ・バリアフリーな生活環境⑪
	衣生活		・衣服と社会生活とのかかわり ・ファッションとジェンダー⑤ ・制服とジェンダー⑤	・用具の安全で適切な取扱い ・簡単な衣服の製作 ・目的や状況に応じた適切な衣服の着用 ・既製服の取扱表示や選択	・個性を生かす着用⑤ ・和装と洋装 ・文化を表す衣服	・衣服の材料や状態に応じた手入れ ・洗濯・補修・保管⑫ ・資源としての衣服（リサイクルとリユース）⑮
消費生活・環境	消費・生活経済		・優先順位を考慮した家族間の購入調整 ・エシカル消費⑫ ・フェアトレード⑩⑫	・消費者の権利と責任⑫ ・消費者トラブルの背景 ・消費者保護の仕組み ・クレジットの三者間契約	・キャッシュレス化のメリット・デメリット ・消費文化と消費者トラブル	・中期的・長期的な支払い計画の必要性
	環境		・環境配慮型の暮らし方 ・グリーンコンシューマー⑫	・3Rから5Rへ⑫⑭⑮ ・生活スタイルの気候変動への影響⑬	・海外の事例に学ぶ	・再生可能エネルギー⑦⑭⑮

＊SDGsと関係の深い題材には下線と該当するSDGsの目標番号をつけている

表5　学習内容と学習視点（見方・考え方）のマトリックス〈高校「家庭」〉

交点：学習題材例

学習視点／学習内容		1　協力・協働	2　健康・快適・安全	3　生活文化の継承・創造	4　持続可能な社会の構築
人の一生と家族・家庭及び福祉	生涯の生活設計	・生涯発達（アイデンティティ、ライフステージ、ライフコース） ・ライフプランニング① ・ジェンダー⑤ ・セクシュアリティ、LGBTQ⑩	・リスクマネジメントと生活設計① ・生涯を見通した「家計管理」① ・健康寿命	・ライフスタイル ・通過儀礼	・持続可能なキャリアデザイン ・ディーセントワーク⑧ ・生活資源
	青年期の自立と家族・家庭	・家庭の機能 ・家族関係、家族法 ・性別役割分業（家事と職業）⑤ ・いろいろな家族	・自立（生活的、精神的、経済的） ・セクシュアル・ライツ（性的人権）と性的自立⑤ ・リプロダクティブ・ヘルス／ライツ③⑤	・異世代（世代間）交流 ・昔の家族、今の家族	・自立（社会的自立） ・生活者 ・男女の平等、女性のエンパワーメント⑤ ・ワーク・ライフ・バランス⑤⑧
	子どもの生活と保育	・子どもの権利（人権）③ ・両性の子育てとジェンダー⑤ ・子育てを支える個人と社会の役割（子育てネットワーク、児童福祉、子ども食堂）①② ・家庭保育と集団保育	・子どもの成長と心身の発達 ・子どもの生活と遊び ・子どもの健康と安全（アレルギー、事故防止など）③ ・乳幼児の食事とおやつ	・児童文化（おもちゃや遊具、絵本、アニメなど） ・子育ての習俗や歴史	・子どもを取り巻く課題（子どもの貧困、少子化、虐待など）①② ・子どもの成長を支える環境整備（遊び場や公園など） ・世界の子どもたち（児童労働、貧困、飢餓、子どもの権利条約など）①②
	高齢者の生活と福祉	・両性による家族ケアと地域包括ケアシステム③⑤ ・高齢期の課題と社会福祉③ ・人間の尊厳と介護③⑩ ・ヤングケアラー	・加齢による身体的変化と健康維持（食事・睡眠・運動）③ ・自立支援と福祉三原則①③	・高齢者から生活文化を学ぶ（交流や聞き取り）	・（バリアフリーな生活環境）⑫　→　住生活
	共生社会と福祉	・自助、互助、共助、公助 ・福祉と人権①③⑩ ・異年齢での交流と協働 ・共生社会①③⑩	・年金と社会保障①③	・多文化共生⑩	・ノーマライゼーションとインクルージョン③⑩ ・シティズンシップ
衣食住の生活の自立と設計	食生活	・食事づくりの主体と食の外部化 ・孤食と共食 ・子どもの貧困と社会的支援①② ・食の多様性（ヴィーガンなど） ・ダイエット	・食生活と健康（栄養、食品） ・食品の管理と衛生・安全 ・食事作り（計画と調理） ・食物アレルギー ・非常時の食事と備蓄食品	・風土と食文化（郷土料理・行事食） ・嗜好と味覚 ・海外の食事 ・食卓の工夫	・食糧問題と世界のつながり⑩ ・食品の選択と購入（食品添加物、遺伝子組換え食品、地産地消） ・環境に配慮した調理⑫ ・食品の流通
	住生活	・シェアハウス、コレクティブハウス ・まちづくり⑪ ・空き家防止、空き家利活用⑪ ・災害復旧・復興	・これからの住まいの品質 ・非常時の住居（自宅滞在型避難生活、避難所、仮設住宅など） ・バリアフリーデザイン③⑪ ・ユニバーサルデザイン③⑪	・日本の住文化（日本家屋、和室、畳、床の間、囲炉裏など） ・世界の住文化（材料、間取り、広さ、特徴）	・持続可能なまちづくり⑪ ・省エネルギーと再生可能エネルギー、住居CO₂排出量削減⑦⑫ ・可変性のある住居（リフォーム、リノベーション）
	衣生活	・衣服とユニバーサルデザイン③ ・制服とジェンダー⑤ ・エシカルファッション ・ライフステージと衣服 ・個性表現としての被服	・健康と被服（素材、構成） ・快適と被服（高機能繊維、形） ・安全と被服（着衣着火、着衣水泳、防護服） ・人の暮らしと被服	・伝統文化と衣装・着物 ・社会習慣と衣服 ・衣服のリメイク ・ファッションとおしゃれ ・生活の豊かさと被服	・ファストファッション ・資源としての衣服、被服の購入・管理と資源・環境⑫ ・定額制コーディネート⑮ ・スマート社会と進化する繊維
消費生活・環境	消費・生活経済	・消費行動とジェンダー⑤ ・責任ある消費と批判的思考⑫ ・エシカル（倫理的）消費⑫ ・フェアトレード⑩⑫	・消費者トラブルの回避と対応 ・個人情報とセキュリティ ・デジタルデバイド ・消費者の権利と責任⑫ ・18歳で成年になることの意味（契約主体者としての行動）	・キャッシュレス社会への対応 ・生活の豊かさと経済社会 ・消費文化としてのインターネット（デジタルコンテンツ） ・シェアリングエコノミー	・持続可能な消費・経済とは⑫ ・プロシューマーになろう⑫ ・消費者の選択と意思決定 ・奨学金を借りることの意味 ・社会的責任投資（SRI）⑧
	環境	・アニマル・ライツと環境問題⑭⑮ ・環境配慮型ライフスタイルの創造	・環境問題を科学する ・プラスチックフリー⑫⑭⑮ ・ゼロ・ウェイスト⑫⑭⑮ ・5Rの実践⑫⑭⑮	・生活文化とエコロジー ・「もったいない」を考える ・海外の事例に学ぶ	・環境保全と生活資源⑭⑮ ・SDGsと私の暮らし ・再生可能エネルギー⑦⑭⑮ ・持続可能なライフスタイル

＊SDGsと関係の深い題材には下線と該当するSDGsの目標番号をつけている

前頁の表3、表4、表5は、それぞれ小学校、中学校、高等学校の学習指導要領に対応した学習内容（領域）と学習視点の各交点に入る学習題材（以下、題材）について、具体例を入れたものである。ヨコ、タテの関連をみながら、つまり学習内容のヨコのつながりだけでなく、学習内容を貫くタテのつながりも意識しながら、様々な題材で授業の組み立てが可能である。題材をつなげて「ストーリー性のあるひとまとまりの授業」を考えてみよう（Ⅲ部「序」の図1、右図参照）。そうしたまとまりのある個々の授業を年間の授業時間の中で連鎖的に展開することで、表で示した多様な題材による学びの広がりをつくることが重要である。点（題材）を線（ストーリー性）で結び、さらに面（学びの広がり）をつくるイメージで授業づくりに取り組もう。

（3）　学習の流れを構造化する（学びの構造図）

　前項で組み立てた「ストーリー性のあるひとまとまりの授業」において、探究的な学びを実現するには、子ども自身が自ら関心をもって学ぶことができるような学習の構造をデザインする必要がある。そこでは、子どもの探究が次の探究を生むような無理のない学習の流れをつくることが重要となる。

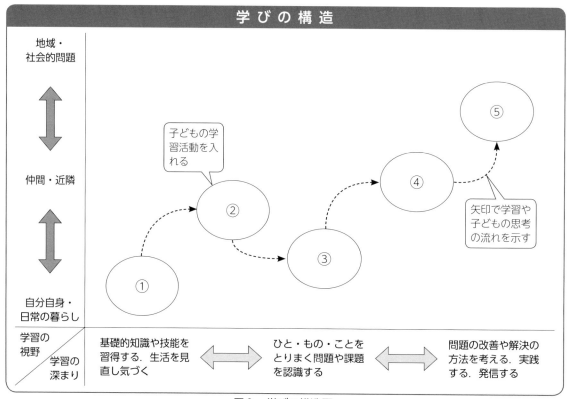

図3　学びの構造図

　図3は、子どもの探究的な学びをデザインするための構造図[7]を示したものである。タテ軸は学習の視野を示し、下から上へ、「自分自身・日常の暮らし」「仲間・近隣」「地域・社会的問題」と視野の広がりを示している。他方、ヨコ軸は教育学者ジョン・デューイの問題解決のプロセスを意味し「学習の深まり」を示している。左の「基礎的知識や技能を習得する．生活を見直し気づく」から「ひと・もの・ことをとりまく問題や課題を認識する」、さらに「問題の改善や解決の方法を考える．実践する．発信する」

へと、右へ行くほど、認識が深まり、問題解決の実践へとつながっていることがわかる。

　この構造図の画面は、空白のスケッチブックのようなものである。教師はまず、作りたい授業のイメージを膨らませ、子どもたちの興味関心や行動を思い浮かべながら、この構造図のなかで学習の流れをデザインしてみる。図のマルで示した部分には子どもの学習活動の文言が入る。教師が「○○をさせる」と表すのではなく、子どもが「○○を観る」「△△について調べる」「□□について話し合う」と表現して子ども主体の学習の流れを表す。こうすることで教師はひとまとまりの学習の全体を見通すことができる。図3では、学習①は左下（自分の身近な気づき：例、昨日の食事を振り返る）からスタートしているが、例えば家族の学習で、児童虐待の新聞記事を読み合うことから始めるなら、左上（社会的問題）から入ることになる。同様に、最後の学習⑤は、図では右上（地域や社会的問題についての解決）で終わっているが、そこから再度、子ども自身が自分の生活を振りかえり見直すところまで考えるようにするなら、矢印は右下までのびるだろう。学習の構造は、採り上げる題材や探究の仕方などによってさまざまな展開が考えられる。いずれにせよ、この流れは「させる」のではなく、子どもの無理のない思考や体験の流れを想像しながら描くことが肝要である。

　それをもとに実践してみるわけだが、教師が初めに計画した授業の構想がうまくいくとは限らない。授業の大きな構成だけでなく、生徒の意欲や関心、提示した資料の内容や視点、教師の問いかけなども、生徒の思考の深まりにかかわってくる。そこでこのスケッチは、授業のプロセスで生徒の様子を見ながら変えていくこともあり、また、授業が一通り終了した時点で、改めて生徒の学習の流れを記録するために使うこともある。教師が授業を計画、実践するのための、自由自在なツールとして活用するとよいだろう。

　本章に続く以下の章では、まず、Ⅰ-3で、本章で述べたカリキュラム・デザインを土台として計画・実践した授業の具体例（中学1年の食の授業「素材を味わう」）について生徒の反応も含めて詳述し、学びを深める授業デザインの可能性について論ずる。続くⅠ-4では、同じくこの具体例に沿って深い学びを生み出す学習の方法について、またⅠ-5では、探究的な学びと評価との関係について順次述べることにする。なお、本書第Ⅲ部の授業編の多くは、このカリキュラム・デザインにのっとって計画、実践したものである。

（荒井　紀子）

【引用文献】
1) 中央教育審議会. (2015). 幼稚園、小学校、中学校、高等学校及び特別支援学校の学習指導要領等の改善及び必要な方策等について（答申）49-50.
2) Benjamin S. Bloom ed. (1956). Taxonomy of Educational Objectives. New York: David McKay Com. Inc.
3) L.W. Anderson & D.R.Krathwohl eds. (2001). A Taxonomy for Learning, Teaching and Assessing：A Revision of Bloom's Taxonomy of Educational objectives. NJ.
4) 石井英真. (2002). 「改訂版タキソノミー」によるブルーム・タキソノミーの再構築. 日本教育方法学会紀要「教育方法学研究」第28巻. 表1は同p.50の表を加筆、修正して筆者作成
5) 道田泰司. (2001). 批判的思考の諸概念. 琉球大学教育学部紀要59, pp.109-127.
6) 荒井紀子編著. (2013). 新版 生活主体を育む—探究する力をつける家庭科. pp.98-99. 東京：ドメス出版.
7) 同上、pp.62-65.

＊追記
本章でまとめたカリキュラム・デザインは、上記[6]の「新版 生活主体を育む」で筆者が執筆した「生活主体を育む家庭科カリキュラムの視点と構想」（北陸カリキュラム）pp.44-66を土台としている。北陸カリキュラムのマトリックス図と学びの構造図は、筆者の原案をもとに、日本家庭科教育学会北陸地区会授業研究会メンバーの議論と授業研究により深められてきた。本書のカリキュラム・デザインはそれを生かしつつ、探究力の育成を前面に出した新学習指導要領のもとで、新たな視点を取り入れながらまとめたものである。表3，4，5のマトリックス図は、本書執筆者との協働の議論のもとで完成した。

I-3

「探究的で深い学び」の授業を構想する

　「探究的で深い学び」を生み出す授業を作るために、どのように授業をデザインすればよいだろうか。ここでは、I-2で述べた「学びの構造図」を用いて授業カリキュラムの構造や含むべき要件について整理し、具体的な事例を用いて説明する。

1　ストーリー性を意識して年間の学習の流れを考える

　授業をデザインするにあたっては、まず、子どもがどのような学びの経験をつないで力をつけていくことが必要なのかを長期的な視野で検討することが重要である。そのために、授業者は年間を通して構成する題材配列や実施時期だけでなく、学校行事や地域行事をも視野に入れて活用や連携の可能性を検討する必要がある。また、その前提として、学校全体の教育課程が何を目指すもので、各学年や各教科等のカリキュラムがどのように関連して位置づけられているのかをそれぞれの教員が担当する教科等を中心に理解していることも求められる。

　教科等のカリキュラムを構成するにあたって重要な点は、子どもが年間を通して（長期にわたって）意味あるストーリーとして学習を経験できるようにすることである。このようなカリキュラムを構成するために考えることは、生徒が何を学ぶ学習とするのかを明確にすること（ゴール設定）と題材を貫く課題に向き合えるような授業の流れを構成することである。また、そのうえで、ゴールに向かう授業カリキュラムを意図的なプロセスとして構成することである。

　ゴール設定とは、題材を通して子どもにどのような力をつけたいのか（身につけたい資質・能力）を明確にすることである。この点が明確になることにより、題材を通して何を身につけ、何を考え続けることが必要なのかがわかりやすくなり、題材を貫く課題として示せるようになる。また、意図的なプロセスとは、題材のスタート地点にいる子どもたちの実態を理解したうえで、子どもを中心においた学びのプロセスを想定し、ゴールに向かう授業カリキュラムとして構成することである。構想した授業カリキュラムは、学習が進む過程で子どもの学習状況に応じて、修正されながら計画段階よりも子どもの学びに寄り添ったカリキュラムとして仕上げられていく。すなわち、育てたい資質・能力を明確にして設定される学習課題は、学習全体を通じて子どもが考え続ける（あるいは、考えを整理する際に立ち戻る）本質的な問いであり一貫したものである。それに対して、構成される授業カリキュラムは、学習が展開される中で、学習者や学び方の多様性に対応できる柔軟性をもつものである。

　このような考え方に基づき、具体的な事例を用いて整理する。本事例の学習者である生徒は、中学校に入学して半年が過ぎ、児童期から青年期へと移行しつつもまだ幼稚さが残っている。部活動などを通して身体は急速に成長し、塾通いで遅い夕食やコンビニの買い食いも始まる時期だが、食生活の管理は家族まかせで食の知識や関心の幅も広いとは言えない状況が実態として描かれている。

　このように、まだ、生活経験の少ない生徒であれば、なおさら生徒が食生活を営む主体として学習に意欲的に取り組み続けられるカリキュラムの構成が重要である。事例では、生徒が食材と出会い、その素材

のおいしさを活かす料理の仕方や段取りを考え調理する経験をしながら、食文化や食料問題、食品添加物の役割と課題、地産地消などについて学ぶことが計画されている。このようにカリキュラムの全体を通して、批判的に考え視野を広げ学ぶ探究型のカリキュラムとして構成されている。

　本事例におけるゴール設定（つけたい力）は食をめぐる社会問題や事象などを俯瞰して理解し、素材を生かすことや味わうとはどのようなことなのかを考える力であり、実際に調理することを通して、生徒自身が食生活の主体者として、健康や安全に留意して考え、考えに基づいて具現する力である。そのための意図的なプロセスとして、食生活に対する視野を広げ、自身の生活あるいは日本の実態を重ねて相対的に見直す学習活動が組まれている。また、これらの学習活動を通して気づいたり考えたりしたことを活かす場として2回の調理実習が位置づけられている。

2　題材ごとに問題解決的（探究的）な学びの構造をデザインする

　生徒が探究的に学びを深めていくカリキュラムは、どのようにデザインされているだろう。題材計画と学びの構造図を以下に示す。本題材は、2014年11月〜2015年3月に、福井大学教育地域科学部附属中学校1年生を対象に16時間構成で実践された授業（「素材を味わう」をタテ糸として食の主体を育む)[1]である。

（1）　学習構成（全16時間）

次	時	テーマ・問い	学習活動・学習内容
1	1〜3	世界の人は何を食べているのだろう？	・『地球の食卓（オーストラリア、イギリス、ドイツ、エクアドル、ブータン、グリーンランド、グアテマラ、マリ)』[2]の家族や食材の写真、食品のデータを基に各国の夕食を考え発表しあう。日本の食材と比較する。
2	4 5	自分たちは何を食べているのだろう？	・普段自分が購入している菓子パンやサンドイッチなどの食品ラベルの原材料に注目し、食品添加物の課題を知る。 ・3種類のハムから一つを選ぶ。選んだ根拠の交流を通して、自分が大切にしたい価値を見直し、加工食品の利用について考えを整理する。
冬休みの宿題：『食品の裏側（一部抜粋)』を読み、正月の買い物の手伝いなどの実践に取り組む。実践を通して学んだ内容、疑問に思った内容を整理する。			
3	6〜9	素材を味わう(1)：素材を生かした添加物ゼロのおやつを作ろう	・使用できる調理法（蒸す、焼く、揚げる、煮る、炒める、生、つぶす）を確認し、素材を生かして、どのような手作りおやつができるか考える。 ・考えた「サツマイモのおやつ」を実習しラベルを付ける。
4	10 11	日本の食料問題について考えよう	・日本の食料自給率や農作物の輸入の現状を知り、輸入に頼る理由や問題点を考える。
5	12〜16	素材を味わう(2)：素材を生かしバランスのとれた夕食を作ろう	・朝食（菓子パン、牛乳）、昼食（ハンバーガー、フライドポテト、コーラ）の日の夕食を考える。 ・条件（地元食材であるカブを素材として生かす。栄養バランスを考える、調理法を工夫する）を満たした献立を考え、実習し、発表する。 ・学習全体を振り返り、○○について、自分の言葉でまとめる。

（2） 学びの構造図（次頁）

　本題材は５次で構成されており、世界の食生活に目を向けることから学習が始まる。まず、１次では、生徒は加工食品を多用する先進諸国と「素材を味わう」開発途上国の家族の食生活に注目する。世界８か国の家族と家庭にある様々な食材が並ぶ写真とともに、家族の１週間分の食材の種類や量、食費などのデータが資料として提供され、生徒はデータを基にある国の１日分の夕食を具体的に考える。限られた食材をどのように活かすかを考える必要性に迫られる中で、国による食生活の違いが明らかとなる。このような１次の学習活動を通して、生徒は「素材」をどのように扱うのかが、それぞれの食生活のありようを表していることに気づき、「素材」に着目することの意味を理解する。

　２次は、この理解に基づいて、日本における加工食品の批判的検討と地産地消の取り組みが必然性をもって学ばれる。普段食している加工食品（菓子パンやサンドイッチ）を対象に、食品表示を基に原料を確認したうえで、自宅の台所にもある材料とそうでないものに分けて食品添加物の役割や必要性について考える。その後、３種類のハムから一つを選ぶ活動や班での話し合い活動を通して、食品を選ぶ際に自分自身が重視してきた判断の根拠や価値意識に向き合う。２次では、学習内容をより身近な生徒の食生活に引き寄せる中で、自分が普段食べている食品のほとんどが「素材」だけではないことが明らかになっていく。当たり前に過ごしてきた食生活を見直し、素材以外のものを含むことの意味を理解するとともに、何を選ぶかについて考えることの重要性に気づく時間になっている。

　３次以降には調理実習が２回設定されている。まず、サツマイモという１種類の素材を生かす調理実習（３次）、２回目は、学習の総括として自分たちの暮らす地域の旬の食材を生かす調理実習（５次）である。どちらも「素材」の良さを生かす調理法や献立が探究的に検討される時間である。生徒にとっては、問題解決型のステップを踏みながら調理実習を行う過程で、素材を生かす献立や調理方法を考え工夫する時間として位置づいている。まず、３次では、２次の学習内容を踏まえて、１種類の素材を生かすことを目的に無添加のおやつを考える。その際は、２次で得た知識や身につけることを求められている調理技術の使用が条件として設定されている。そして、５次では、学校のある地域で食べられている豊かな地場産野菜を素材として扱う調理実習を行う。ここでは、素材を生かすことに加え、素材を組み合わせて献立を考えることが求められ、調理技能や栄養にかかわる知識が必要感をもって習得・活用される。

　ほとんどの生徒にとって、調理実習は意欲的に取り組まれる学習活動であるが、食べることが目的になりやすいのも課題の一つである。この事例のように、「素材を生かす」という一貫した目的の中で調理実習を行う流れを構成することで、生徒は身につける知識や技能の必要性を理解し、身につける目的が明快になることで、その習得も高まることが期待できる。

　上述した３次と５次の調理実習をつないでいるのが４次である。４次では、これまで「素材を生かす」ことに向かってきた生徒の思考を広げる契機となる新たな視点が示されている。生徒は、３次では素材を生かすことやできるだけ食品添加物を使用しない調理に取り組んできた。一見、国内産が多いようでも、現実には、牛、豚、鶏の飼料のほとんどを輸入に頼っている。４次の授業では、これまでの学習を踏まえ、食生活を支える食材はどこから来ているのかという点から１次で用いた世界の食事のデータが改めて取り上げられている。食料自給率に目を向け、素材を流通の視点（フードマイレージやバーチャルウォーターなど）から改めて考えることで、自身の食生活のありようが日本の食料問題や地球全体の資源活用と深くかかわっていることに気づき理解を深める流れを生んでいる。

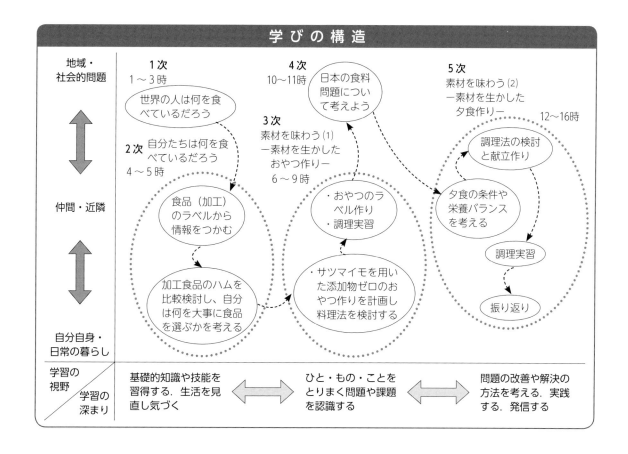

3　授業デザインのポイント

　本事例では、生徒が思考することを重視し、学習の展開とともに考えが深まることを目指して進められた。5次構成のそれぞれの学習内容・学習方法がつながるように意図的に組まれていることが、生徒の探究的な学習への意識の継続を支えている。この授業デザインの要点を具体的に整理しよう。

　本事例で身につけることを目指す資質・能力は、食領域にかかわる知識及び調理技能である。そして、それらを生活に活かせる生きた力として育てているのが、生徒の思考を重視したプロセスと認識を深める契機となっている教材や学習課題である。本題材では、生徒が「自分たちはどのようにこれからの食生活を送ればよいか」を考え続けられるように学習過程が構成されている。考える対象は「素材」であり、第1次では、世界の食生活の比較を通して「素材」に着目する必要性が確認され、これからの学習を支える中心キーワード「素材」と出会う。この段階では、生徒は、学習課題というよりも食生活を考えるときの重要ワードとして「素材」に着目することの重要性を理解すると考えられる。

　2次では、まず、普段食べている調理済み食品や加工食品にどのような材料が入っているのかを確認し、一般家庭の台所にはない材料が含まれていることを知り、食品添加物に関する知識を得た。次に、3種類のハムの食品から一つを選ぶ活動を行った。ハムの食品表示に示された原材料や食品添加物のメリット、デメリットを理解しながら、自分自身が食材を選ぶときに何を重視しているのかを考える時間となった。2次の学習を通して、生徒は素材を生かすこととは異なる視点として食品添加物の存在を意識する。普段

の食生活のなかで、生徒はさまざまな食品を素材と素材以外のものに分けて見る経験はほとんどないと推察される。だからこそ、自分の食生活がいかに素材以外の多くのもので構成されているか、実感をもって理解する機会になったと考えられる。

　3次は、サツマイモという一つの素材を中心に、素材を生かすおやつを考え調理する時間であり、生徒に示された条件は、材料がサツマイモであること、ゆでる、煮る、蒸すなど、8種類の調理法のいずれかを用いて添加物ゼロのおやつを考え作ることであった。生徒はサツマイモという素材を生かすとはサツマイモのどのような良さを生かすことなのか、サツマイモの良さを生かす調理法とはどのようにすることなのかなどを考えることが必要となった。また、示された調理手順に従って調理する場合と比べ、班によって異なる調理法で取り組めたことで、多くの種類のおやつが作られた。このように自由度を高めた問題解決的型の調理実習を構成することで、生徒は素材を生かすことについて探究し、理解を深めたと考えられる。また、自分たちの考える素材の生かし方を具現するために、調理手順に従って行う実習よりも、はるかに多くの内容について考え議論したと思われる。

　4次では、1次で用いられた『地球の食卓』の日本人家族の1週間の食材群の写真を改めて確認した。生徒は、写真の中の様々な食品を素材と加工食品に分類したのち、素材がどこからきているのかを予想したうえで、日本の食糧自給率が約40％であることや農作物の輸入が世界一であることを確認した。豊かな食生活が当たり前と考えていた生徒だが、事実データに直面することで自分たちはどのような食生活を送ればよいかをグループで考える時間となった。ここでの学習を通して、生徒は、自身の食生活の中で使われている食材を社会とのつながりや地産地消の点から見直す時間となった。生徒にとっては、自分たちの食生活が直面している現実を捉え直す機会になったと考えられる。

　5次は、素材を味わう実習の第2弾として、福井県の食材を用いた夕食の献立を考え実習した。ここでの条件は、野菜を多く使用すること、地元食材（カブ）を使用すること、素材を生かす夕食とすることの3点であった。3次の調理実習同様、グループで条件を満たせるよう自由に協議して献立が決定された。生徒はどのような食材を選ぶのか、どのような調理法を用いて選んだ食材の良さを生かすのかなどを議論し実習した。すなわちこの時間は、これまでの学習活動で得た知識や技能を活用して、「自分たちはどのようにこれからの食生活を送ればよいか」に対する答えを示す場であった。

　以上、この事例のように、これからの授業には、生徒が思考し、主体的に探究する授業を構成することが求められている。したがって、授業の良否を判断する際にも、生徒にとってより良い授業であったかどうかについて議論されるようになるだろうし、授業評価する際の見方も変わってくることが考えられる。授業をデザインするにあたっては、子どもの学びの質が重要となる。知識量を増やすだけ、技術を高めるだけにとどまらず、生活のなかでどのように活かすのかを考えたり試行したりする機会が不可欠である。その際、教師には、授業を計画する段階での意図的なカリキュラムを構成する力とともに、学習に向かう子どもの学習状況をみとることもさらに重要になってきている。教師が、どのような姿を認め、どのような支援を行うのかによって、子どもの学びの内容や質は異なるものとなる。

4　省察

　本実践は、食生活領域の調理実習を含む授業の中で、生徒が深く考えること、生徒の思考が連鎖的につ

ながり続けることを意図して授業カリキュラムが構成された。また、授業を行う過程では、授業者は１時間が終わる都度、授業を振り返り、学習内容の関連やその進め方について学習状況を基に検討を重ね、授業計画を改善しながら進めてきた。

　授業者による本事例の分析によれば、生徒が最もよく考えたと認識した学習内容は、２次の「自分たちは何を食べているか」であった。生徒はこの時間に３種類のハムを教材として加工食品や食品添加物について学んだ。生徒はこの時間について「自分の意見をもってよい話し合いをすることができた」や「考えているうちに、だんだん自分の思い（考え）が深くなり、たくさんのことを考えることができた」と記述しており、考える時間となった点に意義を見出していることが分かる。

　また、授業者は、５次の授業後の感想のなかで、次のような生徒の振り返りを紹介している。

> 　加工食品の学習では、今まで加工食品を食べることが当たり前で、ぜんぜんそんなことを気にとめていませんでした。しかし、この授業をしてから、かんたんに加工食品を買わなくなりました。これまでは値段のことだけしか考えていなくて、予算の中に入っていたら、それで OK！という考えだったのに、必ず表示を見たり、色を見たりするようになりました。買い物での「当たり前」が少し変わったような気がします。また素材を生かしたおかし作りでは、素材のおいしさに新しく気づくことができました。スイートポテトを作りました。私はお菓子→コンビニのパン菓子などのイメージなので、素材を生かしたおかしは食べたこともないし、もちろん作ったこともなかったので、最初はとまどいました。さつまいものおいしさに、また自然の甘さや、やわらかさが味わえたのでよかったです。そして、総合的な夕食の献立作りでは、加工食品の学習や、素材のおいしさの学習など、すべての学習で学んだことを生かすことができ、うまく調理実習もできて、夕食（ではないですが）も、おいしくでき、よかったです。新しいことにたくさん気づけ、「当たり前」が少し変わりました。
> （下線、筆者）

　この生徒の記述から、学習を通してこれまでの自分の食生活のありようを大きく見直していることが分かる。３次のおやつ作りで感じたサツマイモ本来のやさしい甘さとの出会いは、加工食品に対する見方を変えている。また、「「当たり前」が少し変わりました」という表現は、自分の中にある価値意識の変容を成長として自覚している姿の表れである。こうして、子どもたちが授業を通して気づいたり考えたりしてきたことを記述等にして残すことで、本題材を貫く問い「自分たちはどのようにこれからの食生活を送ればよいか」に対する考えが可視化され、生徒自身にも改めて認識されるようになる。このようなことができれば、生徒のなかで育まれた豊かな学びを、生徒と教師が共有できるようになる。

　これからは、子どもの学びの深まりをプロセスのなかでとらえられるように授業をデザインすることが必要である。また、とらえた子どもの学びをもとに指導計画を修正し、より良い授業デザインに修正して授業を改善し続けることが求められている。

（高木　幸子）

【引用文献】
1）荒井紀子・佐藤恵美・清水美歩蕗・吉田奈保美.（2014）.「素材を味わう」をタテ糸として食の主体を育む. 北陸家庭科授業実践研究会 Ver.2（編）, 考えるっておもしろい：家庭科でつなぐ子どもの思考（pp.46-59）. 東京：教育図書.
2）ピーター・メンツェル、ファイスダルージオ（著）.（2006）.『地球の食卓―世界24ヵ国の家族ごはん』. 東京：TOTO出版

「探究的で深い学び」を生み出す学習の方法

　「探究的で深い学び」を生み出す授業では、学習の方法をどのように取り入れて授業をデザインすればよいのだろうか。ここでは、まず、家庭科教育の学習の方法について概説し、Ⅰ-3で取り上げられた授業例を用いて、子どもの思考を促し探究的で深い学びを実現するための授業改善に着目することで見えてくる学習の方法の特徴について説明する。

1　授業改善と学習の方法

　2017・2018年の学習指導要領で大きく改訂されたことのひとつは、「主体的・対話的で深い学び」の実現に向けた授業改善（アクティブ・ラーニングの視点に立った授業改善）[1]の推進が示されたことである。学習指導要領の改訂の基本方針には、授業改善に取り組む際の留意点として、まず「授業の方法や技術の改善のみを意図するものではない」[1]とある。アクティブ・ラーニングの技法のみに着目して「活動あって学びなし」ということがないように取り組むことが必要である。そして、「通常行われている学習活動（言語活動、観察・実験、問題解決的な学習など）の質を向上させることを主眼とするものであること」[1]に留意して取り組むことが重要であるという。家庭科教育で行われている学習活動で家庭科の学習方法の特質を示すのが「実践的・体験的な学習活動」であり、それは、「調理、製作等の実習や観察、調査、実験など」[1]である。高等学校にはさらに「演習」が加わり、「家庭基礎」及び「家庭総合」の科目は、「総授業時数のうち、原則として10分の5以上を実験・実習に配当するようにすること」[1]と、実験・実習の学習活動には「観察・見学、就業体験活動、乳幼児や高齢者とのふれあいや交流活動、消費生活演習などが含まれていること」[1]が示されている。

　そこで、家庭科の主な学習の方法を述べていく。教師の指導が中心となって子どもたちが参加する方法には、講義法（説明法）・問答法・示範法・示教法・鑑賞法などがある。子どもの活動が中心となる学習活動には、大別すると①実践的・体験活動による方法—「実験・実習」、「観察・見学」、「調査」、「演習」などがあり、②言語活動による方法—「読み解く」、「話し合う」、「分析・検討する」、「まとめる」、「表現する」、「振り返る（省察）」、「発表する」など、③視聴覚機器・教材を活用する方法、④劇化方法などがある。なお、教師中心と子ども中心の方法がはっきりと分けられるものではない。

　一方、学習の形態は、対象が全体、小集団と個人があり、一斉授業、グループ学習、個別学習に分けられる。授業場面では、学習過程のそれぞれの場面に適した学習形態と学習活動を組み合わせていくことになる。例えば、ケーススタディを個別学習か、グループ学習かによって、学習の経験や質が異なってくる。ケースを一人かペアか数人で読み解くのか、そのケースにはどのような解決方法があるのかを一人で探究するのか否か、まずは一人で考えてからグループ学習へと広げるのか、子どもたちだけでなく大人もかかわるのかでは、探究的学習の過程も異なってくる。

　まず、講義法（レクチャー）は、教師の発問や教材の工夫によっては、より能動的な学習となる可能性がある。講義法で際立つ授業実践における教師の技術は、板書、発問、子どもとのコミュニケーションと

示範などがある。板書は、授業の要点を文字や絵図で表現したり、子どもの発言やグループの意見などを記したりする。書き記す内容や順番、段階別の見出しや記号、何を残して何を消すのか、掲示用の図表や写真、ピクチャーカード、掛け図なども含めて、板書計画を立てておくとよい。（具体的な板書については、p.48解説「主体的な学びを支援する掲示物・板書の工夫」を参照のこと）。講義法は、必ずしも教師が話し続けるのではない。発問で確認したり問答法を生かしたり、ICT を活用したりするなど子どもの参加の度合いが深まる学習の手だては数多くある。

　次に、実習・実験で採用される示範法とは、例えば、調理実習ならば作業の一部を実演してみせるものである。学習環境によっては、グループから一人ずつ集めて示範する方法をとることもある。代表して調理法を見てきた子どもが、グループのメンバーに伝える方法は、助教法（モニターシステム）とも呼ぶ。示教法は、実物や掛け図などを見せたりして、五感を通して学習を高める方法である。

　家庭科の学習として重視されるのは実習・実験である。調理実習・実験、被服実習・実験にとどまらず、洗濯実習・実験をはじめ、妊婦、シニアなどの疑似体験学習、幼児の玩具製作実習、高齢者とのふれあいや交流活動に向けた介護にかかわる実習など、多様な実習・実験が行われている。班の仲間と一緒に学ぶ楽しさや、教え・教わるかかわりの中で協同するよさを知ることは、ものづくりそのものの楽しさを知ることに加え、実習の教育的意義のひとつである。

　高等学校家庭科の創設時から始まる「ホームプロジェクト」や「学校家庭クラブ活動」の学習方法は、プロジェクト・メソッドに基づき高校生が主体的に問題解決を実践する学習である（p.166解説「ホームプロジェクトと学校家庭クラブ活動の効果的な指導のコツ」参照）。ホームプロジェクトや学校家庭クラブは、自分や家族の家庭生活、地域社会の現実の問題から課題を発見し、他者と協働してプロジェクトを遂行し、結果を振り返り、よりよい生活を目指してさらなる課題を見出しプロジェクトは継続する、「探究的で深い学び」を目指す学習である。なお、形式化する傾向があり、思考力・判断力を培う問題解決型学習の学習プロセスを重視することが必要である。

　近年の授業実践例には、参加型学習の多様な手法─例えば、シミュレーション、ロールプレイ、ディベート、ケーススタディ、ジグソー、フォトランゲージなどが取り入れられている。これらの手法は、消費者教育、開発教育や ESD、あるいは協同学習などで開発されているものもある。新たな学習の手法を取り入れる際には、まず、教師自身が参加型学習の参加者となり、その学習を体験し、気づきや感情変化なども含めて学習過程を振り返り、参加型学習のおもしろさや意義を理解することを試みることも必要である。

2　学習環境と学習の方法

　家庭科の学習の方法と聞いて思い浮かべるのは、どのような授業場面だろうか。被服室（被服実習室）でミシン製作している場面であろうか。家庭科教育は、調理実習では調理室（調理実習室）が授業の場となるように、家庭科の学習方法と教室・空間が密接に関係している。教育実習が始まる時、新規採用や異動で新しい学校に着任した時も、授業カリキュラムをデザインする前に、まず家庭科教育に必要な施設─特別教室（小中学校）、被服実習室・食物実習室等（高等学校）─及び設備を確認する必要がある。

　校内の他の教室や施設を活用することが可能ならば、学習の方法の選択肢は広がってくる。例えば、小

学校の住まいの音や採光と照明、通風、清掃の汚れ発見などの調べ学習や実験、中学・高校で車いす体験活動等は、学校のさまざまな空間が授業の場となる。理科室で実験、パソコン室や図書館で調べ学習、校庭や体育館で幼児とのふれあい活動に向けて遊び等の体験活動などが考えられる。

　一方、学校外の近隣や地域の施設などに協力を依頼し、学習環境を広げることができる。例えば、学校近くのデイケア施設や保育園ならばふれあい交流活動、保育園児や高齢者を学校に招いての交流活動も行える。地域の高齢者福祉施設や幼稚園、認定こども園、博物館などの訪問、見学、インタビュー調査などもある。また、消費者生活センターや社会福祉協議会、NPO法人（特定非営利活動法人）などと連携し、外部講師として招く、共同して教材開発や授業開発するなど考えられる。

　このように実践的・体験的な学習活動では、教科の施設にとどまらず多様な場が学習空間となり、意味ある学習となるような方法を検討することで探究的で深い学びを実現する可能性が広がる。なお、多様な空間で実践的・体験的な学習活動を行う際には、安全の保持や事故の防止が前提となる。授業を構想する段階で、予定の空間や周辺の実地踏査を十分に行い、さまざまなリスクを想定しマネージメントすることが必要である。いつもの調理室の授業でも、献立と食材、調理用具の確認に加え、子どもたちの動線を想定し、火気や衛生も配慮し、調理器具と食材、掲示物や教材・教具などの配置を決めることが重要である（p.48解説「主体的な学びを支援する掲示物・板書の工夫」参照）。例えば、製作実習で、完成品や部分縫いの見本展示コーナーやミシン操作の動画視聴コーナーなど設置して、子どもたちが自由に活用できる学習のリソースを教室のどこに配置し、子ども同士で協同して探究する学習空間をどのようにデザインするかを、学習の形態や学習活動の組み合わせとともに検討することが必要である[2]。

　また、家庭や地域との連携がますます求められていることから、出前授業や、見学や調査、交流活動などでは、幼児や高齢者をはじめ多くの地域の人々や専門家などとかかわることとなる（I-6に詳述 pp.42-47）。地域と連携した学習活動を取り入れる際には、事前に授業のねらい、子どもの状況などを伝え、意思疎通を図り、相互に理解しあうこと、協力者の生活の営みや文化を尊重し、すべての交流相手に対する尊厳の気持ちをもち、安全への配慮に気を配りたい[2]。

3　アクション・リサーチの授業実践例を読み解く：生活者の批判的思考力を育む学習の方法

　ここでは、I-3で採り上げた「思考力・判断力を培う問題解決型学習の学習プロセス」の授業実践例[3]（中学校「素材を味わう」）において、一区切りの授業で、どのような学習活動が選択され、どのような学習形態と組み合わされて、どのような道筋をたどっているのかを読み解いてみたい。本実践は、「探究的で深い学び」の実現に向けたアクティブ・ラーニングの視点に立った実践報告である。本実践は、附属中の実践者、大学院教官、大学院生ら小計4名のメンバーによるアクション・リサーチである。「仲間と協力して楽しく学ぶ調理実習」は、これまで往々にして、「思考のつながりがない」ものになりがちであった。そのことを踏まえ、本授業は、「子どものリアルな生活感や、子ども自身に見えている世界を刺激しながら、その視野を広げ、体験を通して考えさせ、知識やスキルを身につけさせるようなストーリー性のある学習」[3]を目指そうという想いが、授業構想の出発点となっている。

　図1は、授業で採り上げた学習方法を荒井ら（2002）[4]「授業の全体構造」を参考に、構造的に整理したものである。I-3では「探究的で深い学び」を生み出す授業をデザインするために、まずゴール設定

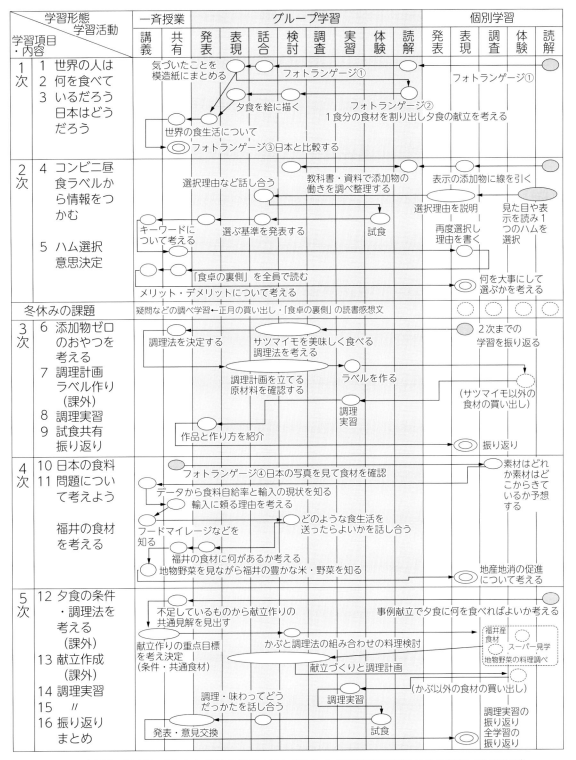

図1　事例3「素材を味わう」授業の学習方法に着目した問題解決型学習の全体構造（全16時間）

（⬤ は一連の学習の始まりを、◎ は1区切りを、点線は課外活動を示す）

学習方法に着目した授業の全体構造の図は、荒井・吉川・大嶋（2002）[4]の図1「授業の全体構造」を参考に作成し、荒井・佐藤・清水・吉田（2014）[3]の授業実践内容を基に筆者作成

すること、そして「題材を貫く課題に向き合えるような授業の流れを構成する」ことの必要性が述べられている。題材を貫く課題「素材を味わう」をタテ糸にして、題材内容やまとまりの中で、学習形態を学習活動に組み合わせ、どのような授業の流れになっているかを可視化するために、図1では横軸の1段目に学習形態（一斉授業、グループ学習、個別学習）を置き、その下に学習活動を置いている。学習のまとまりごとに、学習の始まりと終末がわかるように、学習活動の○印を差別化して表示した。

　まず、全体の授業の流れのパターンは、子ども中心の参加型授業となっていることがわかる。授業の始まりは、4次を除いてすべて個別学習から始まっており、学習の最後は個々の振り返りで終わっている。グループ学習が授業のコアとなっているが、必ず個別学習で課題を解く。例えば1次の最初の授業では、8カ国の写真のカラーコピーが一人ひとりに配られ、フォトランゲージの第1弾は個別学習で写真を読み解き、それから同じ写真のグループでさらに読み解き、模造紙に話し合ったことをまとめる。次にフォトランゲージ第2弾は、写真の国のデータも配布され、1週間分の食料から1食の夕食分の食材と費用を算出して食材から考えられる献立を検討し、そのメニューの料理を盛りつけた皿を絵に描く。模造紙と夕食の絵を用いて発表を行い、世界の食生活のあり方や特徴を共有するとともに、各国の比較を自ずと行うことになる。終末は第三弾のフォトランゲージ、世界の食生活と素材と加工食品添加物に関心を持ち、最後に日本の家族の食卓の写真を皆で確認して、揺さぶる。このように、フォトランゲージを有効に生かし、1枚の写真を複数の場面で使い、じっくりと教材と向き合う学習時間を保障し対話が生まれるようにしている。考える場面、話し合う場面、比較検討する場面、振り返る場面などをどこに設定するか、教材や手法をどのように取り入れるか、プロセスをデザインした授業によって、子どもたちはグローバルな視点から素材を加工食品との関係でとらえ直し、「素材を食べる」ことの意味を考え始めたのである。

　実践例は、「食の素材」を軸にして、①「地球の食卓」のフォトランゲージや加工食品選択の意思決定の学習活動を通して、素材と加工食品をとらえ直す「導入課題」を持ち、②冬休みの課題を通して、自分の生活と食をめぐる社会問題に関心を持ち、③「導入課題」と「冬休みの課題」での気づきなどを足場にして、中学生の日常生活で身近な加工食品を教材に食品添加物の働きを理解する。ここでは一斉授業で知識を教え込む講義法ではなく、個別学習とグループ学習で子どもたちが教科書や資料の中から必要な情報を取り出し、ハムの選択という意思決定の学習活動を通して、生活経験と情報やこれまでの学習した内容が結びつき、グループで話し合う。教室全体で出した選択基準のキーワードは子どもたちが構築した知識となり、その知識を基に再度意思決定する中で、自分の基準や価値意識と対峙し、素材と加工食品の意味を理解し、食生活での選択することの意味を理解する。④素材を生かした添加物ゼロのおやつづくりの調理実習を通して素材を生かすこと味わうことの意味を理解し、⑤「地球の食卓」の日本の家族の食生活の再度のフォトランゲージと日本の食料問題を示す各データをクラス全体で読み解き、講義と問答法を中心にした学習活動を通して食をめぐる社会問題を俯瞰し、⑥「かぶ」の素材を中心に協議して出した条件を満たせるように献立作成・調理実習の課題を解決し、これまで学習した知識や技術を総動員して本質的な問いに対するそれぞれの答えを出していく。この題材の学びの過程では、現実の状況の中にある課題の解決に向けて、多様な学習の手法を用いて、一人で考察し、グループ学習で意見や考えを述べ議論し、ハム試食と他者の意見でも揺さぶられ、自分の潜んでいた思いや新しい考えがつくられていく。

　また、この学習方法の構造にそって、子どもたちの授業中の発言やつぶやき、ワークシートや振り返りなどのナラティブ（語り）を時系列に読み解き、子どもの学習経験をみとって「学びの構造図」のなかに整理して入れてみたのが、図2「子どもの学習経験の見取り図」である。あわせて見てほしい。

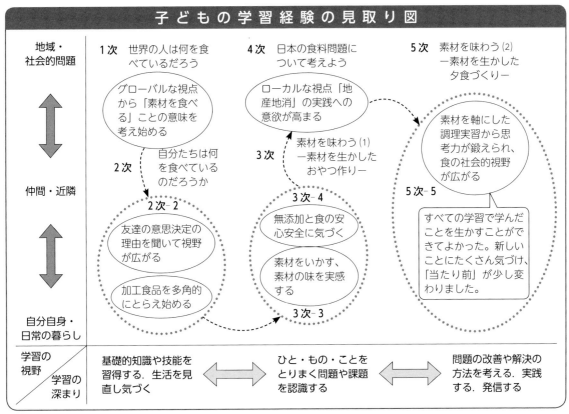

図2　子どもの学習経験の見取り図

荒井紀子、佐藤恵美、清水美歩蕗、吉田奈保美．(2014)．「『素材を味わう』をタテ糸として食の主体を育む」の本文及び本書第Ⅰ部第3章「学びの構造図」に基づき筆者作成

　SDGs が目指す2030年の「持続可能な社会」は「取り残さない（No One Left Behind）」が掲げられ、「進歩」ではなく「変容（transformation）」がキーワードとなっている。図2の子どもの学習経験の見取り図からは、「素材」を軸とした思考力・判断力を培う問題解決型調理実習学習を通して、グローバルな視点からもローカルな視点からも「素材を食べる」ことの意味や世界が広がり、この題材を通じて、自分の暮らしの当たり前に気づき、少し変わった自分を客観的にとらえなおしている思考の深まりが見えてくる。それは、生活者の批判的思考力を育むことを目指した学習者中心の参加型学習の方法によるものであろう。

（小高　さほみ）

【注及び引用文献】
1) 文部科学省．(2018)．高等学校学習指導要領（平成30年告示）解説　家庭編．東京：教育図書.
2) 小高さほみ．(2013)．家庭科、技術・家庭科（家庭分野）教材研究　学習環境・学習支援者をいかす教材・教具．教材事典―教材研究の理論と実践（pp.322-323）．東京：東京堂出版.
3) 荒井紀子・佐藤恵美・清水美歩蕗・吉田奈保美．(2014)．「素材を味わう」をタテ糸として食の主体を育む．北陸家庭科授業実践研究会 Ver.2（編），考えるっておもしろい：家庭科でつなぐ子どもの思考(pp.46-59)．東京：教育図書.
4) 荒井紀子・吉川智子・大嶋佳子．(2002)．福祉の主体形成をめざした福祉・高齢者学習の授業構造と学習構成―高校家庭科におけるアクション・リサーチ．福井大学教育実践研究第27号，pp.119-138

I - 5

「探究的で深い学び」を評価する

これまでの評価は、知識の有無をペーパーテストで測ったり、技術の獲得状況を提出された作品で確認したりすることが中心であった。近年は、ワークシートやレポート等の記述を評価の対象として、学習者の「関心・意欲・態度」のありようを把握したり、学習者自身の振り返り（自己評価）を取り入れたりするようになってきた。しかし、探究的な学びの評価としては十分とは言えない。

本章では、探究的で深い学びの評価について、具体例（題材【素材を味わう】）を挙げて述べる。

1 パフォーマンス評価とは

（1）「探究的で深い学び」にとっての評価の意味

学力観の転換に伴い、これまで実施されてきた評価方法の見直しが求められている。すなわち、学習者が習得した「知識・技能」の測定（コンテンツベース）から、それらをいかに「探究的で深い学び」に活用しているのかといった「思考・判断・表現」の測定（コンピテンシーベース）への変容である。

「知識・技能」の獲得については、学び終わった結果に注目すれば、その状況や程度をいわゆるペーパーテストで確認することは可能である。しかし、それらを活用した「思考・判断・表現」がいかになされているのかは、学習過程を把握しなければ十分な評価とは言えないであろう。「探究的で深い学び」は、探究のプロセスそのものを評価の対象としており、題材の最終局面で実施されるテストや提出された作品のみで測定することは困難である。

（2） パフォーマンス評価の成果と課題

パフォーマンス評価（performance assessment）は、学習者が与えられたパフォーマンス課題を解決する過程を評価対象とし、パフォーマンス課題とルーブリックによって構成されている。パフォーマンス課題とは、「学習者のパフォーマンスによって高次の学力を評価しようとする課題であり、より複雑で現実的な場面や状況で知識・技能を使いこなすことを求める課題」[1] である。また、ルーブリックとは、「成功の度合いを示す数レベル程度の尺度と、それぞれのレベルに対応するパフォーマンスの特徴を示した記述語（評価規準）からなる評価基準表」[2] である。

パフォーマンス評価の成果[3] は、次のように整理されている。

・子どものゴールの姿が具体的になり、指導計画に役立つ
・評価規準を示すことで、指導の目的が明確になる
・何が期待され、高く評価されるのかを子どもに示すことができ、教師と共有できる
・授業研究の視点が明らかになり、授業改善に役立つ

一方、活用する力を評価するにあたり、いわゆる「評価の観点」との関連をどうとらえるかなどの課題[3] も指摘されている。

（3）　パフォーマンス課題の設定

　有意義なパフォーマンス評価を実施するためには、質の高いパフォーマンス課題の設定が不可欠である。その要件[4]は、次のように提示されている。

・子どもの意識の流れを大切にし、動機づけがなされている
・多様で創造的な知識・技能の使いこなし方ができる
・単元で身につけさせたい力の核となるものや単元を超えて活用し得る力が問われている
・場所や状況が、より実社会・実生活に近い

　西岡（2008）[5]は、こうした質の高いパフォーマンス課題を設定するために、パフォーマンス課題のシナリオに織り込む要素として、目的、役割、相手、状況、作品、観点、の6点を挙げており、これらを明確に示したパフォーマンス課題の設定を目指す必要がある。なお、具体例については3で述べる。

（4）　ルーブリックの作成と提示

　ルーブリックを使った評価は、授業担当者がその規準や基準すべてを個別に作成するとは限らない。パフォーマンス課題に即したルーブリックは、教員単独で作成する場合、複数の教員や研究者等が協働的に作成する場合、教員と学習者が協働で作成する場合が想定できる。ルーブリックは、学習のゴール（到達目標）を表すものであるため、パフォーマンス終了後に提示したり、学習者に公開しなかったりするのでは、期待される学習効果が得られない場合も少なくない。したがって、パフォーマンス課題に取り組む前に、学習者へ適宜提示する必要がある。

（5）　課題の到達度の評価

　パフォーマンス課題の到達度の測定、すなわちパフォーマンス評価には、いくつかの評価主体が考えられる。教員が評価主体であれば、複数の場合と単独の場合が想定される。複数の教員や研究者等が評価を実施する場合には、ルーブリックの解釈に対する共通理解を得たうえで評価に臨む。個々の評価結果を突き合わせて、迷ったり異なる評価結果になったりした箇所について議論し、質的な基準を再検討して統一を図る。時間や手間はかかるが、こうした作業を重ねることによって、ルーブリックの客観性が担保され、学習者にとっても授業者にとっても意味のある評価が実現できる。

　一人の教員が単独で評価する場合には、上述のようなプロセスは省略される。その結果、時間や手間は少なくなるものの、評価自体が主観的になるといったリスクが残る。したがって、ルーブリックに客観性を持たせるための工夫が必要となる。例えば、時間をおいて複数回の評価を実施し、最初と異なる結果になった指標の適否を再検討することなどが考えられるだろう。

　学習者による自己評価を組み入れることも可能である。提示されたルーブリックの指標に照らし、自らのパフォーマンスについて、なぜ“5”なのか理由とともに評価結果を表現することで、有意義な振り返りが可能になる。学習者間の相互評価も同様である。例えば、グループの中でパフォーマンス課題の成果を発表し合い、メンバー同士で評価し合う。相互評価によって他者の目標への到達状況を客観的に確認することは、自己評価力の向上に寄与する可能性も考えられるため、成果発表の際には取り入れたい方法と言えよう。

2 ポートフォリオの活用

（1） 「探究的で深い学び」とポートフォリオ

　「探究的で深い学び」では、学習者自身が主体的に学びの履歴を蓄積・構成し、そのプロセスを質的に評価する手立てが求められている。ポートフォリオ（portfolio）は、学習過程で獲得した資料、メモ、ワークシート、レポートなどを保存したものであり、「個人のスキルやアイデア、関心、成果を示す証拠が入っている容器」[6]とされている。まずは、重要度や必要度を考慮せず、時系列にワーキング・ポートフォリオにファイルし、重要度や必要度に応じて情報を取捨選択し、再整理したパーマネントポートフォリオを作成する。学習者が、パフォーマンス課題などの「探究的で深い学び」に取り組んだり、学びの履歴を振り返って目標の達成度合いを確認したりする際、ポートフォリオの活用が有効となる。

（2） ポートフォリオを活用した評価

　ポートフォリオは、学習過程を記録としてファイルしたものであり、探究的な学びの評価アイテムとして活用できる。例えば、授業で使用するワークシートに「振り返り」や「まとめ」の欄を設定し、その都度回収・チェックすることは、授業者の省察という意味で重要である。授業者にとっては、本時で目指した授業の目標が妥当であったのか、どの程度の学習者がその目標に到達していたのかを検証することができるというメリットもある。次時の授業の結果に反映させることで、授業改善も期待できる。

　そうした日々の授業の成果を蓄積したポートフォリオは、題材を通してのリフレクションに有効活用できる。例えば、初回の授業と同様の問いを最後の授業に設定することで、学習による自己の変容や成長が視覚化される。長期的には、家庭科学習全体から見えてくる意義を問うことにも結びつく。感想の積み上げではなく、目的や意図を持った自己省察を意識させる上でも、ポートフォリオの活用は有効である。

3 パフォーマンス課題とルーブリックの具体例

　最後に、前章までに紹介した題材【素材を味わう】[7]を例に挙げ、どのようなパフォーマンス課題が想定できるのか、その場合のルーブリックはどのようになるのか示す。

（1） パフォーマンス課題の設定

　題材【素材を味わう】は、全16時間で構成されている。おやつと夕食の２回にわたる調理実習が探究型学習としてデザインされており、いずれも問題解決のステップを丁寧に押さえることで、深い学びが実現されるような構成となっている。ここでは、最終場面である５次「素材を味わう（2）―素材を生かした夕食作り―」（５時間扱い）をパフォーマンス課題として位置づけてみよう。

　以下のようなパフォーマンス課題が考えられる。

　①これまでの学習を踏まえて、素材を生かした夕食を作る

　②グループで地元の食材を用いた夕食の献立を考え、分担して調理する

③グループ内での話し合い及びスーパーマーケットにおける地元食材の調査

④ある中学生が、朝食に「菓子パンと牛乳」、昼食に「ハンバーガー、フライドポテト、コーラ」を食べた場合、この日の夕食に何を食べたらよいか、献立を考えて調理する

⑤献立・調理・試食・発表

⑥中学生が1日に必要な栄養素を理解し、夕食の献立を考えることができる

⑦素材（カブ）を生かした調理ができる

　以上の要素を含んだパフォーマンス課題のシナリオは、次のようである。

　『ある中学生が、朝食に「菓子パンと牛乳」、昼食に「ハンバーガー、フライドポテト、コーラ」を食べた場合、この日の夕食に何を食べたらよいだろう。1日に必要な栄養素から、グループで夕食の献立を考えて調理する。その際、旬の地元食材を用い、共通食材である「カブ」は丸ごと使い切るようにする。』

（2）　ルーブリックの例

　パフォーマンス課題を評価するためのルーブリックは、以下のように想定できる。

評価	評価基準	パフォーマンスの例
A	・中学生が1日に必要な栄養素を理解し、夕食に必要な栄養素を含んだ旬の食材（地元産）を用いて、添加物の少ない夕食の献立を考えることができる。 ・廃棄量を減らすなど、環境に配慮した調理と関連づけるとともに、素材を生かした調理方法を工夫し、実践できる。	・朝食・昼食の献立から考えて、不足している栄養素や食材を導き出し、その食材を用いた献立を考えている。その際、スーパーマーケットの調査結果を活用し、地元産の旬の食材を活用するとともに、添加物の少ない献立を工夫している。 ・葉を含めて「カブ」を丸ごと使い切る調理方法を工夫し、実践できている。
B	・中学生が1日に必要な栄養素を理解し、夕食に必要な栄養素を含んだ食材を用いて、夕食の献立を考えることができる。 ・素材を生かした調理ができる。	・朝食・昼食の献立から考えて、不足している栄養素や食材を導き出し、その食材を用いた献立を考えている。 ・葉を含めて「カブ」を丸ごと使い切っている。
C	・夕食の献立に、必要な栄養素が不足している。 ・素材を生かした調理ができていない。	・不足している栄養素がわからない。 ・必要な栄養素を含む食材がわからない。 ・「カブ」を丸ごと使い切っていない。

　ルーブリックによって、目指すべき方向性が明確になるだけでなく、評価の観点が可視化されることで、学習者がどの程度目標に到達しているのかを相互に把握できる。ルーブリックが妥当であり納得できるものであれば、学習者を励ますと同時に、題材全体の振り返りにも活用できる。　　　　　　　　　（鈴木　真由子）

【参考文献】
1）香川大学教育学部附属高松小学校.（2010）.　活用する力を育むパフォーマンス評価～パフォーマンス課題とルーブリックを生かした単元モデル～（p.20）.　東京：明治図書.
2）https://www.mext.go.jp/b_menu/shingi/chousa/shotou/112/shiryo/__icsFiles/afieldfile/2016/06/06/1371753_10.pdf　文部科学省　学習評価の在り方について（2020年2月14日閲覧）
3）同上1）p.21　　4）同上1）p.23
5）西岡加名恵.（2008）.「逆向き設計」で確かな学力を保障する.　東京：明治図書.
6）ダイアン・ハート、田中耕治監訳.（2012）.　パフォーマンス評価入門「真正の評価」論からの提案（p.32）.　京都：ミネルヴァ書房.
7）北陸家庭科授業実践研究会 Ver.2 編.（2014）.　考えるっておもしろい：家庭科でつなぐ子どもの思考（pp.46-59）.　東京：教育図書.

「探究的で深い学び」を引き出す地域に開かれた授業活動

　家庭科における地域に開かれた授業は、どのように「探究的で深い学び」をもたらすことができるだろうか。地域に開かれた家庭科の授業が目指すべき使命とは、子どもたちが地域の生活課題にもっと目を向けられるようにし、その生活課題を自分事として考え、行動する場を作ることではないだろうか。そこで、ここでは子どもたちが地域の人々や行政が抱える課題を知る機会としての地域に開かれた授業の意義や構成、そこに含まれるべき要件について整理し、具体的な事例を用いて説明する。

1　地域に開かれた授業づくりの必要性と子どもの社会参画

（1）　学校での学びを社会に位置づける

　子どもたちが生涯にわたり社会でよりよく生きていく力を育むことが学校教育の目標である。しかし、子どもに社会で生きる資質を身につける教育は、学校の中だけで担うには限界がある。そのことを家庭科教員はよく自覚し、社会に開かれた家庭科の授業活動をデザインする必要があるだろう。現在のところ、地域に開かれた授業は学校教育の中で十分に根づいているとは言い難く、大方の教員の視点では授業が学校の中だけで終始してしまいがちである。授業は学校での学びが社会と円滑に接続することを前提にデザインされることが望ましい。

　子どもをとりまく学校と社会との接続には課題が多く、現状では、子どもが地域活動や社会参画の実践から遠い存在であることが問題点として報告されている。2018年に内閣府によって実施された「我が国と諸外国の若者の意識に関する調査」（日本、韓国、アメリカ、イギリス、ドイツ、フランス、スウェーデンの7か国の満13歳から満29歳までの男女を対象とした大規模調査）によると、「社会をよりよくするため、私は社会における問題解決に関与したい」という設問に肯定的な回答をした日本の若者は42.3％で、7か国の中で最下位であった[1]。その原因の1つには、日本が家庭・学校・地域などにおいて、若者の社会への参画をなおざりにしてきた点があげられる[2]。そのため、今こそ学校で、地域資源の活用といった働きかけによって子どもたちの社会参画を支援するための環境づくりを積極的に行う必要があるのではないだろうか。

　社会に接続しやすい学校環境づくりは、子どもたちのためだけでなく、持続可能な社会の構築という視点においても有益な取り組みとなるはずである。特に家庭科は、生活や地域社会に根ざした学習が特徴の1つであることから、家庭科を担当する教員には、生活が地域社会との関連のもとで営まれていることを継続的に教える使命があるともいえる。

　では、教員は社会での体験をどのように授業に組み込み、子どもたちが探究的な学びを創発するような支援をすればよいのだろうか。まず、現在自分が行っている授業を省察し、その授業が子どもたちの社会で生きる資質の何を育んでいるのかを俯瞰してとらえ、社会参画教育を意識することが提案できる。

（2）「子どもの社会参画」とは？

　子どもにとっての「社会」の学習とは、どのような範囲を指すのだろうか。家庭科の学習指導要領では、校種ごとに学習の視点の空間的な範囲が示されている。小学校では身近な地域、中学校では地域社会へと広がり、高等学校ではそれに加えて社会や環境が学習対象とされている。よく「社会」の範囲は、各校種が目標とする社会参画の度合いを示すものと誤解されるが、学習指導要領で示されている範囲は、発達段階に応じた学習対象の「社会」の範囲のみである。つまり、目標としている子どもたちの成長の程度（社会で生きる力を身につけること）は全校種で違いはなく、指導に当たる教員は、そのことを意識して社会参画教育を行うことが重要である。

段		参画
8	子どもが始め，おとなとともに決定する	参画
7	子どもが始め，指導される	参画
6	おとなが始め，子どもとともに決定する	参画
5	おとなから相談され，情報を与えられる	参画
4	課題を割り当てられるが，情報を与えられている	参画
3	形だけ	非参画
2	お飾り	非参画
1段目	あやつり	非参画

▲「子どもの参画のはしご」[3]を参考に著者が作図

　では、各校種で目指す社会参画の度合いとはどの程度なのだろうか。上図は、「子どもの参画のはしご」[3]（ロジャー・ハート）といい、子どもの活動の社会参画度合いを示したものである。社会参画の目標段階は、全校種において、1段目から3段目に示される（非参画）段階のように、大人にお膳立てされた中で意思決定するのではなく、4段目から8段目（真の参画）を往還させながら向上させていくことが望ましいと考えられている。すなわち、小学校は1段目、中学校は2段目というのではなく、小学校段階でも8段目に達するような環境を整えることが重要だということである。

　大人は、子どもたちに社会参画に必要な資質を育てるために、子どもが小さい頃から、自分自身で意思決定をするさまざまな機会を意識的に与えることが重要である。意思決定の機会は、生活の中の小さな事象を対象に、繰り返し経験させることが望ましい。子どもには、物事を自分で決めて自分で行動してみて、うまくいったか否かを自分で判断してその結果を受け止め、次の機会にはより良くしていこうとする態度を身につけさせることが重要である。例えば、北欧諸国の幼稚園では、遊びや食事、昼寝などの生活において、子ども自身が意思決定することを重んじ、1日のカリキュラムを自由度の高いものに設定し、子どもの自発的な行動が誘発されやすい森など自然の中での体験を進める環境作りを工夫している[4]。この取り組みによって子どもたちは、自分たち自身の生活に対する興味関心を高め、自分で考え、仲間と話し合う活動ができるようになり、段階を追って自分個人のこと以外の地域生活に対しても考える姿勢を培うことができるようになる可能性がある。さらに、子どもたちが学校を卒業した後には、困難の多い社会でもその一員として、自分自身の方向性を自分で考え判断できるようになると考えられている[5]。

（3）　地域に開かれた授業活動の意義

　地域に開かれた授業には、どのような意義があるのだろうか。I-1に書かれているように、現代の社会的課題の解決は益々困難になっている。しかし、私たちはこのような課題に向き合い、持続可能な社会を構築しなくてはならない。地域に開かれた授業活動の中で、子どもたちは、学校に通っているだけではほとんど出会えない多様な人とコミュニケーションをとる工夫をし、社会的マイノリティの存在やその人の痛みを感じ、自分事に置き換えて解決方法を考えることを通して社会のリアリティを感じることができる。このような社会参画にチャレンジする貴重な機会を、個人の興味関心に委ねずすべての子どもに保障し、生活を教えるスペシャリストである家庭科の教員がその学びを支援することは、非常に意義深いことである。

（４）　地域とつながる教員の資質

　家庭科教員が、地域に開かれた授業をデザインできるようになるにはどのようにしたらよいだろうか。まず、卒業生や社会参画活動をしている子どもたちの声に耳を傾け、子どもが将来社会で生きる姿に思いを馳せてみる。そして、教員自身が地域社会に足を踏み入れ、学校と社会を繋ぐ橋渡しの役目を模索する行動力を持つことである。また、教員自身が地域社会の中で協働する喜びを知り、その喜びを子どもたちに伝えられるようになることも重要である。特に家庭科は、他教科に比べ生活自体が学習の対象であることから、学校の中でも社会参画教育の中枢を担える可能性があると考えられる。家庭科は大学進学時に受験科目とならないため、とかく学校教育では端に追いやられる傾向があるが、地域社会とのつながりを教育テーマとするならば、学校教育の中枢を担う科目になりうるだろう。

2　さまざまな地域資源を活用した授業実践例

　ここでは、家庭科の時間に行政や「地域の高齢者施設や保育所・幼稚園など」との連携を図った例をとりあげるとともに、どのように探究的な学びを引き出すのか、また、どのような要素が子どもたちの社会参画意識を育むのかを筆者が以前行った例を交えて説明する。

（１）　行政との連携

　千葉県立鎌ヶ谷高等学校の授業で、保育や生活設計に関する内容を取り上げた際、「子どもを社会で育てる」ための、地域行政サービスやサポート・専門職の役割などを知る機会として、自治体の保健士や保育士をゲストティーチャーとして招き、子育て支援センターの事業内容や親へのサポートや児童虐待の相談などの話を伺った。その際、子どもたちには、子育てに悩む親の現状を現場の相談員から聞き、その感想をグループワークで共有してもらった。子どもたちはこの授業によって、子育てにかかわる親の苦悩をリアルに感じることができ、保育の学びに向かう主体性を持つことができた。また、グループワークで多くの人の自分とは異なる意見を聞くことで１つの価値観に偏った学習に陥りにくくなり、視野を広げることができた。

　同様の授業で、住生活に関する内容を取り上げた際は、「自分たちが住み続けたい街」というテーマで、班ごとに調べた地域課題を元に街づくりの提案をプレゼンテーションしてもらった。授業内では、街づくりへの思いを実際に行政職員へインタビューしたり、街づくりの提案にあたるプレゼンテーションを行政の職員に講評してもらうといった、実践的な構成とした。この授業により、個人の住まい選びの視点だけでなく、街づくりに直接携わる行政職員の多様な人が暮らしやすい街づくりの中期・長期的な視点や街づくりへの熱い思いを知り、住生活に対する考えを深めることができた。

　また食生活の授業では、子どもたちが地域の特産品を用いたオリジナル菓子や料理のレシピを考え、行政職員の手で地域の複数の店舗に届けてもらう取り組みを行った。この授業では、それらのいくつかが実際の商品開発に活用され販売に至るアイデアも出てきた。子どもたちが地域に目を向け、探究的に地域の人の年齢構成や暮らし方から地域の人々の嗜好を考え、もの作りに活かすことができた成果といえよう。

　このような行政と連携した授業は、子どもたちの社会参画教育に有益であるだけでなく、地域行政に

とっても生涯教育の始点に位置づけられる点や、子どもたちの可能性を地域の大切な資源ととらえた街づくりをより活性化させることにつながる点でも有益であり、互恵関係を築くことに直結する。

（2）　高齢者との交流

　家庭科は異世代交流の機会からさまざまな学びを生む可能性もある教科である。高齢者から郷土料理や昔遊びなどの生活文化を教えてもらったり、高齢者福祉施設に赴いて、利用者との会話や動作の一部をサポートしたりするなどの活動が実践例としてあげられる。小学校段階では、このような学習活動をとおして高齢者に親しみを持ち、同じ地域で暮らす高齢者が身近に感じられるようになり、行動をともにすることで自分が高齢者の手助けとなることに自己肯定感を覚えるよう

▲高校生の高齢者福祉施設での交流

になる。中学校段階では、基礎的な介助法の習得や豊富な人生経験を有する人への尊敬の気持ちを醸成し、暮らし方の違いなどを発見することで、多様な生活を受け入れる価値観を育成することができるだろう。高校生段階ではこれに加え、子ども自身が生涯を見通した生活設計を展望する機会となるであろう。このような異世代との交流は、学習者の発達段階で課題が異なることから、交流前には、子どもたちそれぞれの目標を立てさせると主体的に交流学習に参加することができる。

（3）　乳幼児との交流

　幼児とのふれあい体験は、各校種においてさまざまな授業デザインで行われているが、学習者の発達段階によって異なる学習効果が期待されることから、各校種で行うことが望ましいと考えられる。教員は子どもの発達段階を視野に入れ、同じ学習活動であっても目標や意義づけを明確にすることを心がけるとよい。各校種での学びの体系化を図ることが重要である。

　小学校では、家庭科で学習したことを活かして幼児や低学年の児童との交流をすることで、自分の成長に気づき、学習内容を交流の際に相手のために実践することで喜びを感じることができるだろう。中学校では、育てられてきた自分を振り返り、幼児の発達や生活を知ることが主な学習目標である。高等学校では、学習対象に乳児が加わり、親世代になる視点や社会的な子育て支援についても学ぶこととなる。

　ふれあい体験学習の家庭科の授業への組み込み方は、学習者や学校に応じて適した方法を柔軟に考えるとよい。例えば、保育所・幼稚園・こども園での学習では、幼児や養育環境の観察や幼児との交流、また、事前に用意した手作り玩具を持参し幼児と一緒に遊ぶ学習、絵本の読み聞かせなどさまざまな方法が実践されている[6]。近くに交流できる施設がなく出向くことが難しい場合は、小学校1年生を（幼児とみなし

て）交流対象として、おんぶ競争などのゲームをしたり、お手紙を交換したりすることを交流内容にしても良い。高等学校では、乳児親子と高校生の交流会として、家庭科の時間に高校生を連れて地域の子育てサロンへ出向いたり、乳児親子を授業に招へいしたりして、乳児の観察や乳児の親に話や世話の仕方を聞くなどの授業展開も提案できる。子どもたちとの交流や子育ての話を親に聞く授業は、主体的にかかわろうとする態度の創発や大勢の人とコミュニケーションをとる技能の向上が期待できる。

▲「子育てサロン」を高校で実施

3　家庭科関係の部活動で家庭科の活性化

　家庭科の単位数は、教育課程のなかで減少傾向にあるが、決められた時間内で行う家庭科の授業以外でも、教員が自身で積極的に取り組める場がある。例えば、放課後の部活動は一つの例である。家庭科教員は自分の得意とするところや授業では伝えきれないことを、放課後の部活動においてさまざまな方法で伝えることができる。また、家庭科の好きな子どもたちが家庭科関係の部活動に求めることもさまざまである。その例として3タイプの部活動の実践を紹介する。

（1）　子どもたちの居場所として

　家庭科室は、空間的にもゆとりがあり、放課後の居場所を求めている子どもにはうってつけの場所ともいえる。家庭科室で活動する子どもたちは、思い思いの小物を製作したり、自分たちの作りたい物を相談して決めて料理をしたりしており、実にアットホームに過ごしている場合もある。教員は、時に応じて子どもたちの活動から発展させて、科学的な視点やグローバルな観点での課題探究を促したり、子どもの視野を広げる話し合いなども行っていけると望ましい。部活動の顧問との会話をとおして専門性が高まり、進路選択や家庭科の学習に主体性が向上する可能性も考えられる。

（2）　技能向上を目指して

　中学生・高校生になると、挑戦できる家庭科関係の被服製作や料理に関するコンクールなどが増えてくる（右図）。家庭科関係の部活動ではコンクールをひとつの目標として設定することで、子どもたちが互いに切磋琢磨し技能の向上を図ることができる。また文化祭では、ファッションショーなどの発表や、模擬店でレストランをしたり、売店で焼き菓子などを販売したりする。こうしたグループでの活動では、部員同士での切磋琢磨や支え合いをとおして、子どもたちの生活に対する協働的な主体性が育まれることが望ましい。

▲肉料理コンクールに挑戦

（3）　社会貢献を視野に入れて

　家庭科関係の部活動は、学校家庭クラブ活動（Ⅲ-7参照）と連動させて行うことも可能である。例えば、子ども自身が日頃の練習で培った調理技能を活かして、障がい者自立支援の福祉施設でのカフェの経営を障がい者と連携して実践した事例がある。その活動をさらに発展させ、地域の飲食店の店舗を借りて、店の定休日に月1回、高校生の料理を振る舞う高校生レストランとして活動した年もあった。ここではシェフに調理や接客の心得の手ほどきを受け、普段なかなかレストランに来店することが難しい独居の高齢者や障がい者およびその家族、子育て中の親などを招い

▲障がい者自立支援施設で高校生カフェ[7)]

て、それぞれのニーズにあった支援を行った。このような活動が注目されることにより、高校生だけでなく一般市民においても、障がい者理解が向上することもある。子どもが発見する地域課題はその年度によりさまざまであることから、顧問は地域との継続的な連携の中で柔軟に子どもの活動を考えるとよいだろう。

> **鎌ヶ谷市役所職員の声　「高校生の地域活動事業が高校生やその地域に与える効果について」**
> 　「高校生」×「地域」〜社会への船出への準備は、もっとも近い社会から〜
> 　学校生活を終えて社会に出れば、さまざまなことを自分で考え、判断し、実行する日々が訪れます。高校生は活動のほとんどを学校で行いますが、社会における自立をも1つの目標とするなら、生まれ育った地域はもっとも身近で温かく寛容な社会といえるのではないでしょうか。学校外での体験は、学校生活だけでは経験できない判断の連続で、社会生活の基礎力を醸成するには大変有意義でしょう。また教員にとっても、高校生の自立を再認識する機会となり、教員自身も、学校現場と異なる場所での意思決定は教育の経験値を上げることにつながると信じております。
> 　一方、少子高齢化を課題とする本地域の市民にとっても、高校生が地域活動に打ち込む姿や、仲間同志でやりとりする姿に新鮮さや懐かしさを感じていただける機会となるのではないでしょうか。それは、高校生が人として未完成だからこそ宿る、未来に向けた力であるからだと思います。高校生が地域の方々と一緒に活動することは、地域の活性化に大変な活力をもたらすと考えています。若者が多く街に活気があふれていた時代では意識しなかったことですが、少子高齢化が進み世代間のコミュニケーションが求められている現代だからこそ、このような事業の重要性は増してきているものと考えております。
> **地域の人（障がいをもった小学生の家族）の感想**
> 　実は、家族で外食をしたことがありませんでした。大きな音を立てて他の人に迷惑がかかる心配があるためです。このような機会があって、家族でとても楽しむことができました。子どもは、昨日からナイフとフォークの使い方を何回も練習をして、楽しみにしていました。高校生が作ったものとは思えないくらい本格的で、とてもおいしかったです。とてもいい思い出が出来ました。これからも頑張って。

4　体験を学びに置き換えるには

　このような地域に開かれた授業活動における体験を、子どもたちの学びに置き換えるには、適切なリフレクションを行うことがポイントである。何らかの活動を行ったならば、終了後に感想を書く、班で感想を発表し合う、交流相手に手紙を書く、活動の様子を画像に撮り教員が解説をしながら各々の活動を授業で紹介するなどの工夫をし、学習者同士や交流者とお互いの学びを共有することが提案できる。

　また、交流相手と再会の場を設けることも検討したい。例えば、初めて交流授業を実施したとすると、2回目も企画し、文化祭や体育祭などのイベントに交流で出会った方々を招聘したり、また有志やインターンシップの機会に出向くといったこともよいだろう。再会の機会は、共有した時間を交流相手とともに意味づけることができ、その後の継続的な人脈としても子どもたちの生きる力の醸成に大きな意味を持つことになるだろう。

（石島　恵美子）

【引用文献】
1）内閣府. (2018).「我が国と諸外国の若者の意識に関する調査」.
　https://www8.cao.go.jp/youth/whitepaper/r01honpen/s0_1.html. 2020.3.3. 閲覧.
2）宮本みち子. (2006). 若者の社会的排除と社会参画政策—社会的排除と社会教育. 東洋館出版社.
3）ロジャー・ハート. (1997/2000). 子どもの参画 コミュニティづくりと身近な環境ケアへの参画のための理論と実際. 木下勇. IPA（子どもの遊ぶ権利のための国際協会）.
4）名須川知子・片山知子・米澤正人・他. (2012).「森の幼稚園」試論：北欧から学ぶわが国の幼稚園への可能性. 兵庫教育大学研究紀要40, 11-17.
5）European Dimension in the 10-16 Curriculum 'Conference(1982).
6）第一生命財団. (2013). 高校生、衝撃の赤ちゃんとのふれあい体験. The Community. No. 150. 65-69.
7）東京新聞（2013年4月3日付朝刊）.

解説

主体的な学びを支援する掲示物・板書の工夫

茨城大学　石島　恵美子

　学校における教科に関する掲示物には、子どもたちの学習への関心・意欲、知識、理解を向上させる教育効果がある[1]。ここでは、魅力的な家庭科室の掲示物や板書の工夫について紹介する。

▲A中学校の家庭科室内の壁面掲示

　①は、幼児とのふれあい体験学習に行った際の活動の様子の掲示である。子どもたちはこの写真を見ることで、その時の学びを振り返り、体験を経験にすることができる。また、友人の活動の様子を目にすることは、自身が体験学習で得た以外の学びの参考にもなり、発展的な学習へとつながる。さらに、体験学習に参加していない下級生にとっても、先輩の生き生きとした活動の様子を見ることは、ふれあい体験への期待感の高揚とともに、授業に意欲的に取り組むきっかけとなり主体的な姿勢が育まれる可能性がある。②は、乳幼児たちの様子をイメージし、幼児の発達を理解しやすいように、乳幼児の写真や手形、幼児が書いた文字などを掲示し、それぞれの年齢や身長、好きなアニメや食べ物などを追記するといった工夫がなされている。こうすることで、子どもたちは、視覚情報からでも乳幼児を身近に感じることができるのではないだろうか。また③は、乳幼児に関するクイズがQ＆Aのめくり式で掲示されている。子どもたちは、②の掲示で乳幼児をイメージしながら、③のクイズで乳幼児の発達について確認することができるため、身近な乳幼児に対してより関心が高まり、自分自身の成長をも実感できるきっかけとなるだろう。④のエリアには、乳幼児の好きな絵本が並べられている。子どもたちは、自分が乳幼児の頃に読んでいた絵本にもう一度出会うことで、当時の感情や情景を思い返したり、今一度その絵本を読むことで、新たな発見があったり、新たな場面に心動かされるなど、当時は気づ

▲②の拡大

かなかった絵本の深い意味がみえてくるだろう。⑤は、授業で班ごとに作成した「茨城の魅力度 UP 定食」についての掲示である。ここでは、興味を持った班の定食をじっくり見ることができるため、子どもたちが、他の班の考えや工夫を理解して認めあい、自分たちの「茨城の魅力度 UP 定食」と比較して意見を出しあうなど、発展的な学習へとつながるだろう。⑥は、幼児服の被服製作の作品で、県主催のコンクールで表彰されたものである。実際に評価を受けた作品の掲示は、子どもたちの学びへの意欲を高めるだけでなく、製作した本人の自己肯定感の向上にも役立つだろう。

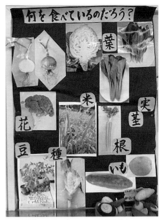
▲野菜の食べている部分についての掲示

　また、右上の画像は、B小学校の家庭科室の壁面掲示物で、食生活に関連する掲示である。身近な野菜は、植物のどの部分を食べているのか（根、葉、花、種、実など）がわかるように、野菜の写真とともに掲示されている。普段スーパーなどで売られているものを食べることが多い子どもたちは、この掲示により、野菜は植物の体の一部であることを学び、植物の成長への関心が高まり、家庭科のみならず理科教育の範囲にまで学習が及ぶことが期待される。

　右中央の画像は、C中学校の調理室の壁面掲示物で、調理の流れの基本について書かれている。普段調理に馴染んでいない子どもたちに対して、指導しなければならない調理の基本は山ほどある。調理実習では、計画・準備・調理・試食・後片付けを時間内に計画的に行う必要があり、その中に、計量や火加減、食材に合わせた切り方、器具の扱い方など実に多くの学習要素があるため、教員が説明しきれなかったり、子どもたちも時間内にすべての学習要素を習得しきれないといった点が課題として多いのではないだろうか。しかし、調理の流れと、それぞれの過程における作業のポイントをイラストつきで示しておく掲示があると、子どもたちは、作業手順を混乱させず、留意点を見落とさずに調理を進めることができる。また、調理実習後もこの掲示から調理の流れを繰り返し学ぶことができ、望ましい調理行動につながる近道となるだろう。

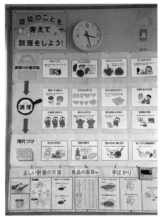
▲調理の流れの基本と留意点

　右下の画像は、通常の板書の右脇に「授業の流れ」として、その授業での学習活動の流れや活動形態を予め示しておくA中学校の板書である。これにより、子どもたちは、授業の見通しが立ち、学習活動が予測できることで、主体的な学びが得られる。また、情緒に

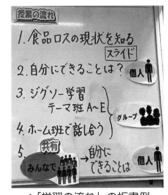
▲「学習の流れ」の板書例

不安のある子どもは、どのように授業が展開されるかがわからない時には、不安や戸惑いを生んでしまうが、事前に示してあることでそれらが軽減され、安心して授業に参加できるだろう。

A：下妻市立下妻中学校、B：成田市立公津の杜小学校、C：千葉市立轟町小学校

【引用文献】
1) 竹内希生・寺田光宏.(2015). 理科の掲示が学習者に及ぼす影響について. 日本理科教育学会東海支部大会研究発表要旨集.（61）, B1045.

第Ⅱ部

暮らしの場から
考えるSDGs
現代の生活課題に
迫る

家庭科の4つの視点とSDGs

　新学習指導要領（2017、2018年）では、自立しともに生きる生活を工夫し創るための家庭科の見方・考え方の視点として、生活をとらえる4つの視点、「協力・協働」「健康・快適・安全」「生活文化の継承・創造」「持続可能な社会の構築」が提起された（Ⅰ-1参照）。本章では、これらの視点の特徴や理念を明らかにし、家庭科の各領域（内容）とのかかわりや学習の可能性を探る。また、各視点と関連するSDGsの目標を挙げ、家庭科の学習の中でどう展開できるかについて検討する。

1　協力・協働

　家庭科の学習を貫く第1の視点「協力・協働」は、文字通り、人と力を合わせ、ともに行動し支えあう行為を意味する。自分と家族、親しい人だけでなく、身近な人、自分の所属する集団、さらには属性や経験、価値観が異なる人とも、互いに支えあい働きかけることを意味しており、そうした人とともに生きる社会のありようは「共生社会」と表現することができる。

　この共生社会の基本となる理念は、実は日本国憲法の条項のなかに記されている。すべての国民は人としての尊厳を損なわれることなく（憲法第11条：基本的人権の享有）、個人として尊重され自由と幸福を追求でき（第13条）、法の下に平等で人種、信条、性別、社会的身分や門地によって差別されない（第14条）、個人の尊厳と両性の平等（第24条）、そして健康で文化的な最低限度の生活を営む権利（第25条：生存権）である。

　家庭科は、自分や家族のより良い生活をつくる力（能力）をつけることを目指しているが、この「より良い生活をつくる力」が目指す方向や価値について改めて振り返ると、上記のような日本国憲法の人権や平等の理念と重なっている。その理念が「生活」の中にどう根づいているかを検証したり、理念を実現するにはどうしたらよいかを生徒に考えさせ、日常生活の具体的な場面で実践する力を身につけさせることが重要である。

（1）　キー概念

　ここでは、上記の理念を土台としながら特に重要と思われる3つのキー概念：1）男女平等とパートナーシップ、2）多様性を包含する社会への理解、3）自立と自立支援、について整理してみたい。（共生や福祉にかかわる概念についてはⅡ-2-2の「子ども、高齢者の生活と福祉・共生」を参照）

1）男女平等とパートナーシップ

　日本では封建社会から近代社会へと転換した明治時代以降も、男尊女卑、良妻賢母の思想は、家制度や旧民法、女子教育の中に根強く残ってきた。第二次世界大戦後、家制度は廃止され、1946年公布の日本国憲法のなかに男女平等が明記されたが、その後も意識面、制度面ともに平等への歩みは十分ではなかった。

　家庭科は周知のごとく、政治、経済や社会の影響を色濃く受けてきた教科である。1947年に民主的な

家庭を作る男女共学の教科として出発しながらも、1960年代の高度経済成長期に性別役割分担を強化する政策を背景に、1970年には高等学校の家庭科が女子のみ必修の教科へと改訂された。その後、国連の女性差別撤廃条約（1979年採択、日本政府1985年批准）をはじめとする国内外の性差別撤廃の流れの中で、1989年の学習指導要領改訂（1994年開始）により、家庭科はようやく男女ともに必修で学ぶ教科となった。それから約四半世紀が経過した2020年現在、男女必修の最初の世代が40代に入り社会の中核を担っている。この世代は「イクメン」の名称に象徴されるように、その上の世代よりも子育てへの関心が高く（p.55コラム参照）、男女共学家庭科の影響も伺われる。実際に日本家庭科教育学会が2016年に実施した全国調査では、高校家庭科男女必修世代はそれより上の世代に比べ、特に男性の場合、家事・育児参加やパートナーシップの意識や実践度がより高いという結果がでている[1]。

　法律面でも1999年には男女共同参画社会基本法が制定された。2019年の総務省の調査によると、女性の15歳から64歳までの就業率は過去最高の70.9%となり、女性も男性も生涯を通じて働くことが前提の世の中になりつつある。「仕事も家庭もともに大切に」の認識は高まっているが、しかしその一方で、職場でのセクシャルハラスメントや性被害、賃金格差、教育機会の不平等（近年、医学部入試の女子受験生への不利な扱いが指摘された）など、今なお、性差別意識が根強いことも事実である。世界経済フォーラムが公表した世界各国の男女格差を測るジェンダー・ギャップ指数（政治、経済、教育、健康の4部門の格差を測定）をみると、日本は世界156か国中120位（2021年）と先進国の中では際立って低い。順位はさらに下がる傾向にあり、わが国として格差をなくす有効な政策がとられておらず、一般の意識の変換が不十分な現状がある。家庭科では、「協力・協働」の視点から、男女平等や家庭でのパートナーシップについて生徒の理解を深め、家庭も仕事も大切にする生活主体を育てたい。家族領域の学習において、そうした社会を実現する市民性意識を育むことが大切である。

２）多様性を包含する社会への理解

　現在、日本社会は急速に多様性を増し、性別や年齢、障がいの有無、民族、人種、宗教を超えて、さまざまな人々が社会の一員として生活している。家族の形も、今や単身世帯が28.8%（2019年国民生活基礎調査、厚生労働省）となり、夫婦と未婚の子のみの世帯28.4%に次ぐ割合となった。人々は家族だけでなく他人とのつながりの中で生きている。

　性別に関しても、近年、人の性自認（ジェンダー・アイデンティティ）や性的指向（セクシャル・オリエンテーション）は多様であることや、それらを総称する呼称、LGBTQ（レズビアン、ゲイ、バイセクシャル、トランスジェンダー、クエスチョニング・クイア）に対する認知度も少しずつ高まりつつある。そうした存在を受け入れて理解を深め、偏見にとらわれない見方を身につけることが大事である。

　また現在、アジアを中心に、欧米、アフリカ各国の国籍を持つ約289万人の人々が在留外国人として生活している（総務省2020年12月統計）。留学や国際業務、就業などで、その割合は今後さらに増加が予想される。グローバル化のなかで世界各国の人の移動や交流はますます活発化するだろう。多様な生活文化、宗教、慣習について、自分と異なる価値や習慣を排除するのではなく、関心や共感を持ち、理解の幅を広げていくことが重要である。また疾病や怪我、加齢により、誰もが障がい（ハンディ）をもつ可能性があり、それを抱える生活は身近なものである。さまざまな状況の中で生きるすべての人の権利や安全が保障され、協働できる社会を創っていくことが大切である。

３）自立と自立支援

　家庭科は自立的（以下、自分を律する意味の「自律的」も含む）に生活する力を養うことを大きな柱

としている。自立とは、自分でできることを自分自身の知恵やスキルを活用して行うことを指しており、一般に次の5つの側面から語られている―衣食住や生活全体のマネジメントにかかわる「生活的自立」、自律的に考え他の人と関係を結ぶ「精神的自立」、社会の問題に主体的にかかわり発信する「社会的自立」、金銭の使い方やモノの選択、使い方に責任をもち行動する「経済的自立」、性的な問題を受け身ではなく相手との対等な関係性を築く「性的自立」―である。それに加え、自立にはもうひとつ大事な視点がある。自分だけでできないことに対し、ひとりで抱え込まず他からの支援を求めることも自立であるとの視点である。何ができるかできないかを自律的に判断し、できないことは周りの援助を求め、まわりがそれを支援する。周りとは家族だけでなく、友人や仲間、コミュニティ、行政など、個人を幾重にも取り囲むネットワーク（セーフティネット）である。この相互支援の存在が安心できる社会の基本であり、この自立と自立支援の関係は、「協力・協働」を考える重要なキーワードである。

（2） SDGsとの関連

「協力・協働」の視点からの学習とSDGsの17の目標との関連について、前項のキーワードも考慮してみると、かかわりが深いのは、目標1、目標3、目標5、目標8、目標10の5点である。

①目標1「貧困をなくそう」

　家族生活や生活経済の家計や社会保障制度の学習のほか、保育学習の中で、地域の協働の子育てと関連して「子ども食堂」などについて扱うことができる。福祉や共生社会の学習で、生活保護や貧困が生じる背景、それを克服するさまざまな協働の事例などについて学ぶことも可能である。

②目標3「すべての人に健康と福祉を」

　この目標は家庭科の全領域と関連があるが、特に「すべての人に福祉を」の部分は、協力・協働の中核となる理念で、保育や高齢者、共生社会の部分の学習や生活経済の学習と関連がある。

③目標5「ジェンダー平等を実現しよう」

　我が国は世界比較で述べたように、ジェンダー平等の実現には遠く及ばず、特に政治や経済をはじめ、社会の意思決定部門での女性の参画が課題である。家庭科は性平等についての認識を深めさせるとともに、性別役割分業を乗り越える家事や子育ての知識・スキルやパートナーシップの実践力を育てることができる。

④目標8「働きがいも経済成長も」

　家族や生活設計の学習の中で、ワーク・ライフ・バランスへの理解と実践力を育て、生活を大事にする社会の実現にむけて社会参画する市民性の育成を図ることが可能である。

⑤目標10「人や国の不平等をなくそう」

　この目標は、年齢や性別、障害、人種や経済的地位などにかかわらず全ての人が排除されず社会に参画できるようにすることを目指しており、家庭科で福祉や平等、多文化共生やLGBTQなどへの理解を深めていくことはこの目標と大きく関わっている。

　以上のように、家庭科における「協力・協働」の視点からの学習は、SDGsの目標実現を目指すうえで、多くの実践的な力をつける可能性を秘めている。

（荒井　紀子）

【引用文献】
1）日本家庭科教育学会編.（2019）.未来の生活を創る―家庭科で育む生活リテラシー.（p.42, p.55）.東京：明治図書.

コラム

ＯＳ入れ替えて、父親であることを楽しもう

NPO 法人ファザーリング・ジャパン　ファウンダー／代表理事　安藤 哲也

　最近は育児に積極的な男性が増えました。世の中の大きな変化を実感します。「イクメン」という言葉も定着し、自宅で子どものケアをしているパパは多いでしょう。しかし父親も育児をするようになればいろいろなことで悩みます。仮にいま、「子どものことがよくわからない」「子どもとどう接していいかわからない」というお父さんがいるとしたら、それは「能力」の問題ではないということ。父親が育児に何となくぎこちないのは決して技術の問題ではなく、「接触している時間」の問題が大きいのですが（国の調査でも、父親の一日の平均育児時間は母親の四分の一以下）、それは私たちの意識をはじめ社会全体が、古典的な男女役割分担意識に囚われているからです。つまり「外で働き収入を上げ家族を養うこと」が父親の役割で、「育児や家事は母親がやるもの」と思いこんでいる人はまだ少なからずいるのです。

　そういう私も20代の頃は好きな仕事に没頭していました。でも娘が生まれたとき、直感的に「育児って義務ではなく、楽しい権利なのではないか？」と思ったのです。子どものいる人生を目いっぱい楽しみたい。主体的に子育てにかかわることで、父親として自分が成長していけるのでは？　という予感があったのです。そのためにはまず「男は仕事。女が家事育児」といった古い価値観を捨てる。意識改革、つまり自分の中のＯＳ（オペレーティング・システム）を入れ替えねばと悟りました。

　そのＯＳが入れ替わると、男性も「仕事だけ」の生活から脱却できます。仕事とのバランスを考え、なるべく早く帰宅したり、土日も育児家事を妻と協業するようになります。NPO の父親セミナーでは子どもが乳幼児のパパが多いですが、意識は高いが平日はやはり仕事で帰宅が遅く、「週末の短い時間で、子どものハートをつかめる方法を教えて欲しい」という質問が出たりします。そんなものはありません。子どもと良好な関係を築きたいのであれば、労を惜しまず毎日少しの時間でもいいから子どもにかかわることが肝心です。

　労働時間が長いパパが積極的に育児にかかわれる方法があります。それは「朝の育児」です。朝ちょっと早く起きて、子どもと散歩したり、会話するだけで子どもは喜び、関係性は深まります。またパパ自身の生活も規則正しくなり、健康になって仕事の能率が上がった人もいます。もう一つは、「ママを支える」ことです。家事を分担するだけではありません。日々、大変な子育てをしてくれている妻に感謝し、ねぎらいの言葉をかけてあげること。精神的なケアが大事なのです。夜遅く帰ったとき子どもが寝てしまっていても、ママがまだ起きていたら話を聴いてあげてください。ママは一日中、子どもと一緒に過ごし家事に追われヘトヘトに疲れています。パパがママの声に耳を傾けそれをちゃんと受け止めてあげれば、「認めてもらえた」と安心し、気持ちは満たされて、ぐっすり眠れます。そして翌朝、笑顔で子どもに向き合えるのです。そのママの笑顔が子どもの情緒を安定させ、健やかな精神を育むのです。つまりママを支えることが立派な「間接育児」になっているのです。

　ＯＳを入れ替えて少し働き方を見直し、子どものいる暮らしを楽しむことで父親も豊かな人生を送ることができます。自分の人生を肯定する父親の笑顔こそが、夫婦のパートナーシップや子どもの自尊心を育みます。父親であることをもっと楽しんでみませんか？

2 健康・快適・安全

　家庭科の学習を貫く第2の視点、「健康・快適・安全」は、私たちを取り巻くすべての環境について、周りの環境に対して調整が必要かどうかを考えたり取捨選択したりするときに、どのように判断すればよいかを考える際のよりどころとなる視点である。

　日本は超高齢社会に突入し、厚生労働省の示す政府統計によれば、2019年の平均寿命は男性81.41年、女性87.45年となった。平均寿命と健康寿命の差は、日常生活に制限のある「不健康な期間」を意味し、2016年資料によれば、その期間は男性が8.84年、女性が12.35年であった[1]。平均寿命は今後も長くなることが推計されており、日常生活に制限のある期間をこれ以上増やさないことは私たちの人生にとって重要な課題となっている。また、ICTの進展や生活の多様化はさまざまなライフスタイルを生み出し、生活における価値観は一律ではなくなっている。さらに、地球規模の災害が増える中、自然災害や疫病、人災などへのリスクマネジメントをどのように考え対処するかは、緊急性の高い課題となっている。

　未来に生きる人々が健康で安全に、そして豊かな気持ちで快適に暮らすために、今を生きる私たちがどのような生活をよしとして営むのかについて考えることが求められている。

（1）　キー概念

　ここでは、1）健康な生活、2）快適な生活、3）安全な生活の3側面から考え方や課題を整理する。

1）健康な生活

　「健康である」とはどのような状態を指す言葉だろうか。世界保健機関（WHO）の憲章前文には、「健康」は、「完全な肉体的、精神的及び社会的福祉の状態であり、単に疾病又は病弱の存在しないことではない」と定義されている。すなわち身体が病気ではないというだけでなく、気持ちが穏やかでいることや、社会的にも安定した状態にいることを指している言葉であり、ウェルビーイング（well-being）とも呼ばれる。

　日常生活に目を向けると、機能性食品や不足する栄養があれば補えるサプリメントが普及し必要な時に摂取できる。また、吸湿発熱や速乾性など高機能繊維が使用された衣服は身体を健康で衛生的に保つ働きを高め、24時間換気の住宅や浴室換気機能などは、カビ等の発生を防いでくれる。このように私たちの暮らしは、科学技術の発達とともに健康を支える環境として整ってきている。

　では、私たち一人一人には何が求められていると考えれば良いだろうか。例えば、食生活に目を向けると、産地や生産者名の表示がなくても、鮮度の見分け方を理解していればより新鮮な食材を選ぶことができる。加工食品の安全性を保証する表示やその意味を理解していれば、商品を選ぶ際の判断にいかせる。また、日常の食事場面に目を向ければ、朝食、昼食、夕食、会食など、さまざまな食事風景が思い浮かぶ。気心の知れた友達との食事や、自然の恵みを受けて育った食材を用いた四季を味わう献立をいただくことも心の健康を支える食事風景である。家庭での食事であれば食材選びからかかわる場合もあろうし、外食や中食であれば、準備された献立や総菜の中から、自身の好みや前日の食事、体調などを総合して、何を食べるかを判断しているだろう。食材を選ぶという行為も準備された総菜を選ぶという行為も、ありふれた日常の生活行為であるが、この判断の積み重ねが自分の健康状態を左右しているともいえる。

2）快適な生活

　私たちは、さまざまな場所でさまざまな生活活動を行っている。ライフスタイルの多様さは、仕事の場所や時間の枠を解き放ちつつある。また、ICTの発展は、これまでは考えられなかった生活を現実のものとして提供してくれている。例えば、帰る時間に合わせて電気や暖房がつき遠隔地から自宅の様子を確認できるようになり、空港の荷物移動や高齢者施設での介助等、私たちがこれまで体力を消耗していた仕事が、器具を装着することで軽減されるようになっている。このように私たちの日常生活は、精神的にも身体的にも快適性を高めているといえる。

　「快適」という用語は対象により多様な意味を持つ語であるが、住環境や衣服環境の快適性にかかわっては一般的な適正範囲が示されている。室内の相対湿度に関して、一般的な管理基準値は40～70%と定められており[2]、衣生活に関しても、衣服内気候が快適であると感じる温度・湿度・気流の範囲は、温度32±1℃、湿度50±10% RH、気流25±15cm／secであるとされている[3]。こういった基準があることで製品・商品の性能・機能はより高められ、良質のものとなって消費者である私たちの生活の快適さを支えてくれている。

　一方で、さらに快適な生活を求めて周りの環境に負荷をかけている実態もある。例えば、自分の快適性を優先して適正範囲を超えた室内温度の設定や、スタイリッシュな生活を求めて最先端のファッションに身を包み不要な衣服は廃棄することをいとわない暮らしなどである。このような生活をしている人自身には、あまり差し迫った不都合はないかもしれない。しかし、すべての人が同じ暮らしを求めた時、私たちの生活や住む地域、さらには地球資源にどのような影響があるだろうか。閉鎖系である地球の資源はどのように使われるのか、食べられない食品や着られない衣服が引き起こしている食品ロスや衣料品の大量廃棄の問題、過剰な包装紙やプラスチック容器がごみとなる問題は、今後どのようになっていくのだろうか。

　現在、顕在化しているこれらの問題は、私たちが「快適な生活」を求めてきた行為が生んだ結果の一端であることを認識したい。そして、これからの生活の中で、快適性と持続可能性のバランスをどのようにとることが望ましいのか、各自が考えて行動することが求められている。

3）安全な生活

　私たちは、自身の生活を安全に営むだけでなく、安全な生活を未来につなぐ役割がある。

　「安全」という言葉に注目すると、「許容不可能なリスクがないこと」（ISO/IEC ガイド51）[4]や、「安全とは、人とその共同体への損傷、並びに人、組織、公共の所有物に損害がないと客観的に判断されることである。ここでいう所有物には無形のものも含む」（文部科学省）[5]などと整理されている。また、食品が「安全である」とは「予期された方法や意図された方法で　作ったり、食べたりした場合に、その食品が食べた人に害を与えないという保証」（内閣府の食品安全委員会）[6]であると示されている。いずれも安全という語がリスクゼロではないことを許容する中で客観的に判断できるものとして説明されており、判断する人の主観に左右される「安心」とは、根拠の有無で異なる語である。

　例えば、自分で食生活の管理をしなければならない場合には、何をどれだけどのように食べれば良いのか、判断して食生活をコントロールする力が必要である。とりわけ食物アレルギーにかかわっては、摂取する食品の種類や原材料に関する知識が不可欠であり、何を食べるのかを判断することは生命にもかかわる重大な事柄である。事故を防ぐためには、アレルギーのある人だけでなく家族や周りの人の正しい知識と情報共有が欠かせない。

衣生活の安全にかかわって、衣服の繊維やデザインの面から見ると、調理中に衣服に火が燃え移る「着衣着火」は、ポリエステルなど熱に弱い繊維が原因となる場合が多い。また、パーカーの紐やリボン、ファスナーはひっかけたり挟んだりして事故につながる場合がある。柔らかい生地で作られた丈の長いフレアースカートも、エレベーターの扉に挟んだり自転車のペダルに絡んだりと、危険につながることがある。着用する場所や活動によっては、危険につながることを理解した上で、自己表現としての着装を楽しみたい。

住生活の安全に関しては、家庭内での不慮の事故にも注意を払いたい。2019年度データによれば、総数（13,800人）のうち、「浴槽内での溺死及び溺水」は5,144人（37.4％）、「スリップ、つまずき及びよろめきによる同一平面上での転倒」は1,444人（10.5％）であった[7]。家族の安全を守るはずの家庭が、事故を引き起こす場所とならないために、住居の構造や安全性の確保（ハード面）と住む人のかかわりや相互支援（ソフト面）から安全な生活を目指したい。また、全国的に増えている空き家は、地域の活力が低下するだけでなく防犯の面でも危険性が高まるという課題がある。

大規模な地震が起こることが指摘される現在にあっては、普段からいざという時にどのようにすれば良いのかを考え、事前にできる準備を進めておくことが求められる。防災にかかわっては、災害に備えて考えるリスクマネジメントと災害後に被害を最小に抑えるクライシスマネジメントの視点から整理しておきたい。室崎（2012）によれば、リスクマネジメントには、災害リスクを正しく理解すること（油断大敵）や事前の備えに最善を尽くすこと（用意周到）があり、クライシスマネジメントには、混乱状態にあっても冷静さを失わないこと（沈着機敏）や状況に応じて柔軟に対応すること（臨機応変）の重要性が述べられている[8]。

一度災害が発生すれば、しばらくは非日常の生活が続く。普段から非常用の水や家族間での連絡確認など、自分や家族の命と財産を守るために準備を進めておきたい。さらに言えば、非日常だからこそ日常に近い生活をめざしたい。災害に直面した時に、命を守ることが最優先されることは変わらないが、状況が許され、普段食べている食事に近いものや嗜好品を食することができれば、厳しい状況下でも被災者の気持ちが少しは安定するという。比較的保存期間の長い食品を上手に利用したローリングストックなどを取り入れ、普段から非日常を想定した生活を心がけたい。

私たち一人一人が健康・快適・安全の視点をもって生活を営むことができれば、それぞれの暮らしはより自立したものとなり、生活の質を高めることにつながる。そして、それは私たちの暮らしだけでなく、社会全体が健康で文化的な生活に向かうことであり、こういった社会を維持する力となる。

（2） SDGsとの関連

「健康・快適・安全」の視点とSDGsの17の目標との関連について、かかわりの深い目標は、目標3、目標6、目標11、目標12の4点である。

①目標3「すべての人に健康と福祉を」

この目標は、健康に生活できる人を増やすことや、人が健康に生活できる期間を延ばすことに関係している。健康に生活できるかどうかは、個々人によっても、家族や地域、国の違いによっても大きな差異がある。健康を支える栄養摂取や健康的な食生活を考えること、生活習慣と健康の関係などを学習として扱うことが可能である。

②目標6「安全な水とトイレを世界中に」

　この目標は、地球上に2.5％ほどしかない淡水[9]を、すべての人が持続可能で安全に利用できることに関係している。私たちは、飲料水としてもトイレやふろなどの生活用水としても水を使用している。必要だから使用しているわけだが、限りあるものとして使用しているとは限らない。これまでに経験してきた災害時の経験や事実データを学習の場面に取り入れることで、非日常の生活についても考えられるようになる。

③目標11「住み続けられるまちづくりを」

　この目標は、安全で快適に生活し続けることのできるまち（地域や都市）やその維持に関係している。私たちは安全で快適な生活を求め、それにこたえる形として生活に必要なエネルギーが供給され交通網が整備されてきた。一方で、突然災害が起こっても機能停止にならないよう、自然エネルギーを活用して地域の中でエネルギー循環が可能になるまちづくりの検討も進んでいる。例えば、今とSociety5.0として示される暮らしを比較することで、暮らしに求める価値について考えることができる。

④目標12「つくる責任つかう責任」

　この目標は、私たちの生活の持続可能な生産と消費のありようを考えることに関係している。私たちは、日々消費活動を繰り返している。例えば、エコクッキングや食品ロス、衣料品の大量消費や大量廃棄を取り上げることで、消費者としての自身のありようを考えることができる。また、消費者としての判断が企業方針を変えることも、企業の取り組みに注目することで理解できる。

（高木　幸子）

【引用文献】
1) 内閣府.（2018）．平成30年版高齢社会白書（第2節）．東京：日経印刷.
2) 厚生労働省. 建築物環境衛生管理基準について.
　　https://www.mhlw.go.jp › bunya › kenkou › seikatsu-eisei10（参照2019.10.30）
3) 東洋紡 HP. https://www.toyobo.co.jp/seihin/ifukunai/ifuku4.htm（参照2019.10.30）
4) ISO/IEC Guide 51, https://www.mhlw.go.jp/shingi/2004/04/s0420-6b2.html（参照2019.10.30）
5) 文部科学省.（2004）．科学技術・学術審議会（第12回）配付資料「安全・安心な社会の構築に資する科学技術政策に関する懇談会」報告書.
　　https://www.mext.go.jp/component/a_menu/science/detail/_icsFiles/afieldfile/2013/03/25/1242077_001.pdf（参照2019. 10.30）
6) Codex「食品衛生に関する一般原則」General Principles of Food Hygiene CAC/RCP 1-1969）
　　https://www.fsc.go.jp/monitor/moni_29/moni29_index.data/H29moni_shiryo1.pdf（参照2019.10.30）
7) e-Stat.「人口動態調査 人口動態統計 確定数 死亡（表5-35）」. https://www.e-stat.go.jp/dbview?sid=0003411678（閲覧日2021.9.18）
8) 室崎益輝.（2012）．災害に強い人間を育てる─防災教育における協働. 日本家庭科教育学会誌, 55（3）, 144.
9) 国土交通省 HP, 世界の水資源（参照2020.2.19）
　　http://www.mlit.go.jp/mizukokudo/mizsei/mizukokudo_mizsei_tk2_000020.html

3 生活文化の継承・創造

　家庭科の学習を貫く第3の視点は、「生活文化の継承・創造」である。生活文化とは、人の生涯発達の中で、日常の生活様式が積み重なって形成されるものである。またその過程には、先人の知恵として世代を超えて継承されたり、地域の特徴を受け継いだりするなどの伝統的な側面や、生活者が人を尊重し、生活を大切に味わい楽しむ原理を生活文化ととらえる側面、他文化との交流により創造される側面があり、さらに、このような生活文化のありようが融合して醸成されるケースもある。

　家庭科教育における生活文化の視点とは、よりよい生活の質を求めて日々の意思決定を行うことで、自分らしいライフスタイルを形成し、日々を積み重ねることは生活文化の創造ともいえる。また、生活文化に関連する題材を用いることは、生活文化がもたらす質の高い生活の価値観を生み、探究的な深い学びの創発を促すことができる。家庭科の学習においては、日々の生活を丁寧に営むことが、生活文化の創造につながっているという意識を、子どもの時から育むことが重要であるといえるだろう。

（1）　生活文化の継承・創造のキー概念

　ここでは、上記の理念を土台としながら特に重要と思われる4つのキー概念、1）先人の生活文化への理解、2）生活文化の創造、3）生活文化の継承、4）多様な生活文化の理解、について整理した。

1）先人の生活文化への理解

　先人から継承された現代の日本の生活文化は、近代以前の伝統的な文化と、海外から流入された外来文化とが融合して創造された文化として多様な展開を遂げてきた。ここで示す先人の生活文化は、その中でも日本の独自性の強い文化として現代に確立されている。

　まず、2013年にユネスコ無形文化遺産に登録された「和食；日本人の伝統的な食文化」を例に考えてみる。和食が無形文化遺産として評価されたポイントは以下の4つであった。1つ目は、地域に根ざした多様で新鮮な食材の持ち味を尊重した調理技術が発達していること、2つ目は、一汁三菜を基本とする栄養バランスに優れた健康的な食生活であること、3つ目は、季節の花や葉で料理を飾りつけたり、季節にあった器を利用したりして、食事の場で自然の美しさや季節を楽しめること、4つ目は、年中行事との密接なかかわりがあり、家族や地域の絆を深めてきたことである[1]。生活文化は、一見確固たる様式があるかのように見えるが、自然や人と共に地域に根づきながら生活をよりよくし、生活を享受するものであり、さまざまな影響を受けながら生活の中で変化を続けているといえよう。

▲茶道部の先生に着付けを習う

▲小学校のみそ汁の調理

　家庭科における先人の知恵を理解する学習の題材には、食生活の学習をテーマにした場合は、日常食

のご飯やみそ汁、一汁三菜などの伝統的食事形式、郷土料理、行事食やだしなど、衣生活では浴衣の着付けや染め物などであり、住居の学習をテーマにした場合は日本家屋や和室など、消費生活・環境の学習をテーマにした場合は江戸時代の循環型生活のしくみや打ち水、すだれなどがある。このような先人の生活文化を題材として用いることで、伝統的な生活様式を理解するだけでなく、なぜそのような生活様式が生まれたのか、どのように工夫して変遷してきたのかを考えることができるなど、生活を探究的に考え、生活の見方を身につけるきっかけにすることができる。例えば、現在ではご飯は炊飯器で炊いているが、先人に倣って鍋で炊くことで、米の調理性や炊飯の原理を探究的に学ぶことができる。

２）生活文化の創造

　この項では、生活文化が人を尊重し生活を味わい楽しむことにより形成される側面について述べる。

　生活文化が、生活を営む人の心を尊重して創造され、変容された例としては、学校の制服の自由選択があげられる。これまで、学校の制服は、男女でデザインが分かれていたが、LGBTQ への理解が進み、ズボンやスカートを自由に選ぶことができる学校がでてきている。また、ものを沢山持つことが豊かさの象徴であったこれまでの概念に抗して、断捨離し、質のよい最小限のもので簡素に暮らすスタイルの模索などもみられるようになった。２つの例はいずれも、これまでの既成概念を人の心を尊重することでクリティカルに問い直し、変容してきた生活文化である。

　次に、生活を味わい楽しむことから形成される生活文化について例をあげる。筆者がフィンランドの中学校の調理実習を参観した際のことである。その日の献立は、手軽な日常食であったが、配膳の際に、右上図のように子どもたちが班で相談して好みのテーブルクロスを選び、ナフキンを使ってスワンや花を手早く折り、テーブルセッティングを行っていた。

▲調理実習のテーブルセッティング

このテーブルセッティングは西洋の食事の文化でありマナーともいえるが、子どもたちは、これを調理実習の中で自然と学んでいくだろうということがうかがえた。調理実習の学びは調理の知識技能の修得だけでなく、生活の質を上げる意識や技能を探究する契機にもなる。フィンランドのこの中学校では、生活すること自体を文化の源ととらえ、その価値観の形成を支えているのだ。また筆者は、フィンランドの小学校の被服の授業を参観した。授業内容は編み物で、基礎的な編み方で自分の好きな小物を作っていた。作品は右下図のようにどれも10cm程度のサイズで、１つあたり20〜30分で完成す

▲小学生の編み物の作品

る手軽なもので、子どもたちは実に楽しそうに製作を行っていた。授業では、製作物の機能性や製作にあたる知識技能の修得だけでなく、ものづくりそのものの楽しさを体感してもらうために、製作物の難易度を上げすぎず、時間にもゆとりをもって授業デザインをする工夫を取り入れていた。

　フィンランドの家庭の多くは、親が仕事から家に帰る時間が16時ごろで、家族と過ごしたり学校外で活動したりする時間が日本に比べると長い。そのため、子どもたちは、学校で学んだことと家庭生活・社会生活とが自然と連動しやすい環境にあり、学習内容を十分に定着させるだけでなく、実生活の中における具体的な活動を自由に考えチャレンジすることができる。フィンランドでは、こういった生活環

境で伝統的な生活文化が継承され、新たな創造的生活が展開されていることが感じとれた。日本では、「生活文化を意識した授業」というと一見敷居が高いように思えるが、フィンランドの事例に倣い、子どもの発達段階に応じた等身大の課題の中に、日本の文化的要素を取り入れる一工夫により実現できる。このように、生活を楽しむという価値観が形成されることにより、日本の家庭生活の課題の1つである家族間の家事労働負担の不均等が少しずつ改善され、家庭生活の営みを家族でともに楽しむ新たな生活文化が形成される可能性があるのではないだろうか。

3）生活文化の継承

1960年代の高度経済成長期以降、職住分離、核家族化、家事の外部化、チェーン店の増加で地域性が失われてきたことなどにより、伝統的な生活文化の継承は年々困難な状況になっている。生活文化のなかには、和服や和食、和室などのように伝統性をそのまま持続しているものも見られるが、一方で、例えば、化学繊維の和服、炊飯器、成人式、正月など伝統に近代性が加わって変化した例も多い[2]。伝統的な生活文化はそのまま継承されることが最善というわけではなく、個人のライフスタイルや環境に及ぼす負荷についても配慮するなどクリティカルな視点を持つことが重要である。家庭科の授業は、生活文化の継承や創造に大きな役割を担うことが期待されている。

郷土料理の継承の授業活動として、地域でなくなりそうな郷土料理を題材にした茨城町立青葉小学校の調理実習では、その料理のおいしさを再認識するとともに、地域に目を向けることをポイントとした。また、茨城東高等学校の地域活動有志グループの活動では、地域の郷土料理について地域住民に試食アンケートをお願いして、なくなりそうな郷土料理に対する意識調査というテーマで復興をアピールした。このことにより、子どもたちは、郷土料理への関心を高めることができ、活動そのものが「地域社会への参画」であることから自分たちの地域を

▲小学校の郷土料理の学習

より身近に感じるきっかけとなった。このような活動は、学校家庭クラブ活動でも実施できるため、ぜひ導入を検討していただきたい。

4）多様な生活文化の理解

この項では、多様な生活文化を理解することにより、子どもたちが得られる2つのメリットをあげる。

1つ目は、異文化との交流で生活の観点が増し、これまで気がつかなかった身近な生活文化のよさに気づき、より豊かな生活文化を創造することにつながることである。右図は、海外からきた短期留学生を鎌ヶ谷高等学校の家庭科の授業で受け入れた時の様子である。鎌ヶ谷高校の子どもたちが、前週の調理実習で学習した和食献立を、留学生に説明しながら、共同で調理を行った。鎌ヶ谷高校の子どもたちは、和食の特徴や作り方を

▲留学生に和食を伝える調理実習

人に説明するという活動により、前週の授業で学習した内容を定着させることができ、その説明相手が日本の文化を知らない留学生ということで、理解しやすい説明の工夫や、意識的にコミュニケーションを図ろうといった積極的かつ主体的な態度が見られた。子どもたちは、調理という同じ目的で協働作業

を行いながら、自分たちの文化を伝えるだけでなく留学生の母国の文化についても知り、異文化との交流を楽しむ機会になったのではないだろうか。他国の生活文化を理解することは、その国の人々を理解することにつながり、フェアトレードをはじめとする地球規模の課題への取り組みをより主体的に進めることにもつながる。現在、日本では外国につながりを持つ子どもたちの割合が増加している。子どもたちにとって、馴染みの少ない国の文化にふれることは、その国の人に親近感が湧き、人の思いや暮らしを知りたいと興味関心を抱くきっかけにもなる。

　２つ目は、生活文化の多様性を楽しめるようになることである。茨城町立長岡小学校家庭科の授業では、箸の使い方や各国の食器の特徴を知ることで、それぞれ今ある食文化は、それまでの歴史や気候・産物といったさまざまな影響を受けて変遷を遂げてきたことを学んでいる。例えば、世界には、食事をする際にスプーンやフォーク、箸を使わず手で食べる文化があるが、それは、その土地でとれる米の形状に合わせた食事様式であることや、料理の温度が手で触れられる温度のため健康によいとされているなどの文化的背景を併せ持っている。このように、食器のルーツを比較して学ぶことで生活文化の多様性を理解する学びにつながる。

（2）　SDGsとの関連

　「生活文化の継承・創造」の視点とSDGsの17の目標との関連について、前項のキーワードも考慮してみると、「生活文化の継承・創造」とかかわりの深い目標は、目標8、目標10、目標11、目標12、の４点であり、これらの目標達成を意識して俯瞰した授業デザインをすることが重要である。

　①目標8「働きがいも経済成長も」

　　生活文化を創造する資質を育むことで、生活を大切にする態度が身につき、家族で生活を楽しむために、ワーク・ライフ・バランスのとれた家庭生活を送る視点を持つことができると考えられる。

　②目標10「人や国の不平等をなくそう」

　　さまざまな国の生活文化を学ぶことで、人や国への理解と尊敬の念が芽生えると考える。これはⅡ-1-1の「協力・協働」の理念に大きくかかわっていると考えられる。

　③目標11「住み続けられるまちづくりを」

　　地域に根づいた生活文化を学ぶことで、地域社会に興味関心を持ち、地域社会に参画し、暮らしに求める価値について考えることができると考えられる。

　④目標12「つくる責任つかう責任」

　　この目標は、私たちの生活の持続可能な生産と消費のありようを考えることに関係している。先人の生活文化を学ぶことで、大量消費・廃棄の生活に課題を見つける視点ができると考えられる。

　以上のように、家庭科における「生活文化の継承・創造」の視点からの学習は、SDGsの目標実現を目指すうえでは多くの実践的な力をつける可能性を秘め、家庭科の学びの根底を流れるものであるとともに、家庭科が目指す普遍的な目標といえるのではないだろうか。　　　　　　　　　　　　　　　　　（石島　恵美子）

【引用文献】
1）和食文化国民会議.（2015）. 和食とは何か―ユネスコ無形文化遺産に登録された和食―. 京都：恩文閣出版.
2）文化庁. 生活文化・技術分科会関係.
　https://www.bunka.go.jp/seisaku/bunkazai/hokoku/kindai_seikatsubunka.html. 2020.2.22. 閲覧

4 持続可能な社会の構築 （p.66-p.67 ［解説］参照）

　家庭科において学習を貫く４つ目の視点は、「持続可能な社会の構築」である。「持続可能な社会」については、SDGsの達成で目指す包括的な理念に基づく社会であり、個人、家族、地域、社会の問題を解決するためには、DeSeCoのキー・コンピテンシーにおける第３カテゴリー「自律的に活動する」能力の習得が不可欠である。個々の生活の持続可能性を実現させるとともに、社会的視野を持つ市民性（シティズンシップ）を身につけることで、持続可能な社会の構築も可能となる。

　そのため家庭科では、批判的思考を働かせて、主体的に課題の対象にかかわり、解決の方策を探り、実践し、省察するといった学習活動を通して、生活に主体的にかかわる実践的な力を身につけさせたい。なお、家庭科を貫く視点（見方・考え方）としては、主に消費生活・環境との関連を軸に「持続可能な社会の構築」を目指している。

（1）　キー概念

　ここでは、環境・資源・消費者問題等の主体的な解決に向けて、重要と思われる３つのキー概念―１）消費者市民の育成、２）消費者の権利と責任、３）ライフスタイルの変容―について整理していく。

1）消費者市民の育成

　北欧諸国の呼びかけで生まれたコンシューマー・シティズンシップ・ネットワークによれば、消費者市民は次のように定義[1]されている。「消費者市民とは、倫理、社会、経済、環境面を考慮して選択を行う個人である。消費者市民は、家族、国家、地球規模で思いやりと責任を持って行動を行うことで、公正で持続可能な発展の維持に貢献する。」

　持続可能な社会を実現するためには、経済的、倫理的、社会的な市民として社会参加できる消費者市民の育成[2]を目指す必要がある。経済的市民として、消費が持つ社会的・環境的な影響力を理解するとともに、倫理的市民として環境問題や社会貢献等の倫理的課題をクリティカル（批判的）に考え、社会的市民として意見表明や社会参加することが、公正で持続可能な社会を実現させる。倫理的消費（エシカル消費）は消費者市民を示す象徴的な表現である。その概念は、リサイクル素材を活用したり、不必要な化学物質を使わなかったりといった「環境に配慮した商品」の購入や廃棄だけでなく、生産過程において児童労働が関与していないか、フェアトレードによって取引されているかなどの社会的意義もある。

　青年期の発達課題の１つである市民性は、「社会の一員としての自覚をもち、社会的問題に関心をもつ。また、問題の改善や解決に主体的にかかわる」[3]家庭科の学習課題としてとらえることができる。家庭科で求められているシティズンシップ（市民性）は、生活主体者[4]として生活の問題に主体的にかかわり、解決に向けて、社会に働きかける個人であると言えよう。

2）消費者の権利と責任

　消費者市民は、消費者である自分自身の権利を行使するとともに、他者の権利を尊重しなければならない。「他者の権利」には、動物の権利（Animal Rights）も含まれている。20世紀半ばにイギリスで生まれたヴィーガニズム（Veganism）は、「食用・衣料用・その他の目的のために動物を搾取したり苦しめたりすることを、できる限り辞めようとする生き方」[5]であり、その趣旨に賛同したヴィーガン（Vegan）が近年増加している。こうした傾向は、消費者市民として、どのような生き方、ライフスタ

イルを選択するのかを問い直した結果によるものとも考えられる。

では、国際消費者機構（CI）が提唱している消費者の8つの権利と5つの責任を確認してみよう。

表　消費者の権利と責任（CI）

【消費者の8つの権利】	【消費者の5つの責任】
ⅰ　生活の基本的なニーズが保障される権利 ⅱ　安全である権利 ⅲ　知らされる権利 ⅳ　選ぶ権利 ⅴ　意見を反映される権利 ⅵ　補償を受ける権利 ⅶ　消費者教育を受ける権利 ⅷ　健全な環境の中で働き生活する権利	ⅰ　批判的意識を持つ責任 ⅱ　主張し行動する責任 ⅲ　社会的関心を持ち、他者・弱者への影響を自覚する責任 ⅳ　消費行動が環境に及ぼす影響を理解する責任 ⅴ　消費者として団結・連帯する責任

　持続可能な社会の担い手である消費者市民は、こうした消費者の権利を理解した上で自らの消費行動に責任を持つことが不可欠である。目指したいのは、消費者の権利が侵害されている状況に敏感に気づくセンスを磨くことであり、責任ある消費者として行動できる実践力を身につけることである。

3）ライフスタイルの変容

　これまで述べてきたように、持続可能な社会の構築に向けた学習で重視したいのは「実践力」の獲得である。机上の空論に終始するのではなく、自分の生活の中で"何か"を変えること、さらにそれを続けることを期待したい。その積み重ねが、社会や環境に対するプラスの影響を及ぼすような、ライフスタイルの変容及び社会参画へと結びつけたい。

（2）　SDGs との関連

　「持続可能な社会の構築」の視点と SDGs の17の目標との関連について消費生活・環境を軸にみてみると、特に目標6、7、12、13、14、15とのかかわりが深く相互に関連していると言えよう。

①目標6「安全な水」、目標7「クリーンなエネルギー」及び目標13「気候変動への対策」

　生活に不可欠で有限な資源である水やエネルギーの問題は、気候変動とも深い結びつきがある。生活主体者として、こうした問題にどう向き合い、ライフスタイルを選択するのかが学習テーマとして想定できる。省エネルギーやごみの削減に取り組んだり、家庭排水や再生可能エネルギーについて議論したりすることで、日々の暮らしと関連させて扱うこともできる。

②目標12「つくる責任・つかう責任」

　生産者と消費者、双方の「責任」について多面的に考えることは、エシカル消費につながっており、グリーン・コンシューマーや消費者市民を目指すためには不可欠な目標と言える。

③目標14「海の豊かさを守る」及び目標15「陸の豊かさを守る」

　海洋や森林等の資源を守り、生物多様性を保全し、環境汚染に対応するためには、ライフスタイルの変容が前提となる。自分の生活と結びつけて考え、実行することを目指したい。　　　　　　（鈴木　真由子）

【参考文献】
1) The Consumer Citizenship Network. (2005). "Consumer Citizenship Education Guidelines. Vol.1 Higher Education"
2) 消費者市民教育テキスト検討委員会. (2013). 先生のための消費者市民教育ガイド～公正で持続可能な社会をめざして～. 公益財団法人消費者教育支援センター, pp.2-3
3) 荒井紀子他. (2013). 新版 生活主体を育む 探究する力をつける家庭科(p.50). 東京：ドメス出版.
4) 同上 pp.51-52　5) 日本ベジタリアン協会. http://www.jpvs.org/menu-info/ （2020年1月7日閲覧）

ESD（持続可能な開発のための教育）と家庭科教育

女子栄養大学　井元 りえ

　SDGs では、目標 4 のターゲット4.7に ESD（Education for Sustainable Development）が明記され、SDGs 全体を推進するための教育として位置づけられています。文部科学省では、日本ユネスコ国内委員会に「持続可能な開発目標（SDGs）推進特別分科会」を設けて取り組みを行い、学校教育をはじめ、家庭、職場、地域等のあらゆる場における SDGs に関する学習を奨励していくことが重要であるとしています。

1．ESD の歴史と SDGs との関連

　1992年、国連環境開発会議の採択文書『アジェンダ21』の中で、持続可能な開発のためには、それまで取り組まれてきた環境教育、開発教育、平和教育、人権教育などを統合して課題に取り組む必要があることが、「持続可能な開発に向けた教育の再編成」の必要性として述べられました。それを契機に、「持続可能性のための教育」や「持続可能な未来のための教育」などの名称で国際的に教育が取り組まれるようになりました。2002年の「持続可能な開発に関する世界首脳会議」において、日本政府と NGO が「国連持続可能な開発のための教育の10年（ESD 10 years）」を共同提案し、同年の第57回国連総会で採択されて以降、ESD（持続可能な開発のための教育）が名称として国際的に定着しました。

　ESD の10年の主導機関として国連から指名されたユネスコ（UNESCO，国連教育科学文化機関）は、実施計画を策定して教育に取り組みました。学校における ESD は、日本では文部科学省がユネスコ国内委員会とともに推進していますが、ESD の10年を受けて、学習指導要領に「持続可能な社会の構築」が、教育振興基本計画に「ESD の推進が盛り込まれています。また、SDGs を受けて、2020年 6 月のユネスコの会議（於：ベルリン）では、ESD for 2030が開始される予定です。

2．家庭科教育と ESD & SDGs

　家庭科教育においても多くの方が ESD に取り組んできました。「家庭科」and「ESD」で論文検索[1]すると、2008年以降76件の研究・授業実践が、また、「家庭科」and「SDGs」で検索すると、2017年以降37件の研究・授業実践がヒットします。これらの蓄積は、今後も大いに授業実践のための参考になると考えられます。

　国立教育政策研究所（2012）は、ESD について 4 つの枠組みを示しました。それらは、① ESD の視点に立った学習指導の目標、②『持続可能な社会づくり』の構成概念、③ ESD の視点に立った学習指導で重視する能力・態度、④ ESD の視点に立った学習指導を進める上での留意事項、です[2]。この②『持続可能な社会づくり』の構成概念を基に、西原他（2017）が家庭科教育における ESD の構成概念の提案（表）及び関連するキーワードの抽出を実施しており、授業実践の参考になります[3]。

　これまで実践してきた ESD の取り組みを SDGs の観点から見直すことを通じて、新たな意義を見出したり、位置づけを考え直したりすることができます。SDGs のすべての目標とターゲットは互い

に不可分の関係にあり、統合的にとらえるべきものであるとされています。

　例えば、ドイツのベルテルスマン財団と持続可能な開発ソリューションズ・ネットワーク（SDSN）は共同で、世界の国々の SDGs の達成度を、指標を設けて毎年発表しています。それによって、世界の他の国々と比較した日本の達成状況がわかりますが、2019年の報告書では、日本の評価は、5（ジェンダー）、12（つくる責任つかう責任）、13（気候変動）、17（パートナーシップ）の４目標において「大きな課題が残っている」となっています[4]。

表　家庭科の特性をふまえた ESD の構成概念

国立教育政策研究所（2012）の示した ESD の構成概念		家庭科の特性をふまえた ESD の構成概念に関する内容
人を取り巻く環境に関する概念	多様性	人間の生活や文化は、歴史的・地理的・社会的に多種多様であるということ。
	相互性	人間の生活において、社会、経済、環境、文化は相互に結びついており、かかわりがあるということ。
	有限性	私たちの生活を支えている物質やエネルギーには限りがあるということ。
人の意思・行動に関する概念	公平性	生活の質にかかわる基本的な権利が尊重され、公平であるということ。
	連携性	人・地域・社会とのつながりやかかわりを重視し、連携、協力すること。
	責任性	社会、経済、環境、文化の調和的発展のために、一人ひとりが責任ある生活者として、ライフスタイルを変革し、社会参画しようとすること。

出典：引用文献[3] 西原　他

　そのうち、5（ジェンダー）を見ると、指標の中で低い値は、「国会における女性議員の割合」が10.1%、「男女の賃金格差（男性の平均賃金の %）」が24.5%、「女性の１日当たりの無償労働の時間」が183.5分でした。これらを手掛かりに、家族・家庭生活の領域で、男女が協力して家庭生活・社会生活を営む際のあり方について生徒が改善策を考え、話し合い、発表するといった授業が展開できるでしょう。

　さらに、これらの指標に限らず、グローバルな視野で他の国の状況と比較したり、身近な地域の課題に取り組んだりしながら、社会のあり方、文化的背景、経済のしくみなどを総合的に考え、課題について深めていくことができます。また、1（貧困）、10（不平等）などの他の目標と関係させながら考えることもできます。例えば、母子家庭の課題、高齢者の貧困率、所得格差などについてです。

　学習方法としては、他教科や総合的な学習の時間と連携したり、地域の方々やさまざまな専門家と協働したりすると、17（パートナーシップ）にも繋がります。

　家庭科教育における ESD を通して、グローバルな視野で家庭生活を見つめ、持続可能な社会を形成するために実践できる人を育てていきましょう。

【注及び引用文献】
1) CiNii 2019年12月11日に検索
2) 国立教育政策研究所.（2012）. 学校における持続可能な発展のための教育（ESD）に関する研究（最終報告書）
3) 西原直枝・井元りえ・妹尾理子・志村結美・佐藤裕紀子・大矢英世・加賀恵子・佐藤典子・楢府暢子.（2017）. 家庭科における ESD の構成概念および学習内容の明確化―小学校・中学校・高等学校の教科書分析を基に―. 日本家庭科教育学会誌, 60（2）, 76-85.
4) Bertelsmann Stiftung and Sustainable Development Solutions Network.（June 2019）. Sustainable Development Report 2019, 248-249（https://www.sdgindex.org）

現代的な生活課題と授業化のポイント

　家庭科は、生活の主体（生活主体）である子どもたちが、生活を包括的にとらえ、知識とスキルを活用してより良い生活を創る力を育てる教科である。本章では、生活の営みを大きく6つの側面—1「家族・生活設計」2「子ども、高齢者の生活と福祉・共生」3「食生活」4「衣生活」5「住生活」6「消費生活・環境」—からとらえ、それぞれの生活にかかわる現代的課題について解説する。また、家庭科学習で採り上げる場合に押さえたい視点や授業化の工夫、ポイントについて検討する。

1　家族・生活設計

　家族の見方・考え方を相対化し複眼的に考えることができるように、家族や生活設計にかかわる現代的な課題を日本社会の変化にも焦点をあてながらまとめてみたい。ここでの解説の理論は、Ⅱ-1-1の「協力・協働」につながるので、そちらも参照してほしい。

（1）　家族・生活設計にかかわる現代的課題

1）家族の多様性と社会的包摂

　家族の多様性は、家族のかたちや家族のあり方の多様化など多義的である。日本の家族の形態は、1980年代後半から、単独世帯と「夫婦と子ども」以外の核家族世帯（夫婦のみ・ひとり親と子ども）が、近年では、「65歳以上の親と配偶者のいない子ども」世帯が増加傾向にある。夫婦と子どもからなる核家族が最も多いわけではなく、多様な家族のかたちがある。海外では、婚姻関係に基礎をおかないカップル（例えば、スウェーデンのサムボ Sambo、フランスの PACS など）や、近年では同性カップルのパートナー関係の権利が認められるようになってきている。また、「一つ屋根」の下で暮らしている人の集まりには、里親と暮らす子どもたちなど血縁関係に限定されない家族や、グループホーム、シェアハウスなど非親族世帯の新たな暮らしの場がある[1]。さらに日本の外国人登録者数は急激に増加し、外国につながる人々が就労、留学など、さまざまな理由で来日し暮らしている。「多民族・多文化共生」（異文化と自文化をお互いに尊重しながら、一緒に暮らしていくこと）の考え方を重視したい。このように多様な家族の社会へと変化している中で、「近代家族」を前提とする社会制度から新たな枠組みが求められている。これからは、ひとり親家庭、LGBTQ の人々とその家族、複数の文化の中で育ち移動する人々など社会的排除の対象にされがちであった集団を包摂する社会を、ひとり一人の主体的なかかわりや政策のもとで目指していくことが重要である。

2）生涯発達の視点と社会変動

　発達という概念は、かつて、幼児・児童・青年のみを対象としていた時代には成人になるまでに「できるようになること」が注目されていた。その後、成人の発達についての研究において、人は加齢とともに機能が低下するだけでなく、生涯にわたって回復力があり学習し続け、ライフスタイルなどを変化させてサクセスフル・エイジングを実現していくことが明らかになり、人は生涯発達し続けるというと

らえ方に変わってきた。生涯発達とは、人は生涯、身体的・精神的に変化し続け、ライフステージごとの課題を達成しつつ発達するという考え方である。

　人の寿命は医学的には120年が可能であるといい、平均寿命がさらに延びて人生100年となると予測されている[2]。少子高齢社会の日本において、労働力人口の不足や年金問題から、定年の延長、高齢者の年齢区分が議論されている。これまでの一人ひとりの生き方が尊重され、多様なライフスタイルを誰もが選べ、多様なライフコースを生きる人々を包摂する社会となることが求められている[3]。

　一方、2030年の社会は、グローバル化、情報化、技術革新などが加速度的に進み、人工知能の進化などに基づいた未来予測を踏まえて「複雑で予測困難」な時期とされている。その中で、AI、ビッグデータ、IoTなどインパクトのある社会変動の要素が提起されている。その変化を享受したり影響を受けたりしながら暮らし人生を歩むというとらえ方とともに、よりよい社会の変容に主体的にかかわりながら暮らしをつくっていく生活主体であるというとらえ方を大事にしたい。

　また、2011年3月11日の東日本大震災はじめ未曾有の自然災害が連続し、原子力発電所の災害、感染症災害などにより、身近な人の死、家や学校や職場を失うなど想像もしなかった状況が広がっている。予期せぬ失業・病気・事故・死亡、火事や自然災害、感染症災害などのリスクに備えることには限界があり、リスクから生じる生活の問題は、自己責任や家族や地域の支えだけでは対処できない。生活の問題に対して人々の合意をもとに社会全体で対応しようとするのがセーフティーネットといわれる社会保障・社会福祉の制度である。近年の自然災害や感染症災害などに、さまざまな社会福祉の施策や制度が「だれもが、どこででも、必要に応じて、自由に利用できる」ことが重要となっている。

3）ワーク・ライフ・バランス

　日本は、先進諸国の中でとりわけ長時間労働大国で労働災害の認定件数も増え続け、Karoshi（過労死）は世界に通じる言葉となっている。アルバイトや正規雇用・非正規雇用のいずれでも、過重労働や違法労働など劣悪な環境での労働を強いる「ブラック企業」問題が深刻化している。労災が認定された広告会社の新入社員高橋まつりさんの1か月間の労働時間は、サービス残業を含まず278時間であった。つまり、1日13.9時間働き、残り10時間では、明らかに生理的生活時間と社会的・文化的生活時間は不足している。また、6歳未満児のいる夫の家事・育児時間は、先進諸国で最低である。育児や家事を担いたいという意思があっても、実現しない背景には、このような長時間労働の問題がある。

　ワーク・ライフ・バランスの実現には、政策や環境整備の改革と性別役割分業意識の変革が求められる。ペイド・ワークとアンペイド・ワーク（近代的性別役割分業を成り立たせる社会構造をとらえる概念）をバランスよく配分するしくみ、アンペイド・ワークの社会的活動へ組み換え（公的セクターによる福祉政策など）がある。EUは、ジェンダー平等の実現に向けて、ジェンダー主流化（Gender Mainstreaming）という考え方を採用している。ジェンダー主流化とは、「ジェンダー平等を達成するために、あらゆる政策や事業の決定、実施、評価の場にジェンダーの支援を導入する考え方のこと」[4]である。日本でも、仕事と生活の時間を、①家族のケア（育児・介護）、②自己啓発、③コミュニティの活動のそれぞれの時間をバランスよく誰もが意思決定できる社会になることが望まれる。

（2）　家族・生活設計にかかわる授業化や工夫のポイント

1）家族の授業化のポイント

　家族の多様化は、これまでの標準的な核家族世帯を基本とする社会制度の変革と新しい家族的な人々

の関係づくりへとつながっている[5]。このような社会において、家族の授業化のポイントは、①自立した個人の生き方を尊重し、パートナーシップの理念に基づいた多様な「家族」を認めることが重要になってくる。②「多民族・多文化共生」の考え方、地球市民社会の担い手を育む家族の文化的多様性の視点が必要である。③社会の中の家族を考える際にも、人の一生を考える際にも、誰もが多様な家族のかたちを経験する可能性があるという認識を持てるような学習の方法を検討したい。なお、前述した社会的排除の対象にされがちな人々を授業で触れたり取り上げたりする際には、目の前の子どもたちや周囲に排除されてきた／いる経験をもつかもしれないということに敏感にかつ慎重になることが必要である。マイノリティというとらえ方の隠れたカリキュラムにならないようにする配慮が必要である。家族が多様化する現代において、「家族とは何か」を考えるとき、血縁や婚姻関係だけでなく、血縁や婚姻関係に基礎を置かない「家族」、家族研究の枠組みから排除されてきた人びと[1]を含めて、家族と暮らしをとらえ直していくことも必要であろう。

　一方で、家族・生活設計の学習では「正解のない問い」だからと、動画を視聴するだけ、アクティビティを体験するだけにとどまることのないようにカリキュラムのデザインの際に本質的な問いを検討することが重要となってくる。また、家族は自明のものであり、家族について学ぶことの意味を理解し、子ども自身が課題を持って学習に参加し、クラスメートや教材、地域の人々、家族などと対話的な学びとなるような、学習の方法の工夫が必要である。さらに、多様な家族をどのようにとらえていくのか、自分の中にある固定観念に気づく学習の方法を検討することも必要であろう。

　家族法を毎日の生活で意識する機会はあまりない。結婚、離婚、再婚、子どもの誕生、養子を迎える、亡くなるなど、家族の関係に変化が生じる時、社会のルールとして法律がかかわってくる。何らかの問題が生じて家族だけで解決できない場合、法律が解決のひとつの方法となることもある。そこで、生活場面や人生のターニングポイントのケーススタディや、生活設計のなかで家族法をかかわらせる学習も考えられる。

2）生活設計の授業化のポイント

　現代的課題で述べてきたように、予想がつかないほどの社会変化の中で、どのように生活設計の授業を構想すればよいのだろうか。ここでは、学習内容を時間軸でとらえることから考えることが重要である（p.19参照）。小学校では、1日の生活構造を生活時間から見つめることから、生活課題を見出し、1日の生活時間をマネージメントする力を育む。中学校では、幼児や高齢者とのふれあい活動から「異世代の生活の営み」を学習する。高等学校ではタイムスパンが広がり、社会変動やリスクから生じる生活問題を視野にいれて、生涯発達の考え方に立ち、自分の一生を生活の営みに必要な生活資源や生活活動にかかわることを関連づけて理解し見通すことが、自分の人生を生き生きとしたものにしていく。生涯発達の視点は、家族や身近な人々、地域社会の人々とのかかわり方においても重要な見方・考え方である（Ⅱ-1-1参照）。

　将来どのような人生を送りたいか、自分の人生の主人公となって、自分の生き方を思い描き構想することがライフデザインである。誰かが敷いたレールを進むのではなく、自分の人生の主人公となって、いきいきとした毎日を暮らすために、自己の生き方を確認し、生涯発達の視点から、ライフコースのターニングポイントや生活課題について、身近な人との関係や経済的な見通しや生活資源などを結びつけながら設定し、修正・管理を行っていく。例えば、日々の暮らしの中で、生活資源の時間を、どのようなことに、どれくらいの時間をかけられるかをワーク・ライフ・バランスの視点や自分のライフスタ

イルを考えながら、自分自身で仕事と生活をマネジメントしていくこともライフプランニングである。このように、暮らしや人生の何に価値を見出し、どのようなことを実現して生きていくのかということを意識的に考えていくこと、思考の連続が生活設計である。

　例えば、人生100年時代となると、職業選択のタイミングも異なってくることも考えられる。学校卒業→就職→定年老後という人生の三段階のとらえ方を前提にするのではなく、学校卒業→ワーキングホリデー→進学→就職など多様な生き方に触れて考える学習もある。多様な生き方を知るきっかけとなる図書館学習や、ドキュメンタリー映画などの視聴、インタビュー調査などがある。

　生活設計を新学期に導入として扱う時には、小学校では、ガイダンスで今での自分の成長と１日の生活設計を学び、６年生の最後には、卒業目前に中学生となる身近な未来をとらえていく。高等学校では、家庭科の学習で、人の一生を見通すことの意味がわかり、自分の課題を持てるようにすることが必要である。まとめとしての学習では、これまでの学習した内容を生かす課題を設定し、学習経験が結びつくような学習活動を中心とした参加型学習にすることが重要である。いずれも、意思決定の意義とそのプロセスの学習（p.18図１参照）を繰り返し設定することが必要である。

　SDGsは、ライフスタイルや生活設計に密接にかかわってくる。例えば、長時間労働や過労死の問題を探究し自分のライフスタイルを考える授業では、目標８「2030年までに、若者や障害者を含むすべての男性及び女性の、完全かつ生産的な雇用、及び働きがいのある人間らしい雇用（ディーセントワーク）、ならびに同一労働同一賃金を達成する」こと、目標５「ジェンダー平等の実現」や、目標12「持続可能な生産と消費」の12.8「2030年までに、人々があらゆる場所において、持続可能な開発及び自然と調和したライフスタイルに関する情報と意識を持つようにする」ことなどが授業構想の枠組みとなる。SDGsをツールとして、「学びの構造図」で授業をデザインすることもできる。

　子どもたち、その中でも実社会に巣立つ直前の高校生が、生涯を見通し、対等で平等な家族関係（その形は多様）を築く力をつけていくことができるような「家族と生活設計の学習」が望まれる。

（小高　さほみ）

【注及び引用文献】
1）藤崎（2017）は、これまでの家族研究の「家族」の枠組みから排除されてきた人びとー「ステップ・ファミリー，LGBT家族，養親子・里親子，シェア居住といった非血縁の関係性をも含む『家族』など」ーの「家族的」営みに着目した質的研究の問題意識に注目している。
・藤崎宏子.(2017).　家族研究の継承と課題（３）.　藤崎宏子・池岡義孝編著，現代日本の家族社会学を問うー多様化のなかの対話ー.　京都：ミネルヴァ書房.
2）リンダ・グラットン／アンドリュー・スコット.(2016).　LIFE SHIFT（ライフ・シフト）.　池村千秋訳.　東京：東洋経済新報社
3）落合（2019）は、「20世紀的な標準をはずれて多様な人生を送る人たちを包摂することのできる社会制度づくり」を提起している。
・落合恵美子.(2019).　21世紀家族へ（第４版）：家族の戦後体制の見かた・超えかた.　東京：有斐閣.
4）魚住明代.(2018).　ジェンダー平等とジェンダー主流化.　日本家政学会編，現代家族を読み解く12章(pp.50-51).　東京：丸善出版.
5）佐藤裕紀子.(2018).　近代家族と現代家族.　日本家政学会編，現代家族を読み解く12章(pp.10-11).　東京：丸善出版.

2 子ども、高齢者の生活と福祉・共生

　人の一生は、生まれてから死ぬまでひと繋がりのものであり、ライフステージごとの心身の特徴とそれに応じた生活の自立と共生のあり方がある。とりわけ、親やまわりの大人の保護が必要な乳幼児期、そして加齢により支援やケアの必要性が増す高齢期は、独自の成長・発達の課題や心身の特徴がある。家族や身近な人による支援だけでなく福祉の視点からの制度や環境の整備が重要となる。

　生徒には、幼児期、高齢期の心身の特徴や成長、成熟の意味や価値、人生のその時期を支える個人や社会の支援のあり方を理解させたい。同時に、自分たちに何ができるか、共生社会の一員として「自分ごと」として考え、行動させたい。なお、この部分の学習は、Ⅱ-1の4視点のうち、「協力・協働」とかかわりが深い。併せて読んでほしい。

（1）子ども、高齢者の生活と福祉・共生にかかわる現代的課題

1）子どもの生活と保育にかかわる課題

① 子どもの成長と発達を支える

　子どもは、誕生とともに成長をはじめ、日々できることを獲得していく。運動能力では寝返りする、座る、はう、立ち上がるといった一連の動作を繰り返しながら、歩行の力をつけていく。運動にかぎらず、言語や認知、情緒、社会性の発達には一定の方向性や順序性があり、相互に密接に関連している。親や保育者、周りの大人は、子どもの育つ力を理解し、愛情をもって見つめ、年齢や発達に応じた的確な働きかけをし、栄養、食事、遊び、安全などを配慮していく必要がある。その際、発達には個人差があり、また病気や障がいにより多様で困難な成長の過程をたどることもある。そのことも含めて理解し、子どもの成長をゆったりと見守り支えることが大切である。

② 子どもの命と人権を守る

　国連は1989年に子どもの権利に関する条約（子どもの権利条約）を採択した。5年後の1994年に日本政府も批准し、子どもの最善の利益を守り必要な保護およびケアを確保することが宣言された。そこには子どものアイデンティティや意見の表明の権利を保障するなど子どもの人権を包括的に守ることが謳われている。しかし、現実の社会状況をみると、親による児童虐待や育児放棄は後を絶たない。親の子育てについての無知や無理解、親自身の貧困やストレス、行政の子どもを守る体制の不備などがその背景にある。また日本の子どもの貧困率（17歳以下）は13.5%で7.4人に一人が貧困状態にある（2019年、国民生活基礎調査、厚生労働省）。この率はOECD（経済協力開発機構）の平均を上回り、主要42か国中21位という低水準である。特に離婚後の母子家庭の場合、非正規雇用で働く人が多く貧困に陥る割合が高い。子どもの貧困は食生活や健康、教育格差にもつながる。子どもの命や人権を損なうこうした状況を改善するには、子どもを守ろうとする市民意識の共有と社会的な経済支援や対策が必要である。近年、市民サイドからの支援活動としては、貧困家庭の子どもの食生活を支える「子ども食堂」などが生まれている。

③ 集団保育の充実と環境整備

　保育所不足、特に乳児保育の待機児童の問題が顕在化している。出産時に育児休暇をとる就労女性に加えて、近年、妊娠を契機に退職した女性であっても、出産後1年未満で求職、就労する女性が増

加している。女性の就労意欲や経済的理由が背景にあるが、こうした変化に保育体制が対応できていない現実があり、保育士不足も問題となっている。保育所は単に子どもを預ける場所ではなく、保育士と保護者が協力して子どもたちの健やかな成長を見守り支える場である。これまでの集団保育の実践を通して、子どもたちが他の子の刺激を受けて遊びや運動に粘り強く取り組んだり、社会性を身につけたりといったさまざまな事例が報告されている。このような質の高い保育を保障するには、保育士の数を増やし保育環境を整える必要がある。子どもの成長を支える場として、集団保育の質を維持、向上させていくためには、民間だけでなく自治体や国の手厚い支援が求められている。

④　子どもをともに育てる意識とアロママザリング

　子どもの健やかな成長を支えるうえで、最も身近にいる両親や家族の役割は大きい。子育てを母親だけが抱え込む状況をなくし、父親も協働し、双方のパートナーシップによる子育てが重要である。2000年以降、「イクメン」の名称に代表されるような子育てや家事を自分ごとと捉え積極的にかかわる父親も増えている（p.55コラム参照）。また、両親やその家族だけでなく、友人や近所の人など、子どもをとりまく大人たちが関心を持ち、ともに育てるアロママザリングも重要である。共働き家庭における病児を、子育てを終了した経験豊かな人たちが一時預かりをするなどはその一例だろう。子育て中の人だけでなく、子どものいない人や一人暮らしの人も含めて、年齢を問わず社会の中で子どもを育てるという意識をもち、多くの目と愛情と知恵の中で子どもたちが安心して育つ環境を整えていきたいものである。

２）高齢者の生活と福祉・共生にかかわる課題

①　高齢社会の現状と高齢期のウェル・ビーイング

　我が国の65歳以上の人口は3619万人、総人口に占める割合は28.8％（2020年総務省統計局）である。このうち約半数が75歳以上で、その割合は今後とも上昇が見込まれ、日本は世界に例を見ない高齢社会となっている。平均寿命は女性87歳、男性81歳（2019年）で世界２位（女性）、３位（男性）の長寿社会である。また健康寿命（日常生活に制限のない期間）は男性が約72年、女性が75年で、健康にすごす高齢者が増加していることも特徴である。

　ひとは誰でも歳をとる。その人生の晩年期をできる限り健康で、人や社会ともかかわりながら充実して過ごせること、また仮に病気や障がいが生じても、必要な支援を受けながら生活できること、そうした安心できる暮らし（ウェル・ビーイング）が実現できる社会をつくることが重要である。

②　高齢者福祉医療三原則と地域包括ケアシステム

　高齢期の生き生きした暮らしを支える基本理念である高齢者福祉医療三原則をまず理解したい。

　デンマークのバンク・ミケルセン（1919-1990）により第二次世界大戦後に提唱され、それ以降、北欧各国が福祉政策を充実させてきたなかで、その根幹をなす考え方である。以下の３点からなる。

〇人生の継続性の尊重

　高齢期の生活がこれまでのライフスタイルの延長となるよう、例えば施設等へ入所となる場合でも、愛着ある家具の持ち込みや生活習慣の尊重など、これまでの生活が継続できるよう支援する。

〇自己決定の尊重

　生活の仕方や生き方について、選択したり決定したりする権利は、高齢者本人にある。

〇残存能力の活用

　本人自身の力で、できる限り自立して生活できるよう、残された身体機能を最大限使うことを目

指し、できないことを補助器具やケアによって支える。

　わが国では、1990年代に施設で生活する高齢者の「寝たきり」（寝かせきり）や夜間の徘徊を防ぐベッドへの「拘束」等の対応が、人権を損なう行為として問題となった。介護する側の都合だけではなく、される側の視点に立った新しいケアのあり方が提起され、当事者主体のケアが重視されるようになった。2000年以降、北欧型のケアの理念や視点は、日本の高齢者施設のバリアフリー化や個室化、作業療法士のリハビリテーションの方法などに反映され、それ以降の福祉政策に生かされてきている。

③　介護やケアにかかわる福祉政策と課題

　病気や障がいなどで支援が必要になった人への福祉政策の中で、各自治体で取り組みが進められているのが地域包括ケアシステムである。これは高齢になっても最後まで住み慣れた家や地域で自立的な生活を送ることができるよう、ケアマネジャー、訪問看護士、ホームヘルパー等の関係者が本人を囲んで相談し、医療、介護、生活支援などの必要な支援を一体的に提供するものである。これらは当事者本人の自己決定を尊重し、生活の継続や自立を支援する方法であり、前述の福祉3原則の理念を土台とした新たなシステムと考えられる。

　その一方で課題もある。認知症高齢者の増加や、家族介護者の高齢化（老老介護）、福祉施設の職員やヘルパーの不足などはその一例である。地域の包括的なケアシステムを実りあるものにするためにも、その足元の諸課題について、背景や原因を探り、改善、解決していく取り組みが必要だろう。

　もう一つ、家族介護にかかわって見過ごせないのがヤングケアラーの問題がある。看病や介護が必要な両親や祖父母のケアを担う中学生、高校生が一定数存在し、その数は全国的に増加しているという。核家族化やひとり親家庭の増加で、ケアを担う人が家族内にいない状況のなか、中高生が親や祖父母の介護や世話、食事や家事、弟妹の世話などを引き受けている。学校を欠席することで学習についていけなくなったり、友人との交流ができず孤立するなどの問題が生じている。介護支援や認定についての知識がなく、声を上げる方法もわからぬ状況に子どもたちは置かれており、社会的な支援が是非とも必要である。

④　ノーマライゼーションとインクルージョン

　「共に生きる社会」の基盤にはすべてのひとの人権を保障する理念があり、特に重要なキー概念は次の2つである。

〇ノーマライゼーション

　身体的、知的な障がいの有無にかかわらず、誰もが同じ生活を送る権利があるという考え方である。すでに紹介したデンマークのバンク・ミケルセンにより提唱された。1970年代以降世界に広まり、現在では福祉の基本的理念の一つとして定着している。障がいは人が有しているものではなく、その人の活動を阻害する制度や法律、道具や環境の側に阻害要因があり、それを改善することで克服できるという考え方である。1990年以降の建築、道路、交通のバリアフリー化やユニバーサルデザインの商品や道具づくりの根底にはこのノーマライゼーションの理念がある。

〇インテグレーションからインクルージョンへ

　インテグレーションは、これまで排除されてきた少数者の人権の尊重と社会への統合を意味している。健常者と障がい者、大人と子ども、男性と女性、壮年者と高齢者等の2者間において、より弱く排除されがちな側からの「参加と平等」に対する問題提起と要求である。教育の場では障がい

のある子どもが通常学校で学ぶ統合教育の意味で使われてきている。これに対し、インクルージョンは、初めから混在を前提とし、必要に応じて個別の対応をしながら包み込むという概念である。1994年にユネスコの「サマランカ宣言」で国際社会に提示された。初めに区分けした状態から出発して後にそれを統合するというのではなく、両者が混在するなかで必要な支援を行う方法は、すでにみた福祉三原則や地域包括ケアに通ずる概念であり、これからの社会の目指す方向を示しているといえるだろう。

⑤　ユニバーサルな社会の構築と共生社会

　個人や家族が孤立せず共に生きる社会を創るには、互いが関心を持ちあい気遣いあう仕組みづくりが大切である。その仕組みを支える柱は、次の4つの要素で説明される―自助（自らの健康管理や自律的行動）、互助（仲間、地域の助け合い）、共助（介護保険などの社会保険制度やサービス）、公助（福祉事業、生活保護等の対策）。日常の生活の中で、自助と互助のネットワークを広げながら、互助や公助についても正確な知識を持ち、状況に応じて必要な支援を求めていくとよい。その場合、共助や公助については、サービスの受け手になるだけでなく、その質や機能について問題があれば検証してより良いシステムを提案したり、改善、改革に参画する当事者意識をもつことが重要である。

（2）　子ども、高齢者の生活と福祉・共生にかかわる授業化や工夫のポイント

1）保育の授業化のポイント

①　子どもの成長のメカニズムを理解し、それを支える大人や社会のかかわりを理解する

　保育の学習では、まず、子どもの成長、発達の道筋を知り、その健やかな育ちを見守り支えることの大切さを理解させたい。自らの乳幼児時代についてアルバムを見たり、家族にインタビューしたりする学習は中学校で行われることが多いが、生徒にとっては、自分がどう育ってきたのかを振り返る良い機会となるだろう[1]。高校では育てられる側から子どもを育てる側へ視点が移る。母親と父親が協力して子育てにかかわるパートナーシップや、家族だけでなく周りの大人が子育てに参加するアロママザリングの大切さについても理解させたい。これらの学習は、家族領域の家事分担やワーク・ライフ・バランスの学習と関連させて扱うとよいだろう。

　子育てには、家族だけでなく、それを支える制度や環境が不可欠である。保育所や幼稚園、病児を預かってくれる人や場所、相談所、医療機関などの相互の連携が必要である。子育てにかかわる制度や環境について、社会へと視野を広げて現状の問題点を把握し、どうしたら改善、解決できるかを考える学習も大切である。

②　生徒が乳幼児と出会い、心と体で受け止める

　保育の授業で特に大事にしたいのは、生徒が乳幼児と出会う機会を作ることである。保育園に出かけたり、乳幼児と母親を学校に招いたりして、実際に乳児を抱いて体の重みを感じたり、手をつないで遊んだりすることで生徒が五感を通して子どもの育ちを体感することは、①で述べたような子どもについての学びを深めるエネルギーとなる。体験や交流の場を用意することが困難なら、授業でビデオや資料を見たり、個人の課題として親戚や知り合いの子どもと接したり、子育ての話をインタビューしたりして、それを授業で発表し合い、共有化してもよい。さまざまに工夫して、生徒が乳幼児を身近に感じ、心と体で受け止める機会をつくりたい。

2）高齢者の生活と福祉・共生にかかわる授業化のポイント

① 高齢期の心身の変化を理解し、高齢者の安心や安全を保障する制度や環境について考える

　人は誰でも歳をとる。加齢によって身体機能は一般に下降するが、その一方で獲得した知識や経験を活用する知的能力は80代ごろまであまり低下しないことが近年の老年学の調査から明らかになってきている。思い込みでなく科学的な知識を理解させたい。今や4人にひとりが65歳以上という社会に生徒たちは生きている。仕事やボランティアで社会にかかわったり、スポーツや文化的諸活動を行なう健康な高齢者も多いが、歳を重ねるにつれ、認知症や病気、障がい等により施設で生活する人の割合は高くなる。高齢者像は一様ではなく、他の人を支えたり、支えられたりの両面を持つ存在であることを理解させたい。また、支援の必要な高齢者に対しては、その場に応じて生徒なりの手助けができることが大事である。そうしたことへの関心や意欲を育てるとともに、ケアに必要なごく基本的な知識、スキルの習得も必要だろう。

　加えて、高齢期の安心を保証する福祉制度や環境と、その土台となる福祉の理念について理解するとともに、現状をクリティカルに分析し、問題の改善、解決方法について考える探究的な学習も重要である。前述したヤングケアラーの問題にかかわって、家族や周囲に支援が必要な人がいた場合、生徒自身が社会的支援を求める方法を知り、行動する力をつけることも現実的な課題といえる。

② 高齢者と出会い、その体験をもとに高齢期への理解を深める

　10代の生徒たちにとって高齢者や高齢期は遠い存在であり、生活の中でふれあう機会をもっている生徒はごく限られている。だからこそ、家庭科の学習の中でさまざまな形で高齢者と出会う場を用意したい。高齢者施設を単に訪問するのではなく、1対1でその方の話をじっくり聞く（p.77コラム参照）、一人暮らしの高齢者のお宅で食事作りや掃除、草取りなどできることを手伝う、グループホームで散歩に付き添うなど、授業時間内だけでなく、課外の活動も含めて出会いの場を工夫したい。そのほか、高齢者施設の職員、作業療法士などを学校に招いて話をうかがったり、祖父母への聞き取り、映画やビデオ視聴など、さまざまな方法が考えられる。どんな些細な出会いでも、高齢者と接点を持つことが生徒自身のリアリティとなり、そこで感じたことが、探究のスタートとなるだろう。

③ 共に生きる社会のイメージをもち、自分にできることは何かを考え実行する

　人はひとりでは生きていけない。生涯を通して、人に支えられたり支えたりしながら、ともに生きる社会を創っていく。18歳を成人とみなす社会において、高校生は市民社会の担い手としての入口に立っている。本項で述べた人権や社会の多様性への理解を基本に、地域や人々の生活に関心を持ち、自分にできることは何かを考え、社会や暮らしに積極的にかかわる主体を育てたい。

（荒井　紀子）

【注及び参考文献】
注1）生徒の生育歴は多様であり、プライベートな課題を出す場合は特別な配慮が必要な生徒がいるかもしれない。こうした授業においては、生徒の家庭環境をよく理解しておく必要がある。
・令和3年版高齢社会白書. (2021). 内閣府.
・荒井紀子編著. (2013). 新版生活主体を育む. 東京：ドメス出版.
・日本家政学会編. (2017). 現代家族を読み解く12章. 東京：丸善出版.
・一般法人　日本ケアラー連盟ヤングケアラープロジェクト. (2017). 藤沢市ケアを担う子ども（ヤングケアラー）についての調査報告書.

コラム

高校の高齢者理解について
介護の現場から考える

ケアハウス弘陽園　都﨑 博子

　現在の深刻な福祉・介護の人材不足は、安定的なサービスの提供が確保できないところまできていると言われています。高校の先生方が、生徒に収入や労働環境面から福祉・介護分野の進路を勧めないという情報すら聞き、諦めの気持ちになることもあります。介護のイメージは特殊なようで、一般の方は介護現場で働く人に対し、しばしば「立派だ」「えらい」と他の職業を選択した人とは違った反応をされます。これが今の日本の介護職のイメージでしょう。介護はきついことと理解されがちです。しかし、多くの介護現場の職員は、人の心に寄り添い、支えることにやりがいを感じています。介護は、生活を包括的にとらえ、生活課題を環境づくりや技術によって解決していく創造的な仕事であり、そこにも魅力があると私は思います。仕事に就くか否かは別にして、高校生に、介護を「大変なこと」「仕方ないこと」という理解ではなく、「普通のくらしの中に起こりうることを、人として取り組む当たり前のこと」「ともに生きる力を感じること」と理解してもらいたいと考えます。

　そのように考えると、「介護」を、生活を扱う家庭科で学ぶことは最も適していると思うと同時に、注目をしています。ただ、現在の家庭科の高齢者理解の学習内容は、心身の状況から制度や共生まで広範囲で、浅い知識の習得で終えてしまうのではないかという懸念もあります。例えば、高齢者疑似体験は、相手の立場に立つ大切さを学ぶツールとして高校家庭科でも活用する学校が多いですが、今や小学生から体験するツールです。体験慣れして、「すでに結果を知っていること」として処理されないかと心配になります。高齢者福祉に携わる自分としては、高校生だからこそ、高齢者が生活の不自由さの中で感じる孤独や行き先の不安、自分の弱さを認めざるを得ない悲しさまで理解し、また、それが生活の工夫や人の温かい支えによって、生活の質や、生きる力を取り戻せる可能性があることを感じてもらえればと考えます。そのためにも高齢者の気持ちを深く想像し、また介助者がどのように接すれば、相手も自分も心地よい関係がつくれるのか、先生方には工夫をしていただきたいと願うばかりです。その体験を元に、自分たちが地域でできることや制度の必要性への理解を深められるとよいのではと考えます。知識は後からでもついてきます。まず根本の介護の理念を高校生に学んでもらいたいと思います。そのような意味では、制約はあるかもしれませんが、実際の高齢者とふれあう機会や高齢者を支える関係者のかかわり方にふれる機会は、効果的な学習だと感じています。

　私の勤める高齢者施設にも、高校生が利用者のヒストリーを聴きにみえます。施設側は躊躇もありますが、思い切って受け入れをしています。私からは、相手の大切な人生なので、初対面の人に聞かれる側の立場を考えた質問をしてほしいとお願いしています。高校生は、準備をし、言葉を選んで質問してくれています。先日届いた感想には、生で聞く戦争体験などへの驚きとともに、利用者の言葉が、進路などに悩む心に響き、これからの生きる力になったと感謝が綴られていました。利用者からは、若い人の役に立てた喜びと、今時の高校生の感覚に新鮮な気持ちをもったという声が聞かれました。まさにこれが共生であると感じます。これからの介護のために、福祉・介護現場の職員が、学生に介護の魅力を伝えること、機会を提供することは大きな責務と思っています。そのためにも今後も、学校の先生方と協力しあい、ともに学べる機会をつくりたいと思います。

3 食生活

（1） 食生活の課題にかかわる現代的課題

　子どもの食生活の課題は、社会格差の拡大にともない益々多様化している。子どもたちの食生活は、家庭での生活環境に大きく影響されるため、子どもたち自身の努力だけで乱れた食生活を改善することは難しい。そのため、子どもの食生活の課題解決は、学校教育の中でも社会や家庭の状況をも包含して検討し、授業作りを行うことが必要である。そのようなことから、最今、体験的な学習をとおして、子どもたちが自立に必要なスキルを身につけ、作ることや食べること、人とつながることの文化的な楽しみを感じられる食の授業が求められている。

1）健康と食生活

　近年、朝食を食べずに登校する子どもたちが増加している。2018年度の調査[1]では、小学6年生で5.5％、中学3年生で8％であった。夜更かしによる生活習慣の乱れが主な理由である。朝食の欠食は、午前中の血糖や体温が上昇しにくくなることから、種々の不定愁訴の原因となっている。

　また、子どもの頃からの痩身願望から摂食障害が深刻となっている[2]。一方、暴飲暴食・運動不足から生じる肥満が若年性の生活習慣病をもたらし[2]、こちらもまた深刻な食生活の課題といえる。これらの課題の解決のためには、子どもたちがそれぞれのライフステージで必要な栄養摂取量や摂取方法などの基礎的な食に関する知識を習得し、上手に活用しながら食生活を管理する力の醸成が必要である。このような力が身につけば、例えば、調理する際だけでなく、コンビニエンスストアで食品を購入する際にも、適切に栄養表示を読み取ることができ、自分で考えて食品を購入することが出来るようになり、自分の食生活の改善が自らできるようになるだろう。

　子どもの貧困（P72 Ⅱ-2-1参照）がもたらす食生活の課題は看過できない社会問題である。例えば、栄養不足により成長が遅れたり、心身の不調を起こしたり、将来的にも病気のリスクが高まる可能性が報告されている[2]。また、貧困家庭の子どもは孤食率が高く、それにより家族とのコミュニケーションが少なくなり、精神的な安定が保てなくなる可能性もある[2]。この状況を改善するため、現在NPOによる「子ども食堂」や「フードバンク」などの支援活動が全国的に広まっている。

2）食の安心・安全と食物アレルギー

　食の安心・安全は生活の基盤である。しかし、これまでも食の安心・安全に関するさまざまな問題は枚挙に暇がない。例えば、2011年の東日本大震災における原子力発電所の事故以降、食品の放射能汚染に対する食の安心・安全に関心が集まった。また災害時以外においても、加工品への農薬混入、昆虫や製造機械部品などの異物混入、ブランド牛肉の偽装、賞味期限書き換え、廃棄食品の横流しなど多くの問題が生じている。そのような環境下で食の安全を維持するためには、子どもたちは、消費者として自らの責任で適切な食品を選択できる能力とその意識を持たなくてはならない。そしてその判断にあたっては、報道やSNSなどで伝えられる情報を鵜呑みにせず、適切な情報を選択し正しい数値から判断できる情報リテラシーが求められている。昨今はブログやツイッターなどのSNSを通して正しい情報も誤った情報もあらゆる情報発信が誰でもできるようになっており、例えば風評被害もSNSをとおして拡散されるケースが多い。このように、発信者個人の判断で多くの情報が流布できることは、これまで

消費生活センターに集約され必要に応じて提供されていた正しい情報だけ受け取れば良い時代とは異なり、消費者は多くの情報を収集することができるようになった半面、これまで以上の情報リテラシーが必要な時代が到来している。

　続いて食物アレルギーの問題に関して述べる。子どもの食物アレルギーによる事故はこれまで多く報告されており、学習指導要領（小学校・中学校2017；高等学校2018）では、「内容とその取扱い」の項に当該の子どもへの配慮についての記載が新たに加わった。それに伴い、調理実習などの学習活動で食品を摂取することがある家庭科では、教員に食物アレルギー対応と食物アレルギー教育の充実がより一層求められるようになった。子どもに多いアレルギーは、原因食品を食べてから2時間以内に発生する即時型食物アレルギーで、原因食品は甲殻類、果物、鶏卵・小麦、そばの順に多い。また、食材はもとより食器やゆで汁などにも細心の注意を払う必要がある。重篤になる症例が多いのは、食物依存性運動誘発アナフィラキシーで、特定の食べ物を食べてから数時間以内に運動をすると症状が現れるのが特徴である[3]。そのため教員は、調理実習の前には、養護教諭と連携しアレルギー調査を行うとともに、当該の子どもの保護者と連絡を密に取ることも怠ってはならない。また、アレルギーの原因となる食材を用いる際には、その食品を用いる必要性や代替食品について十分検討をすることが重要である。さらに、子どもの発達段階に応じて、当事者の心的負担にならないように教育的な配慮を慎重に行う必要もある。アレルギーを学ぶことは、当該の子どもだけでなく、その他の子どもたちにとっても必要な学習であるため、特定の子どものためではなく全員の学びとなるように指導計画に取り入れることも必要である。

3）食文化と多様性

　現在、日本の食文化は多様化しており、郷土料理の伝承が課題となっている。郷土料理は一定の地域でその土地の食材を用いて昔から食されてきた料理のことで、その地域の気候や地理、歴史、人の暮らし方の影響を受けて変容してきた生活文化である。昨今、郷土料理の継承は、地域や世代間のつながりが得られることから、学校教育でも重要視されている。しかし、食の外部化や核家族化によりライフスタイルが変容し、昔ながらの料理の伝承が難しくなり、外食産業のチェーン化で地域の固有性が薄れたことにより、郷土料理は消滅の危機にあるものも多い。そのため、学校教育における家庭科で、地域の郷土料理の存在を子どもたちに教えることは大変意義のあることである。従って教員は、学校周辺の地域を学ぶ必要があり、また、郷土料理は時代に則して変容してきたものであるため、さまざまなライフスタイルや若い人の嗜好に合わせたアレンジを許容する考えを持つことも必要である。

　また、外国につながりをもつ子どもたちが増加していることにも着目する必要がある。食は人と人をつなぐ力があるため、多様な食の嗜好性や歴史を考慮し、例えば家庭科カリキュラムの中に食文化の多様性を教材に盛り込むなどの工夫が提案できる。また、ハラルフードやヴィーガンなどのように思想信条が食生活に影響している例も昨今多く見受けられる。このような時代背景を鑑み、現代の子どもたちが、食をとおして多様な文化を尊重し寛容な態度を醸成することが期待されている。

4）持続可能な食生活

　ほぼすべての人は毎日食にかかわる消費活動を行っていることから、持続可能な社会の構築を目指した食生活を送ることは、身の回りの環境保全にとって非常に効果的といえる。SDGsに示された目標12「責任ある消費」は食品ロス半減を目標として掲げているが、日々の食生活の改善が実現すればその目標に近づくことが可能である。SDGsの達成には、意識だけでなく行動実践の向上が喫緊の課題である。家庭科の教科書に見られる食料自給率、フェアトレード、フードマイレージ、地産地消、バーチャル

ウォーター（輸入食材を自国で生産すると仮定した際の必要な水量）、環境に配慮した調理、ゴミの廃棄、食品ロスなどの用語は、食分野における地球規模の課題に密接にかかわっている。そのため、家庭科は学校教育の中でも環境配慮行動の実践力を向上させることに特に効果的であり、生活の事象を体験的実践的に学習できる教科であるといえよう。

（2）　食生活にかかわる授業化や工夫のポイント

　先述した社会的背景を踏まえ、課題解決に向けての行動実践力をつけるためにはどのような教育を行えばよいだろうか。ここでは、食生活を体験的実践的に学ぶ調理実習について、問題解決型学習という指導方法を取り上げ、その視点と方法について整理する。

　問題解決型学習を導入した調理実習のカリキュラムデザインは、協働学習を取り入れた講義や調理実習などを組み合わせた総合的なカリキュラムである。そして、このような学習方法は、栄養に関する知識の習得、食の安全にかかわる衛生概念の習得、食文化の多様性の認知などさまざまな学習において効果的であることが報告されている[4]。問題解決型調理実習のデザインは、まず、教員が子どもたちの食生活における解決するべき課題と目指すべき目標を明らかにするところからスタートする。次に、その解決のために子どもたちが身につけるべき資質・能力の目標を検討し、そして、その資質・能力の向上のためにどのように学ぶのか、そして最後に生活実践へどのように繋いでいくのかを検討する。この学習のステップを子どもたちに主体的に考えさせ進めていく。

▲問題解決型学習を取り入れた
　調理実習の学び[5]

　例えば、SDGs は食品ロス半減を目標として掲げているが、これに関して家庭科では、食品ロスの半量を占める家庭内の食品ロスを削減させる行動促進のために、適量購入、適切な管理方法、適量調理などの調理スキルを育成することが期待できる。具体的な例として、家庭内食品ロスの主原因である「過剰除去」を削減する行動実践の促進を目指した問題解決型調理実習のカリキュラムを想定すると、この課題解決のためには、消費者の家庭内食品ロス削減の意識と行動の両面が向上する必要がある。そのために、協働的学習を取り入れた授業においては、食品ロス問題の認識を深め、学習者同士で学び合うことにより自分自身で考え実行できる解決策の引き出しを増やすことを目標としたい。そして、協働学習で得た「解決策の実行と省察」と「技能と認知の習得」を調理実習において交互に繰り返す学習活動を導入することで、例えば皮むきなどの調理スキルの向上や、食材を使い切るレシピの習得が図れる。このカリキュラムデザインでは、最終的に家庭内食品ロス削減行動促進の解決策の実行を可能にする資質・能力の向上を達成し、子どもたちが各々の生活の中でも学習した内容を実践しようとする態度を育むことに寄与できるだろう。

（石島　恵美子）

【引用文献】
1）農林水産省．子供の朝食欠食率の推移．2018.
　https://www.maff.go.jp/j/syokuiku/wpaper/h30/h30_h/book/part1/chap1/b1_c1_1_03.html（2021.10.1.閲覧）
2）赤松利恵.（2017）．学童期における子どもの食の課題と対策. 保健医療科学, 66（6）, 574-581.
3）消費者庁.（2011）.「食物アレルギーに関連する食品表示に関する調査研究事業」.
4）石島恵美子.（2019）. 消費者市民的視点を含んだ問題解決型調理実習に関する文献レビュー. 家政誌, 71（4）, 221-230.
5）石島恵美子.（2020）. 家庭内食品ロス削減行動を促す問題解決型調理実習プログラムの開発. 家教誌, 63（1）, 15-26.

フードバンクと連携して授業を実施しよう

NPO 法人フードバンク茨城 理事長　大野 覚

　「フードバンク」という言葉を聞いたことがありますか。食品ロスとの関連でご存知の方も多いと思います。フードバンクは、家庭科やSDGs（①貧困をなくそうなど7つのゴールと関連）と密接にかかわります。賞味期限内で、安全に食べられるにもかかわらず捨てられてしまう食品（食品ロス）を、企業や市民、生産者などからいただき、食に困る方々を支える福祉機関などを通じて無償提供する、食品寄贈の橋渡しを行う民間団体のことを指します。国内に80以上、全都道府県に1つ以上存在します。協力企業は、食品関連会社だけではありません。防災備蓄を備える企業も多く、食品企業からのご寄付よりも防災備蓄品をご提供いただくことの方が多いくらいです。防災備蓄品は、ライフラインが止まっている生活困窮者には喜ばれます。結果的に食品ロスを生み出す企業にも感謝されます。多額を投資して商品開発し、心を込めて製造した食品を、経費をかけて処分している現状があります。処分経費がなくなる経済的メリットのほか、従業員の意欲維持にもつながりますし、社会貢献にもなります。食品ロス活用という環境課題のほか、セーフティネットの維持・向上という福祉課題の両面に取り組んでいるのが、フードバンクのユニークなところです。フードバンク活動は、制度に基づくものではありません。無償でいただいたものを無償でお届けするわけですから、活動継続のための収益を生み出さず、財源確保が課題になります。有給職員を抱えるフードバンクもありますが、当団体のようにメンバー全員がボランティアとしてかかわる組織も多くあります。

　フードバンクでは、食にお困りの方のさまざまな声が聞こえます。「最近ほとんど食べていない」、「職業訓練で出費がかさみ、お金がなくなった」、「自分は食べものを我慢しても、子どもには我慢させられない」、「役所から心ない声を浴びせられた」などです。実際に食品をお渡しすると、「食べられることが、こんなにもありがたいこととは思わなかった」、「食費が減った分所持金が増え、本当にありがたかった」、「子どもとおいしいねと話しながら食べた」、「臨月で不安いっぱいの時、食品をいただいたことで『産んでいいのかな』と前向きになれた」とおっしゃっていただきます。

　寄付や会費、時には助成金など不安定財源での運営を余儀なくされるため、食料支援ニーズに応じた活動が困難という課題があります。食料在庫が枯渇することも少なくありません。設備を設けられず、取り扱う食品が常温保存のものに限られがちという課題もあります。活動を広げるために、さらに多くの社会的支援が必要です。

　フードバンク活動は、教育課程との親和性も高いです。資源を大切にする「もったいない」精神を広めることにもつながります。年に数回、中学校や高校とも連携しています。授業の一環として食品仕分け、箱詰めを体験してもらったり、学園祭やPTA行事などでフードドライブに協力いただいたり、出前授業を通じて環境学習や福祉教育にもつながります。取り組む社会的課題が理解しやすいことと、フードドライブなど解決につながる具体的な活動に取り組みやすいことが、授業でフードバンクを取り上げるメリットと言えるでしょう。お近くのフードバンクと、授業を通じた連携をぜひご検討ください。食品ロスや貧困などの課題が改善され、フードバンクがなくても済む社会を一緒につくりましょう。

4　住生活

（1）　住生活にかかわる現代的課題

　今日の住居は、命と財産を守る器、家族の生活の器という機能に加えて、地球環境を守るための省エネ、再生可能エネルギーを活用することなど、次世代に向けた持続可能な仕組みを取り入れることが必要になってきている。現代的課題を考える授業で必要になるであろうキーワードには、シェアハウス、空き家（p.159解説参照）、防災などさまざまであるが、いくつかを取り上げて解説する。

１）シェアハウスとコレクティブハウスなど集住の新しい形

　かつては共同賃貸住宅というと、アパートやマンション、社宅、団地などであったが、近年は、それ以外にもシェアハウスやコレクティブハウスと呼ばれるさまざまな特色をもった共同住宅が新たに登場し、住まい方の選択肢が広がっている。それは交流型の住まいの登場であり、住民同士だけでなく、地域や街に開かれた住居が増えてきている。

　シェアハウスやコレクティブハウスが従来の共同住宅と異なる点は、どちらも専用部分以外に、居住者同士が交流する場としての共用部分が存在することである。シェアハウスとコレクティブハウスにも違いがある。シェアハウスの場合、リビング、キッチン、浴室、トイレ、洗面所等を他の入居者と共用していることが多いが、コレクティブハウスは個々の住戸にトイレ、浴室、キッチンが完備されており、それ以外に住まいの延長としてコモンキッチンやコモンリビングと呼ばれる共有部分があるため、シェアハウスよりも個々の住宅の独立度が高く、プライバシーが確保されている。

　またシェアハウスは、管理会社や所有者が管理内容や共用部分の使い方などのルールを決め居住者に伝達している、あるいは共用部分については管理業者による清掃の入るものがあるのに対し、コレクティブハウスは、定期的にコモンキッチンで食事を作り居住者全員にふるまうコモンミール当番、共用部分の清掃や見回り当番、テラスの水やり当番に至るまで、居住者が話し合いで決めることで自主的に管理・運営している。そのため、シェアハウスはそのコンセプトに自分が合うと思えば誰でも借りられるのに対し、居住者による当番活動によって成り立っているコレクティブハウスは、自らが参画する意識が必要ということになる。

　またシェアハウスは建築費用のかかる水回りなどを共用するため、他の共同住宅に比べてシェアハウスにするための改修費用を安く抑えることができるのも特徴である。居住者は安い家賃で住むことができるため、主に20〜30代の若年単身者や高齢者、外国人等の間で、住み方の選択肢の一つとして急速に広まっている。シェアハウスの中には、女性限定や外国人向け、入居者の世代を限定するものから、共通の趣味をもつ人を募集したり地域との交流を掲げたりするなどの物件がある。清掃等は管理者が行うなどの利便性が考慮され、魅力的な共用部分を提供する物件もみられる。

　さまざまなシェアハウス、コレクティブハウスについて、これからどのような交流型の住まいが必要で、どのようなメリットとデメリットがあるか、またこうした交流型の住まいを持続的に展開するには何が必要かを考えた学習が考えられる。ただし共用部分での居住者同士の使用方法のトラブルなど、生活ルールに関する問題は生じている。またシェアハウスで良好な交流を持続させるためには音や水回りのトラブル対策が必要であり、街に開くためにも近隣への音への配慮が求められる。今後交流面でも適

度な他者との距離感が保たれること、地域や街に開く意識が居住者にも求められること、強制的な交流ではなく居住者が移り変わっていっても自然体の交流が継続されることなどが条件になる。

　一方、コンセプトよりも低価格や収益を偏重するあまり、防火上の基準を満たしていなかったり、極小の空間に大人数を詰め込んで住まわせたりするなど、建築基準法違反の疑いのある物件を格安で貸し出す業者も横行し、「脱法シェアハウス」と呼ばれて社会問題になっているものがある。

▼共同賃貸住宅の主な分類と特徴

	アパート・マンション	シェアハウス	コレクティブハウス
共有部分 （リビング・キッチン等）	無し	必ずある	必ずある
居住者	誰でも	誰でも	居住者の知り合いのみ
居住者交流	無しor少し	多い	多い（当番制）
費用	普通	安い	普通
管理	所有者・管理会社	所有者・管理会社	居住者

２）自然災害と住居

　そもそも住居は自然災害や外敵から生命と財産を守ることを使命としてきた。今日では、地球温暖化の影響がさまざまな面で現れ、台風、高潮、暴風、大雪などの影響はより大きくなり、住居と住生活は新しい課題を抱えている。さらに火山噴火や大地震などの自然災害に対しても、壊れるかどうかだけを見るのではなく、機能を守れるかどうかということも居住者は気にするようになり、安全の要求は総じて高くなってきている。

　まず大地震に対して命と財産を守るために最も重要なのは、住宅や建物の耐震安全性を高めることである。そのためには設計・施工者からどの程度の安全性があるかを建築・購入時に聞くこと、安全に対する居住者の要望を設計・施工者に伝えることが欠かせない。知識を伝えるだけの授業でなく、生徒自身が考える授業に展開することが望ましい。マンションも高層化しており、長期に渡って居住することから、マンションの耐震安全性を住宅購入時に確認する必要がある。こうした居住者の意識向上に向けた学習が必要になっている。

　1981年から建築基準法の構造規定が改正されて新耐震基準になり、新築の場合の住宅の耐震性は向上した。ただし年月の経った住宅では、適切な構造設計と施工、維持管理がされていないと耐震性が劣化していく。新耐震基準以前の古い住宅は耐震性の劣るものが多く、大地震での被害を受けやすくなっている。それらの対策として、耐震診断と耐震改修が必要になる。以上の概要をおさえた学習が望まれる。現在の住宅の構造形式には免震構造・制振（制震）構造・耐震構造という３種類があり、それらの違いを理解していくことも重要である。

　また災害に強い土地を選ぶ、あるいは住んでいる地域の危険度などを知っておくことは大切で、その土地の浸水危険性や崖地、軟弱地盤であるかなど、土地入手の時点で調べておくことが望ましい。その土地のもつ危険性を表すためのハザードマップや、避難所、緊急避難場所等の載った防災マップがある。これらを居住者自身が事前によく理解しておくこと、特に台風・暴風雨などでは適切な避難と生活を継続するための備えが大切になることなどを、考える授業が必要である。

また災害後の住居にかかわる対策、施策を理解しておきたい。住居を災害で失った場合、避難所に行くことになる。避難所は既存建物を用いるため風呂がないなど居住の質は低く、見知らぬ人が多数寄り集まった集団生活でプライバシー等の欠如、盗難など、トラブルも多数発生する。避難所は学校に開設されることから、生徒が主体的に考える探究的な学習に向いている。生徒自身が非常時を想定し、学校を使ってどのような生活ができるのかを考えること、さらに多数の人々が集まって住む場合の問題点を発見し、対策を考えることが実際の課題解決にもつながる。新型コロナウイルスへの対策も考えたい。

　一方、仮設住宅は短期間で建設される被災者のための一時的住居として考えておきたい。仮設住宅では床面積が狭く、短期間で建設するためドアなどは設けないなど、家族が暮らすのに十分な間取りとは言えない。一方、高齢者は住み慣れた家から突然に狭い仮設住宅での暮らしを余儀なくされ、体を動かさなくなるために病気を引き起こす、引きこもりがちになるなどの負の影響がみられる。震災での心身のダメージからアルコール依存症などになったり、孤独死する人も生じる。仮設住宅は一時的住居のため、音が隣に漏れやすく、結露やかびの問題等が引き起こされる。賃貸住宅を仮設住宅とする、いわゆる「みなし仮設住宅」も用意されるようになったが、賃貸家賃の上限があり、東京などの大都市では困難が予想されている。建設予定の土地は特に首都圏では不足しており、遠方に移動していかねばならない。生徒自身が調べ、現状を理解するとともに、課題を発見し、これからを考える授業を展開したい。

　台風や暴風雨の大型化による被害も激しくなっている。2019年の令和元年東日本台風、2018年岡山県倉敷市真備町でのバックウォーター現象による大規模浸水被害、2014年の広島市の土砂災害等が記憶に新しい。土砂崩れなどでは多数の住民の命が失われていることから、洪水や土砂災害等のハザードマップで住まい手自らが理解を深めることが何より重要で、専門家により傾斜地の危険性を評価すること、地盤や擁壁等の対策をとることと併せて、生徒が自分事として学習することが必要になっている。

　暴風により屋根の飛散や外壁の落下が多発し、ブルーシートで覆われた住宅が点在する様子は、毎年のように発生している。特に近年は屋根の瓦が飛ぶだけでなく、屋根組の木材ごと飛ぶ被害も生じている。こうした被害が生じると屋根にブルーシートを敷設する工事が必要になり、屋根の復旧工事の順番待ちなど、多くの時間を費やすことになる。住宅には住めなくなり、復旧に大変な手間がかかる。こうした風水害への対策を建築時からとっておくことが重要で、住宅の持ち主も暴風雨対策の意識を高める必要がある。

　また電柱や送電鉄塔が倒れるなど、台風で電力やインターネット、水道の被害が生じると、住生活は継続不可能になり、生活支障は甚大なものになる。居住者は台風・暴風雨での適切な避難方法の理解と、停電等に対応できる備えをしておくことが望まれるため、居住者目線での学習が必要である。

3）住宅火災と高齢者

　放火や住宅火災など、悲惨な事例が後を絶たない。日本では木造住宅が多く、住宅火災は昔から恐れられてきた。市街地大火も少なくなってきていたが、2016年の新潟県糸魚川での大火は記憶に新しい。日本では建物を燃えにくくすること、燃え広がらせないという2つの法的規制によって住宅火災の発生がおさえられている。

　住宅を燃えにくくするためには、内装の不燃化や防炎製品の使用などがある。特に温かい空気（熱や煙）は天井に向かって昇り、炎が燃え上がって天井まで達すると家庭用消火器での消火が困難になり、人命にかかわる。火の勢いが強くなると爆発的に室内全体が燃え上がるフラッシュオーバー現象が起こる場合がある。そのため火災による避難は一刻を争い、非常出口などへの誘導、マンションでの2方向

以上の避難経路の確保、スプリンクラー（原則としてマンションの11階以上）などの対策がある。今日では火災による高齢者の死亡が多く、逃げ遅れが主な原因になることから、住宅用火災警報器の設置が義務づけられた。こうした火災予防のポイントを知識として身につけることが重要である。

4）環境と持続可能性

　日本の住宅は、障子や襖を使用した可変的な間取りで、窓や扉を開け放って風を通す開放型のつくりが主流だったが、個室が定着してきたことやアルミサッシなどを用いて断熱性を高めた密閉型の間取りになってきた。住宅の材料や家具等に化学物質が使用されることも増加している。共働き世帯が増えたため、日中に締め切っている時間も増えた。これらのことからシックハウスの原因となる化学物質の増加、夏季・冬季の冷暖房の使用量が増え、エネルギー消費量の増加につながっている。これらをふまえ、省エネと二酸化炭素排出量削減、再生可能エネルギーの活用などの対策が必要になっている。またリサイクル材の活用や環境に影響を与えない施工なども含まれる。

　住宅・建築分野における二酸化炭素排出量の削減は、世界的に喫緊の課題である。たとえばZEH（ゼッチ）の実現のためのアプローチは2つに大別される。一つは住宅の躯体や設備の省エネ性能の向上であり、外壁や開口部の高断熱化や暖房、冷房、照明などの高効率化を行うものである。もう一つは敷地内での再生可能エネルギーの利用であり、太陽光電池や家庭用燃料電池などを指している。

　周辺環境と調和を保ち、資源、エネルギー利用や廃棄物処理へ配慮した健康で快適な生活ができるように工夫した住宅をめざすことが必要である。たとえば国土交通省と民間企業が共同で開発した「環境共生住宅」の取り組みもある。自然と共存する住まい方として、屋上緑化、壁面緑化、緑のカーテンなどもあり、これらは都市のヒートアイランド現象の抑制にも効果があるとされる。

5）これからも住みやすい住居をめざして

　住居をつくるなら、長く住み継がれる高い品質のもの、そして住みやすく美しい住居をこれからも生み出していく必要がある。生活用品などの物をもちすぎる日本の住居の再考もしていきたい。

　日本では和室を中心にした畳などの住文化を継承してきた。住文化については、日本家屋で継承されてきたさまざまな工夫、たとえば靴を脱ぎ、布団を敷くなどの起居様式、畳を使った和室、四季を感じさせる床の間など、日本ならではの伝統文化や地域で受け継がれる郷土文化について、どのようなところが評価できるかなど、各自が調べて、考察してみるとよい。現代のリビングにも日本ならではの生活を考慮した背の低い家具や床座を意識した家具があり、こたつや囲炉裏などの日本の生活文化への憧憬もみられる。また現代のカフェのような空間を好む人々も多い。これらについての理解もしながら、これから継承していくべき新たな文化を生徒同士で考えることが大切である。自宅を考えるだけではすぐれた住宅を発見するための経験が不足するかもしれない。自分の住宅を観察することに加え、広く深く調べて、街や都市のスケールにまで広げて理解することが望まれる。

　日本の住文化を理解する学習から発展して世界の住居との比較も行うと視野も広がる。日本、世界各国、それぞれの住宅様式には長所と短所がある。どのような間取りになっているのか、生徒自身が住宅の広さ、天井の高さ、室数、個室と家族のパブリックスペースの関係、動線、家族の交流が促進されるか、インテリアのデザイン性、住宅価格などの違いを調べて、世界の住居を理解することから考察していきたい。また住宅の美しさ、個性についても考察していくとよい。デザインのすばらしさは、住宅単体だけのことではない。その住宅は周囲の住環境に調和しているかという点も考える必要がある。どのような住宅をつくり、どのような街にしていきたいか、生徒自身が調べ学習しながら各自の視野を広げ、

どのような「住みやすさ」が次世代に求められるか、どのような住宅と街が美しいのか、世界を理解しながら考察していく授業が望まれる。

また、バリアフリーデザイン、ユニバーサルデザインを考慮した、だれにでも使いやすい住居を考えたい。障がいのある人々の思い、要望を理解するためには実測や体験型学習が考えられる。

日本では戸建てが多いが、集住の形も考える必要がある。賃貸住宅と分譲住宅のそれぞれの生活スタイルについて図面や外観パースなどに基づき、どのような生活になるか、予想してみよう。それらに対して意見交換をするなど、すぐれた集合住宅はどのようなものか、またそこでどのような生活になるのかをグループ学習で考察しておきたい。その場合、集まって住む場合の住居に要求される条件、共用部の豊かさ、住居と周辺の環境とのデザインの調和、その住居が周辺地域の活性化につながるか、地域とつながる住居とはどのようなものかなどを考察することが大切になる。

（2）　住生活にかかわる授業化や工夫のポイント

子どもたちは広範な住居と住生活に関する学習の中で何を学ぶべきだろうか。各生徒が基本的知識を身につけたら、自らの価値観をつくっていく学習へと展開することが重要である。

安全で暮らしやすく美しく、価格も適切で、持続可能であることなど、住宅に求められる品質はさまざまである。建てた家は社会的資産となり、街をつくり、地域の文化を創る。これからも質の高い家をつくっていくこと、そしてそれらが持続可能であること、街や都市として持続するためにはどうしたらよいだろうか、という視点で考察していくことで、最終的には自分の住居観、街への展望、意思決定力と参画意識をはぐくんでいきたい。自らの価値観をつくり、すぐれた住居を評価できること、そしてそれらを都市や街へと発展させ、自ら参画してよりよい街をつくることに貢献する市民を育てることが、住生活分野における今後の学習目標になる。

たとえば日本の建築主は専門家の意見にあまり異を唱えてこなかったが、専門家がすべて実現してくれるという専門家依存の状態を脱し、建築主が意識を向上すること、意見を専門家に向かって述べ、自らの手で安全、健康、快適を手に入れる主体的な姿勢が求められている。

各生徒が近い将来に住むであろう1K、1DKといった賃貸マンションの間取りの使い勝手を考え、そのコストと家計の関係を理解し、間取りや品質を考える授業が行われている。それらを超えて、将来的な戸建てやマンションでの生活をイメージできるまでに進むことが今後の教育目標であり、教員から積極的に働きかける必要がある。

社会にも目を広げていこう。日本の住宅の品質が向上してきたことから、住宅を建てては壊すというスクラップ・ビルドをやめ、リフォームやリノベーションを通じて長く住宅を活用すること、空き家の発生を防ぎ、にぎわいとコミュニケーションを生み出すまちづくりを今後も考えていく、自主的な市民を生み出す学習が望まれる。それらを実現するためには、子どもたちがそれぞれのテーマについて調べ学習を行い、現状を理解するとともに、今後の望ましい姿を客観的に評価できる姿勢を身につけたい。ひとりひとり、理想の住居も異なる。生徒同士が意見交換しながら、将来の住生活を発見し、自らの価値観を形成していくことについて、探究的な学習がそれを実現していく手立てとなる。

（平田　京子）

コラム

「家族で語り合う住まいづくり」が
世界の課題解決への一歩に

有限会社設計工房顕塾 代表取締役・福井大学教育学部 非常勤講師　柳川 奈奈

　これまで、私は、設計者として住まいづくりや学校づくりにかかわってきました。建物は、そこに生きる人々のさまざまな活動を支える器です。特に「住まい」は、人が生きていく上で、最も根源的な「家族」とその「暮らし」を支える器です。だからこそ「住まい」や「何気ない暮らし」の中には、世界の課題解決につながる知恵やヒントが、宝の山のごとく潜んでいるように感じています。

　私が、日頃の設計活動で最も大切にしていることは、「語り合う設計」です。「住み手」であるご家族と語り合って、そこに設計の知恵を重ねることを大切にしています。設計を始める際には、まず、長年あたためてきた住まいへの夢やご要望をお聞きします。そのほとんどは、カタチやモノ・設備についてです。そこで、なぜそのような住まいを望んでいるのかをお聞きします。すると、その家族が、何を大切に暮らしていきたいと考えているのかが、少しずつ見えてきます。これは、そのご家族の「暮らしに対する旗印」を掲げるためのプロセスでもあります。家族であっても、一人ひとりの思いや好みがあり、家族だからこそ、わがままになりやすいものです。しかし、住まいは、家族皆のものでもあります。誰かの思いに偏りすぎてしまうと、使いにくくなり、困ります。一方で、断片的な知識や情報にあふれ、多様化し、個人を尊重する社会だからこそ、なかなかまとまらないのもまた、「住まいづくり」です。そんな時、皆で考えたこの「旗印」が、とても大きな役割を果たします。例えば、「家族みんなが笑顔で暮らせる住まい」とするなら、キッチンは、いつも家事に仕事にと頑張っているお母さんの意見を尊重しよう、となります。そこで、家事の様子や思いを家族に語って頂くと、そういうことに苦心していたんだね、と共有できます。普段、暮らしの中の細かな実感を、家族で語り合う機会は、ほとんどありません。しかし、「住まいづくり」をきっかけとして語り合うことが、家族への尊重・思いやりを生むのです。家事を楽しくスムーズにできる間取りを工夫しよう！家族が協力しやすくするために、こんな動線がいいかも！　食器棚の配置は……、わかりやすい収納は……、エコに配慮するなら……と語り合い、専門知識を重ね、設計が進みます。

　「住まいづくり」で、それぞれの暮らしの実感を語り合うことは、主観的にとらえがちな暮らしに客観性を持たせます。客観性は、視点の広がり・豊かさに加え、家族ゆえに表現しにくい思いやりの心を引き出します。これを「住まい」に織り込むことで、ともに生きる「支え合い」の大切さや暮らしのムダが再発見され、家族の心が重なり合う「心地よい暮らしと住環境」が育まれていくのです。

　「語り合う設計」は、その家族に相応しい住まいづくりにつなげることができると感じています。単に要望をきいて建物をつくっていたのでは、もっともっと要望が増え、身の丈にあった暮らしを越えようとしがちになります。しかし、家族それぞれが、互いの考えを知り、客観性をもてたなら、その家族に相応しい「持続可能な、身の丈の暮らし」を育むことができます。世界もまた、同様であろうと思います。また、実感の乏しい課題に、目先の知識を活用したのでは、断片的解決にしかなりません。暮らしに宿る実感から生まれた知恵や思考の中にこそ、世界へとつながるヒントが、数多く潜んでいると感じます。家庭科とは「暮らし」という総合的なものを扱う唯一の教科であり、どこから切っても、主観と客観の両立、実感から広がる「考え方」が学べる、懐の深い教科だと思います。

5 衣生活

（1） 衣生活にかかわる現代的課題

1）大量廃棄

　私たちは、生活のさまざまな生活場面に合わせて衣服を選び、自由に衣生活を楽しんでいる。個々の好みへの対応を含め衣服のバリエーションは増加を続けているという。経済産業省の資料によれば、世界の繊維最終需要量は、2016年に8800万トンとなり、それまでの約25年間と比べると2倍以上に増加し、一人当たりの需要量も約1.6倍に増えている。他方、国内のアパレル市場規模は、バブル期の15兆円から10兆円程度に減少する一方で、供給量は20億点から40億点程度へと、ほぼ倍増していることが報告されている[1]。

　このように、衣料品は大量生産・大量消費・大量廃棄の時代を迎えており、日本だけでも廃棄量は推定年100万トンに近く（独立行政法人　中小企業基盤整備機構調べ）、その多くが焼却処分されているという。アパレル業界で売れ残った衣料品を焼却廃棄し、社会から大きく批判された報道は記憶に新しい。現在では、廃棄衣料品を減らす工夫として、ブランドタグや洗濯表示タグの付け替えを行い、ブランド名表示を変更して再販する方法も大量廃棄を防ぐ取り組みの一つとして行われている。

2）大量消費とファストファッション

　大量廃棄の背景には大量消費があり、その代表としてファストファッションの存在がある。若者にとって、最先端の流行をいち早く取り入れ低価格で手に入れることのできる衣料品は魅力的である。安価で購入できるので飽きればすぐに買い替えることに抵抗がない。また、店舗に足を運び購入しなくとも、ネット通販などで簡単に選ぶことも当たり前の購入方法になっている。このように気楽におしゃれを楽しむ方法として、ネット上でファッションブランドの衣類を定額制で契約する若者も増えている。定期的に送られてくる数枚の衣服から自由に選んでコーディネートし、気に入れば自分の服としてもよく、気に入らない服は返送すると新たな衣類が届けられる。おしゃれは楽しみたいが衣類を増やしたくないといった考えのライフスタイルの若者に採用されている。

3）個性表現の多様化・画一化

　衣服は、自分らしさという個性を表したりその時々の気持ちを伝えたりするための表現方法の一つであり、その意味で、性別や年齢に縛られるものではなくなりつつある。自分らしさの表現は、服装だけでなく髪の毛の色や靴、小物などの全体で表すものとなっており、道行く人々のファッションはデザインも色もさまざまであり、多様な色合いや人々の様相は普通にみられる社会風景となっている。こういった年齢や性別にとらわれない服装の選択は、学校制服の選択にも影響を及ぼしつつある。最近では、男女ともブレザーやスカート、スラックスなどを選択して制服とできる学校も生まれている。

　一方で、就職試験に向かう若者の多くは、白または薄い色のブラウス（ワイシャツ）にダークスーツという、いわゆるリクルートスーツに身を包み、髪形もシックにまとめている。企業が求めているのか、企業が求めていると考えて先んじて合わせているのか、この場合の服装は個性を表現するツールではないと考えているのか、日常生活でみられる多様な衣生活とは対照的な風景が見られる。

　いずれにしても、子どもたちを取り巻く日常的な衣生活のありようは今後も変化しつつあることが想

定される。

４）ものづくりや手入れする技能・意識の低下

　身の回りの衣生活は、さまざまな布製品にあふれているが、自分で必要なものを製作するよりも購入する人のほうが圧倒的に多い。また、ボタンが取れたり裾がほつれたりしたときに、針と糸で繕いをせずに、接着テープで済ませたりピンなどで応急処置したままにしている場合もみられる。さらには、修繕やリメイクするよりも捨てて新しく購入するほうが簡単と考え、一定期間着ない衣服は捨てるという人もいる。

　不要な衣服を回収して資源化や環境負荷の軽減を図っているスーパーもあり、そういった企業努力に協力することは必要なことである。しかし、気軽に購入し気軽に廃棄するというライフスタイルは、自身の衣生活の快適性は守られるが、持続可能な社会の構築という視点からは、決して望ましい判断とは言えない。自身の生活のありようも含めて10年、20年先の生活に目を向けた判断が求められる。

５）スマート社会と進化する繊維製品の機能

　衣服は、自分の身を守り清潔な身体を維持するためにも重要な役割を果たしている。この面から衣生活をみると、性能や機能を高めた素材が開発され、私たちの衣生活はより快適で健康的に過ごせるようになりつつある。例えば、汗をかいてもすぐに乾く吸汗速乾繊維で作られている夏用下着やスポーツウェア、自身の身体から出る汗（不感蒸泄）などの湿気により発熱し温かさを保つことができる冬用下着は多くの人に着用されている。また、水分を通さず湿気（水蒸気）のみを通す防水性のコートやブーツなども既に普及している。耐火性、防炎性を高めたファブリックなども私たちの安全な暮らしを支えている。Society5.0の時代に向けて、電気を通す繊維などの素材を用いて心拍や心電等の生体データの取得ができるスマートテキスタイルと呼ばれる研究開発が進んでいる。また、自分だけの好みや体形に合わせてカスタマイズ生産できる衣服の実現もそう遠くない段階に来ているという。近い将来には、私たちの衣生活を取り巻く環境は大きく変わり、新たな衣服の役割や衣料品の選択の仕方が提案されるだろう。

（２）　衣生活にかかわる授業化や工夫のポイント

　先述した現代的問題を踏まえ、これからの衣生活について、子どもたちは何を学ぶことが必要だろうか。ここでは、これまでと同様に大切にすべき内容とこれからの社会変化への対応に分けて整理する。

１）これまでと同様に重視する内容

　まず、これまでと同様に、衣服の働きや繊維と素材、手入れや製作など衣生活を支える知識・技能を身につけ、和服をはじめとする日本ならではの伝統文化や地域で受け継がれる郷土文化を大切にする力をつけることを大切にしたい。

　衣服の働きや繊維・素材について学ぶ場合は、「健康・快適・安全」の視点を用いて、実際の衣生活と関連づけながら、生徒が自分自身に引き寄せて考えられるようにしたい。その際は、例えば、日本の繊維業界の強みでもある高機能性繊維などについて触れることは、社会の進展に伴い企業がどのような努力をしているのかを理解することや、基礎的な知識・技能が産業とどのように関連しているのかを考える契機とすることができる。また、着物や帯など、地域に根づいてうけ継がれている伝統産業や伝統文化について理解していることは、地域の暮らしへの理解を深め、誇りを持つことにもつながる。急速に発展し変化する社会に生きるからこそ、生活の基盤にかかわる知識や技能を身につけ、どのような生活を目指すのかについて考えたり議論したりする経験を大切にしたい。

手入れや製作に必要な基礎技能の習得も大切にしたい。製作技能を身につけることは、作りたいものを製作できるだけでなく、布製品を購入する場合にも、目的によってどのような機能が求められているのかなどのポイントの理解に基づくよりよい判断につながる。また、製作の経験は、ものづくりを大切にしてきた日本の文化を体験することであり自身の表現力を高めることにつながる。さらに、リメイクやリユースについて考えることは、自分や家族の暮らしの中にある資源を、どのように活かすかを考える点で持続可能な社会の構築等に向かう取り組みとすることもできる。

私たちの暮らしは「生活文化の継承・創造」の視点から見直すことで未来への可能性を考えることができる。例えば、和服や織物などの伝統産業に注目すると、大切に受け継がれてきたものや文化が世界的にも日本の文化的価値を高めていることの理解につながる。また、こういった高度な技術が世界の繊維業界やファッション界を支える技術として活用されていることにも気づくだろう。

２）社会の多様化に対応する力をつける

これからの社会はますます多様化が進むといわれている。だからこそ、自身の自分らしさや個性を大切にして衣服を選択するとともに、何を選ぶか、どのように選ぶかといった意思決定の力が身につくような機会を設定する。その際の衣服選択は、着用後の廃棄に伴う環境負荷にもつながることに目が向くようにしたい。私たちは衣生活を豊かで快適にできる主体者であり、持続可能な社会の構築に影響を与える主体者でもある。例えば、オーガニックコットン（有機栽培綿や無機栽培綿）など環境負荷が低い素材を使用した衣服はエシカルファッションと呼ばれている。児童労働の撤廃や人権に配慮した生産・流通過程を目指して流通しているフェアトレード商品は、ファストファッションと比較すると高価格であることが多いが、未来を担う消費者として衣生活を営むことについて考えるトピックとして扱うことで、生徒は生活を営む主体者として考えを深めることができる。

もうひとつ、私たちの行動が企業の姿勢や方針をも変えることができるということについて知る必要がある。これまでも、環境の視点にたった取り組みとして、例えば、企業ではクールビズやウォームビズなどの服装を進めてきた。また、リサイクルやリメイクも、資源の有効活用の一つである。私たちが、どのような衣生活をよしとして取捨選択するのか、着用後の衣料品を廃棄物とするのか資源とみるのかの判断は、自身を取り巻く生活環境だけでなく私たちの地域の生活環境に影響を与える。

企業の社会的責任（CSR：corporate social responsibility）は、これまでよりも重要視されており、ISO（国際標準化機構）による環境マネジメントを行うことが企業イメージを保つために求められている。現在では、企業が環境に配慮した取り組みを行っているかどうかを定量的に評価する手法（LCA）[注] が用いられており、企業活動の一環として全商品のリサイクル活動を実施している企業もみられている。自社ブランドの衣料品の販売だけでなく回収するなどの企業努力を後押しすることも消費者としての役割と考えたい。

（高木　幸子）

【注及び引用文献】

1）経済産業省産業局生活製品課. (2018). 繊維産業の課題と経済産業省の取組（平成30年6月）.
　 https://www.meti.go.jp/policy/mono_info_service/mono/fiber/pdf/1806seni_kadai_torikumi2.pdf
注）LCA（Life Cycle Assessment）：ある製品・サービスのライフサイクル全体又はその特定段階における環境負荷を定量
　　的に評価する手法のこと.

コラム

バングラデシュの女性たちの犠牲と
私たちの消費―低価格の洋服の裏側―

茨城大学　長田　華子

　2013年4月24日午前8時45分、バングラデシュの首都ダッカ近郊で、痛ましい産業事故が起こりました。5つの縫製工場が入る8階建てのビル（ラナ・プラザ）が突然崩落し、そこで働いていた1137人もの命が一瞬にして奪われました。崩落前からビルには大きな亀裂が入っており、警察は翌日の操業中止を勧告したにもかかわらず、5つの縫製工場はその勧告を無視して操業しました。始業時間のわずか45分後にビルは崩落しました。死者数が多かったことに加え、崩落した建物の中から欧米の大手アパレル企業のタグが発見されたことから、企業の責任を問う声が高まりました。

　バングラデシュは、中国に次ぐ世界第二位の衣料品輸出国です。1980年代初頭の韓国企業の進出とその後のバングラデシュ政府の工業政策に支えられ、縫製産業は急速に成長しました。現在、縫製工場の数は約4600社、同産業で働く人々は約510万人にのぼります。多くの縫製工場がGAPやZARA、H&Mやユニクロなどの大手外資系アパレルブランドの下請け生産先であり、低廉なシャツやパンツなどを生産しています。

　バングラデシュの衣服生産を支えるのが女性です。バングラデシュでは、パルダ（いわゆる女性隔離の慣習）と呼ばれる社会慣習を遵守し、多くの女性が家の外で就労することはありませんでした。しかし、都市部で縫製工場が乱立すると、女性の「手先の器用さ」、「従順さ」、「低賃金」を理由に、縫製工場への女性の動員が進みました。現在、縫製工員、特にミシンを操る現業労働者の大半が女性です。多くは20代から30代の女性であり、彼女たちの共通項は、経済的困窮を理由に家族とともに農村から都市に移住した点、学歴の低さなどが挙げられます。彼女たちが縫製工場で就労する最大の理由は、自身や家族が抱える貧しい経済状況の解消です。午前8時から午後5時、残業があれば午後の7時まで就労し、月収は日本円に換算して4000円程度です。わずかな額ですが、彼女たちにとっては重要で、月収の大半を実家の両親に送金する、あるいは子どもの医療費や教育費に充てています。

　日々彼女たちが働く先は決して望ましい労働環境であるとは言えません。ラナ・プラザの事故後、国際機関やバングラデシュ政府、先進国政府や企業などが、労働環境の改善に向けて対策をしていますが、建築上の安全性や火災対策が中心で、十分でないと批判されています。また、低賃金、長時間労働、労働環境の未整備に加えて、労働者がこれらの問題に対し声を上げることすら制約されています。労働者としてあたりまえの権利が認められていません。そもそも、なぜラナ・プラザの事故は起こったのでしょうか。バングラデシュ政府や企業の責任を問うだけでなく、グローバルな大手アパレル企業の責任も同様に問われるべきでしょう。なぜなら、バングラデシュ企業はグローバルなアパレル企業の下請け生産を強いられており、両者の間には絶大な権力の差が生じているからです。そしてその帰結が工場の中の末端で働く女性たちの犠牲であったといえるでしょう。

　持続可能な生産は持続可能な消費と表裏一体です。現在、日本に住む私たちが、安価で安易に衣服を購入できるのは、バングラデシュの人々（その多くは女性）の犠牲のもとに成り立っているとすればどうでしょう。私たちが持続可能な消費に向けて考え、取り組むことは、私たちが考える以上に、バングラデシュの持続可能な生産を実現するうえで重要だといえそうです。

6 消費生活・環境

（1） 消費生活・環境にかかわる社会問題[1]

1）経済のグローバル化

　経済活動がグローバル化した結果、直接的な物資やサービスだけでなく、それを扱う人やシステム自体もその影響を受けている。食料自給率が4割程度の日本においては、日常の食事で口にする食材の多くを輸入に頼っている。衣料品は、原材料のみならず縫製作業も海外に依存している状況にある。リーマンショック等、国際的な金融商品や投資は、国全体の経済にも大きな影響を与える。近年では、ビットコイン等の仮想通貨がインターネットを介して取引され、その高騰ぶりが話題になった。

　グローバル化によって、多種多様な商品が容易く入手できるようになった反面、安全性が問われるような消費者トラブルが発生しただけでなく、その対応が困難になっている。国際的な取引の場合、法律上の規制が同一ではないことから、被害の証明や救済の手続きを一層困難にしている。

2）高度情報化

　前項とも関連するが、高度情報化がもたらしたインターネット社会への移行は、我々の生活を大きく変えた。かつて主流だった対面販売が、インターネット（以下、ネット）を介した通信販売へと業態も変容した。商品のみならず、新幹線や飛行機等、交通機関のチケット購入、ホテルの予約、受験手続に至るまで、多種多様なサービスや権利も、ネット環境が整っていれば即座に対応できる。

　ネット社会は、個人の発信やコミュニティの形成にも影響を与えている。ブログやインスタグラムといった手段を使えば、自分の意見を表現したり、興味や関心のあるものを発信したりすることが容易にできる。同様に、LINEやツイッターのようなSNS（Social Networking Service）で他者とつながり、ネットワークやコミュニティを作ることもできる。

　ネットを介した多様な消費文化は、子どもの生活環境を激変させた。ネットに接続できるゲーム機が存在する一方、携帯電話がスマートフォン（以下、スマホ）に移行すると、ポータブルゲーム機と同じ意味を持つようになった。それに伴って、オンラインゲーム等、デジタルコンテンツに関連した消費者トラブルが急増している。ネット関連（スマホ、ゲーム、SNS等）の依存症に対するリスクも激増し、人間関係や社会生活を破綻させる事例も少なくない。ネットを介した消費は、利便性と引き換えに個人情報を提供していることも忘れてはならない。管理すべき情報は何か、どの程度のセキュリティが求められているのか、批判的に情報を読み解くリテラシーとともに、情報管理能力も不可欠である。

3）消費者被害の低年齢化

　ネット社会は、消費者被害を複雑化・多様化させただけでなく、低年齢化ももたらしている。上述したように、ネットを介して簡単にアクセスできる消費文化の存在が、この傾向に拍車をかけていることは自明である。高校生までに、ほぼすべての子どもがインターネットを利用する機会がある現在、中学生のスマホ所有率も上昇し、消費者トラブルに巻き込まれる可能性はますます高まっていると言えよう。

　ネット社会では、子どもは加害者にもなり得る。消費生活関連の法的整備が追いつかない状況で、ネットを介した消費者間の取引は、便利であると同時に大きなリスクもはらんでいる。

4）成年年齢の引き下げ

2018年6月に民法が改正され、2022年4月1日から18歳成年が誕生した。つまり、高校3年生在学中に成年に達することになる。成年は、親権の対象から外れ、法定代理人の同意を得ることなく契約等の法律行為を単独で行うことができる。言い換えれば、契約における未成年者取消しはできなくなり、成年自らが契約主体者として被害の回復や紛争解決のための行動を起こす必要がある。

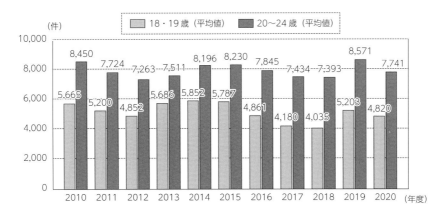

▲図　PIO-NET にみる「18・19歳」「20〜24歳」の年度別相談件数（平均値）
（独）国民生活センター

　成年年齢の引き下げは、新たな消費者被害をもたらすことが懸念される。図のように、20歳を境に契約当事者の相談件数が急増している現状を考えれば、改正民法が施行された後の18歳、19歳が消費者被害のターゲットになる可能性は極めて高く、消費者教育の充実が喫緊の課題である。

5）キャッシュレス化

　キャッシュレスとは、文字通り現金を使わずに支払う仕組みである。国際比較調査によれば、日本のキャッシュレス比率は2019年時点で26.8％であり、最も高率の韓国には遠く及ばない。政府は、2040年までにキャッシュレス比率を40％に倍増させることを目指しており、2019年10月1日の消費税率10％への移行を機に、キャッシュレス決済の優遇措置に踏み切った。

　これまでのキャッシュレス決済は、クレジットカードやデビットカード、プリペイドカード、ICカード等、モノとしてのカードを使った支払いが主流であった。近年、急速に進んでいるのが、QRコードを読み込んだり、画面にタッチしたりしりすることで支払うスマホ決済である。

　電子的な決済はリスクも伴う。個人情報流出のおそれも否定できない。現金を介さない「見えない支出」をいかに管理するか、マネジメント能力が問われている。

6）地球規模での環境問題の悪化

　地球規模で温暖化が進行している。2020年の日本の平均気温は観測史上最高を記録した。気候変動に起因する台風や大雨による"想定外の"甚大な被害も、毎年のように発生している。土砂崩れや堤防の決壊は、瞬時に我々の生命や財産を奪う。こうした気候変動への対策（目標13）は、これまでの防災に対する経験や準備のありようを超えた、新たな枠組みの構築が不可欠と言えよう。

　地球温暖化に悪影響をもたらすと考えられているのが、化石燃料を消費することによる温室効果ガス排出量の増加である。東日本大震災による福島原子力発電所の事故以来、石炭を燃料とする火力発電の比率を高めている日本は、COP20（国連気候変動枠組条約第20回締約国会議）で国際社会から厳しい

目で見られている。クリーンエネルギーへの転換（目標 7 ）は、世界各国が取り組んでいる課題である。

環境問題の悪化は、海や陸の豊かさ（目標14・15）も危機にさらしている。海洋汚染の元凶と言われているのが、マイクロプラスチックの存在である。プラスチック製品は、我々の生活のあらゆる場面で利用されている。プラスチックは、包装容器や梱包材、緩衝材としても活用されているが、その多くはそのまま捨てられ、「プラスチックごみ」として海洋汚染の元となっている。

（2） 消費生活・環境にかかわる授業化や工夫のポイント[2]

1） 今、何が起きているのか現象を知ることに加え、原理・原則を理解する

消費生活・環境の授業化に際し、現実社会で起きている現象について、客観的・分析的に理解する場面の設定が必要である。その上で、なぜそのような事態が発生したのか考えたり、それを回避する手段を議論したりする活動を組み込んで、原理・原則について理解を深めたい。例えば、問題の多い商法の知識があれば、トラブルを回避できるかといえば、そうとは限らない。起きている現実に対するセンシティブな感性を磨くためにも、なぜ問題が多いのか、なぜ悪質なのか、契約自由の原則に基づいて考えさせたい。

2） 時間的・空間的な想像力を働かせる

環境に対する影響については、「1回だけなら…」「自分ひとりなら…」「この程度なら…」と過小評価しがちである。授業では、長期にわたって継続した場合や、多数の人がかかわった場合にどうなるか、データを示して想像させたい。目前の暮らしが、世界とつながっていることをイメージさせ、自分以外の家族や友人、地域の人々や自然環境にどのような影響を与えるのか、具体的に考えさせたい。

3） リアリティや切実感を持って、子どもの生活感覚へアプローチする

探究型学習で問題解決に取り組む際、学習者がモチベーションを維持するためにもリアリティや切実感は不可欠である。テーマを自分事としてとらえられるかどうかは、この点にかかっている。学習者が「解決しなければならない」と実感できる状況を作り出すことが鍵である。消費生活の学習は、子どもの消費行動や金銭に対する価値観を把握した上で、いかに生活感覚に接近できるかがポイントとなる。

4） 多様な連携先と協働する

消費生活・環境にかかわる情報は、日々刻々と変化している。そうした中で、関連する情報を常に更新し続けるのは容易ではない。インターネットや文献で専門性の高い知識や最新の情報を入手するためには、時間と労力を要する。授業づくりに当たって、消費者教育コーディネーター、消費生活センターの相談員、弁護士や司法書士といった法律の専門家、消費者団体やNPOで活動している人、企業の消費者窓口担当者等、消費生活にかかわる多様な連携先と協働したい。条件が合えば、出前講座を依頼することも可能である。キャリア教育の一環として位置づけることも有効であろう。

次頁に消費者庁が整理した「消費者教育の体系イメージマップ」を掲載したので参照されたい。

（鈴木　真由子）

【参考文献】
1) 鈴木真由子.(2020). 学校における消費者教育実践のヒント. 消費者教育研究, No.199　5.
2) 同上1) 6-7.

（参考資料）消費者教育の体系イメージマップ（消費者庁）　https://www.kportal.caa.go.jp/search/pdf/imagemap.pdf

Ver.1.0

重点領域	各期の特徴/重点領域	幼児期	小学生期	中学生期	高校生期	成人期（特に若者）	成人期（成人一般）	成人期（特に高齢者）
	各期の特徴	様々な気づきの体験を通じて、家族・身の回りの物事に関心をもち、それを取り入れる時期	主体的な行動、社会や環境への興味を広げ、消費者としての素地が芽生える時期	行動の範囲が広がり、権利と責任を理解し、トラブル解決方法の理解が芽生える時期	生産を見通した生活の管理や計画の重要性、社会的な責任を理解し、主体的な判断が芽生える時期	生活において自立を進め、消費生活のスタイルや価値観を確立し自らの行動を始める時期	精神的、経済的に自立し、豊かな消費生活の構築に、様々な人々と協働に取り組む時期	周囲の支援を受けつつ人生での豊富な経験や知識を消費者市民社会構築に活かす時期
消費者市民社会の構築	消費がもつ影響力の理解	おつかいや買い物に関心をもとう	消費をめぐる物とお金の流れを考えよう	消費者の行動が環境や経済に与える影響を考えよう	生産・流通・消費・廃棄が環境、経済、社会に与える影響を考えよう	生産・流通・消費・廃棄が環境、経済、社会に与える影響を考えて行動に付けよう	生産・流通・消費・廃棄が環境、経済、社会に配慮して行動しよう	消費者の行動が環境、経済、社会に与える影響に配慮することの大切さを伝え合おう
	持続可能な消費の実践	身の回りのものを大切にしよう	自分の生活と身近な環境との関わりに気づき、物の使い方などを工夫しよう	消費生活が環境に与える影響を考え、環境に配慮した生活を実践しよう	持続可能な社会を目指してライフスタイルを考えよう	持続可能な社会を目指したライフスタイルを探そう	持続可能な社会を目指してライフスタイルを実践しよう	持続可能な社会に役立つライフスタイルについて伝え合おう
	消費者の参画・協働	協力することの大切さを知ろう	身近な消費者問題に目を向けよう	身近な消費者問題及び社会課題の解決や、公正な社会の形成について考えよう	身近な消費者問題及び社会課題の解決、公正な社会の形成に協働して取り組むことの重要性を理解しよう	消費者問題その他の社会課題の解決や、公正な社会の形成に向けた行動の場を広げよう	地域や職場で協働して消費者問題その他の社会課題を解決し、公正な社会をつくろう	支え合いながら協働して消費者問題その他の社会課題を解決し、公正な社会をつくろう
商品等の安全	商品安全の理解と危険を回避する能力	くらしの中の危険や、ものの安全な使い方に気づこう	危険を回避し、物を安全に使う手段がわかり活用しよう	危険を回避し、物を安全に使う手段を知り、使おう	安全で危険の少ないくらしと消費社会を目指すことの大切さを理解しよう	安全で危険の少ないくらしと消費社会を目指す習慣を付けよう	安全で危険の少ないくらしと消費社会をつくろう	安全で危険の少ないくらしの大切さを伝え合おう
	トラブル対応能力	困ったことがあったら身近な人に伝えよう	困ったことがあったら身近な人に相談しよう	販売方法の特徴を知り、トラブル解決の法律や制度、相談機関を知ろう	トラブル解決の法律や制度、相談機関の利用法を知ろう	トラブル解決の法律や制度、相談機関を利用する習慣を付けよう	トラブル解決の法律や制度、相談機関を利用しやすい社会をつくろう	支え合いながらトラブル解決の法律や制度、相談機関を利用しよう
生活の管理と契約	選択し、契約することへの理解と考える態度	約束やきまりを守ろう	物の選び方、買い方を考え適切に選択するとともに、約束やきまりの大切さを知り、考えよう	商品を適切に選択するとともに、契約とそのルールを知り、よりよい契約の仕方を考えよう	適切な意思決定に基づいて行動し、契約とそのルールの活用について理解しよう	契約の内容・ルールを理解し、よく確認して契約する習慣を付けよう	契約トラブルに遭遇しない暮らしとそのルールを理解し、くらしに活かそう	契約トラブルに遭遇しない暮らしの知恵を伝え合おう
	生活を設計・管理する能力	欲しいものがあったとき、よく考え、時には我慢することができるようになろう	物やお金の大切さに気づき、計画的な使い方を考えよう	消費に関する生活管理の技能を活用しよう	主体的に生活設計を立ててみよう、生活を見通した生活設計の管理を実現しよう	生活を見通した計画的なくらしを目指して、生活設計・管理を実現しよう	経済社会の変化に対応して、生活を見通した計画的な消費生活を送ろう	生活環境の変化に対応し、支え合いながら生活設計を管理しよう
情報とメディア	情報の収集・処理・活用能力	身の回りのさまざまな情報に気づこう	消費に関する情報の集め方や活用の仕方を知ろう	消費生活に関する情報の収集と発信の技能を付けよう	生活情報の収集・発信のあり方や、情報モラル、セキュリティについて考えよう	情報と情報技術を適切に利用する習慣を身に付けよう	情報と情報技術を適切に利用しよう	支え合いながら情報と情報技術を適切に利用しよう
	情報社会のルールやモラルの理解	自分や家族を大切にしよう	自分や他人の個人情報を守るなど、情報モラルを知ろう	著作権や発信した情報への責任を知ろう	正しい情報社会のあり方や、情報モラル、セキュリティについて考えよう	情報社会のルールやモラルを守る習慣を付けよう	情報社会のルールやモラルを守る社会をつくろう	トラブルが少なく、情報モラルが守られる情報社会をつくろう
	消費生活情報に対する批判的思考力	身の回りの情報からそのねらいについて考えよう	消費生活情報の目的やねらい、選択の大切さを知ろう	消費生活情報の評価、選択の方法について学び、意思決定の大切さを理解しよう	消費生活情報を評価、選択の方法について学び、社会との関連を理解しよう	消費生活情報を主体的に吟味する習慣を付けよう	消費生活情報を主体的に評価して行動しよう	支え合いながら消費生活情報を主体的に取り入れよう

※本イメージマップで示す内容は、学校、家庭、地域における学習内容について体系化を図りやすいように整理したものであり、学習指導要領との対応関係を示すものではありません。

第Ⅲ部

探究的で
深い学びの授業

序　探究的で深い学びの授業の特徴と構成
―味わい楽しんで読んでいただくために―

　Ⅰ部、Ⅱ部で述べてきたことを基に、主体的で探究的な学びを具体的にどうつくればよいかについて、家庭科で取り組まれた9つの授業例（小学校、中学校、高等学校、特別支援学校）を紹介する。

1　実践事例の特徴、用いる見方・考え方、SDGs との関連

　各授業（1〜9）の題材名やキーワード、SDGs との関連を左側の表に示した。また、第Ⅰ部で示したマトリックス表（p.21〜 p.23）のなかで各授業がどう位置づくかについて表したのが右側の図である。

No.	テーマ（題材名）	キーワード	関連するSDGs
1	SDGs と関連づけながら生涯を見通し共生する力を育む	・ワーク・ライフ・バランス ・ジェンダーバイアス ・インクルージョン ・住み続けられるまち	SDGs 4 SDGs 5 SDGs 8 SDGs 11
2	暮らしにかかわる仕事と自分、そしてこれからの家庭生活と社会を考える	・家事労働とワーク・ライフ・バランス ・パートナーシップ ・アニメ映像	SDGs 5 SDGs 8
3	和食を未来につなぐために―フィッシュボーンで思考を深める―	・食文化 ・和食とだし ・地産地消 ・味覚教育 ・フィッシュボーン	SDGs 3
4	商品の選択と購入―さまざまな立場と視点から情報をとらえる―	・情報の読み解き ・批判的思考 ・多様な視点	SDGs 12
5	考えよう！物の使い方・買い方	・質的に豊かな生活 ・売買契約 ・未成年者契約取り消し	SDGs 12
6	何とかしたい教室の空気調和―切実な思いから始まる探究的な学び	・換気 ・空気調和 ・温度・湿度・CO_2 ・感染症対策	SDGs 3
7	特製おにぎりを作ろう	・社会的自立 ・学習意欲 ・技能習得	SDGs 3
8	人口減少と空き家について考える―SDGs と大学生が取り組んだ地域創生プロジェクトから学ぶ―	・ジグソー法 ・大学生の地域創生プロジェクト	SDGs 11 SDGs 12 SDGs 17
9	学校家庭クラブ活動「桐商生オリジナル世界にひとつだけのお守り」―桐生織物を使った作品づくりを通して子どもたちに伝えよう！―	・家庭クラブとの連携 ・地域課題 ・協働的学習 ・伝統文化の継承 ・問題解決型学習	SDGs 12

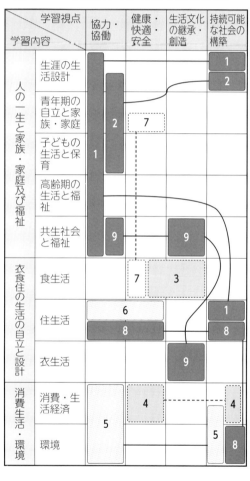

図1　授業実践事例の概要

2　実践事例の構成

　紹介している9事例は、内容をより深く理解するために、右に示す共通の構成で記述している。

　授業者がそれぞれの授業を構想するに至った背景や課題意識は、「1授業づくりにあたって」の部分で読み取ることができる。授業全体の流れは「2授業設計の視点」として示している。ここでは、授業全体の流れを子どもにとっての学びという位置からとらえて可視化する「学びの構造図」（p.24参照）を示すとともに、授業者が子どもの学びを支えるために何をどのように行おうと考えているのかが読み取れる。

　「3授業計画」には、5項目に分けて具体的な授業を理解する内容を記述している。身につけたい資質・能力は何か、その力をつけるためにどのような学習構成（指導計画）が考えられたのか、教師の意図を理解することも、学びの構造図と照らし合わせて、子どもの学びの履歴として理解することもできる。

1　授業づくりにあたって

2　授業設計の視点
（1）学びの構造図
（2）授業の構想

3　授業計画
（1）題材名
（2）実施校・対象学年
（3）実施時期
（4）学習目標
（5）学習構成（指導計画）

4　授業風景

5　授業の分析・評価

6　授業の振り返りと今後の課題

図2　授業実践の項目

　「4授業風景」には、授業中の子どもの姿や使用した教材などが紹介されている。学習に向かう子どもの思考や意欲を感じながら読み進めることができる。

　「5授業の分析・評価」「6授業の振り返りと今後の課題」には、授業者が授業を行うことによって得た成果と課題が整理されている。先述しているように、構想段階での授業デザインは、授業者が子どもの実態を基に描いたものであるから、実際に進めていく中で大きく変更されることも修正を余儀なくされることもある。しかし、授業を行う前の段階でこのようにすれば子どもの学びが深まると考え、授業をデザインすることができれば、実践を通して授業を改善する糸口やポイントがより明確に見えてくる。授業分析や振り返りの重要性は改めて示すまでもないが、日常の授業実践の中で、どのような教材や資料を用いて授業が展開され、子どもの学びを評価・省察しているか、ともに考え実践に生かすことを期待したい。

（高木　幸子）

<参考：SDGs >

SDGs1	貧困をなくそう	SDGs10	人や国の不平等をなくそう
SDGs2	飢餓をゼロに	SDGs11	住み続けられるまちづくりを
SDGs3	すべての人に健康と福祉を	SDGs12	つくる責任つかう責任
SDGs4	質の高い教育をみんなに	SDGs13	気候変動に具体的な対策を
SDGs5	ジェンダー平等を実現しよう	SDGs14	海の豊かさを守ろう
SDGs6	安全な水とトイレを世界中に	SDGs15	陸の豊かさも守ろう
SDGs7	エネルギーをみんなにそしてクリーンに	SDGs16	平和と公正をすべての人に
SDGs8	働きがいも経済成長も	SDGs17	パートナーシップで目標を達成しよう
SDGs9	産業と技術革新の基盤をつくろう		

富山県立砺波高等学校

SDGs と関連づけながら生涯を見通し共生する力を育む

探究的な学びを深める手立て：1）多様な体験活動を通じて、他者や社会とのかかわりから生涯を見通す
　　　　　　　　　　　　　2）学習全体に SDGs の視点を通す
Keyword：ワーク・ライフ・バランス、ジェンダー・バイアス、インクルージョン、住み続けられるまち

1 授業づくりにあたって

　本校は普通科の高校であり、生徒達は大学に進学して専門性を身につけ、社会に貢献したいと考えている。豊かな自然環境の中で、家族に見守られてのびのびと学校生活を送る生徒が多い一方、学習へのプレッシャーから思い悩む生徒も見受けられる。若者の意識の国際比較[1] では、日本の若者が他国に比べて自分自身に満足している割合が低いことや、自己肯定感が高い若者は将来への希望をもっている割合が高いことが明らかになっている。そこで、生徒の自己肯定感を育むことがライフプランニングの起点になると考え、他者とのかかわりの中で自分を客観的に見つめる機会を多く取り入れた授業づくりを工夫する。

　また、人生100年時代といわれる今日は、働き方の変容や価値観の多様化、テクノロジーの進展など社会環境も大きく変化しており、これまでのロールモデルがあてはまらなくなってきている。それゆえ、自分はどうありたいのかを一人一人が考えることの大切さを認識できるようにするとともに、「人生のダイナミックルーティング（岐路に立った時や経路に不都合がある場合は、情報を収集して最適な経路を選びなおす）を繰り返しながら、しなやかに自分の未来を切り拓いていこう。」というメッセージを伝えたい。さらに、個人の生き方だけでなく、社会の一員として次代を担う感性を養うために、学習全体に SDGs の視点を通して授業を進めることとする。

2 授業設計の視点

（1）　学びの構造図　次頁
（2）　授業の構想

　はじめに SDGs の概要について学び、その後の授業では世界の課題が個人の生活、地域社会の課題と繋がっていることを認識できるよう関連するアイコンを黒板に貼る。次に、自分と異なる人の立場に立って物事を考えられるように疑似体験や赤ちゃんふれあい体験を行う。それらをふまえて、自分自身と家族、地域社会、日本そして世界という空間軸と、命の誕生、高校生（現在）、就職、親世代、祖父母世代という時間軸を行き来しながら学びを深められるようにする。特に、仕事や家庭生活のワーク・ライフ・バランスやジェンダー・バイアスについて取り上げる。また、少子高齢化の進展の中で地域社会が抱える課題を整理して、年齢、性別、障がいの有無等にとらわれない、誰もが暮らしやすい社会について考え解決策を提案し合う。これらの学習から、「住み続けられるまちをつくるのは自分達である」という自覚を持った持続可能な地域の担い手を育む。

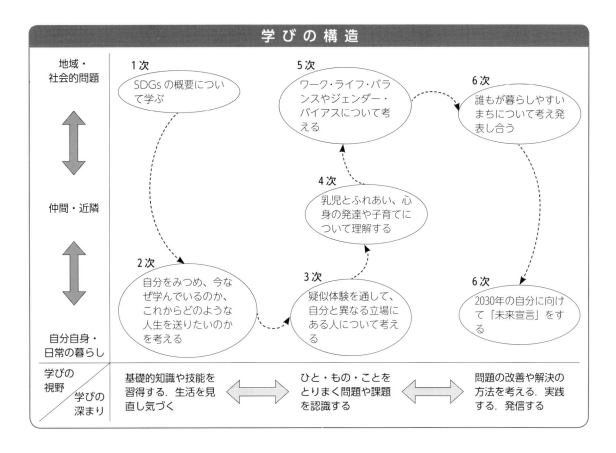

　授業は、まずその日のテーマに関する知識や考えを引き出し、次にデータや視聴覚教材を提示して思考を揺さぶり、グループで話し合う場を設定する。テーマによってはそれを何度か繰り返して、最後に授業を通して考えたことを記述するという「個⇒ペア・グループ⇔全体⇒個」の進め方で行う。また、タブレットＰＣを活用する。

3　授業計画

（1）　**題材名**　SDGs と関連づけながら生涯を見通し共生する力を育む

（2）　**実践校・対象学年**　富山県立砺波高等学校１年生　「家庭基礎」２単位

（3）　**実施時期**　2019年9月〜11月

（4）　**学習目標**

　　　○自分の生き方について考えるとともに、多様な立場にある人を受容し共生する視点をもつ。

　　　○SDGs をふまえて身近な社会の課題に気づき、クラスメートと協働で課題解決のための提案をすることができる。

（5） 学習構成（全18時間）

次	時	テーマ	学習内容
1	1	SDGs について知ろう	・絵本「ぼくがラーメンたべてるとき」[2] を読み、世界の子どもたちの飢餓、貧困、児童労働、水やトイレの問題、女子教育、紛争などについて関心を持つ。 ・タブレット PC を用いて、SDGs やユニセフの関連ページを検索し、最も関心をもった SDGs とその理由をペアで話し合う。
2	2 3	自分自身を見つめてみよう 【SDGs4】	・「とやまの高校生ライフプランガイド」[3] を読む。 ・自分の成長を振り返り、成長を呼び込む行動習慣を3つ考える。 ・今なぜ学校で学んでいるのかを考えることで、自分自身を見つめる。リカレント教育や生涯学習について知る。働く意味について考える。 ・10年後、20年後、50年後の自分の職業、家族、居住地、大切にしているもの（こと）について思い描き発表し合う。 ・（課題）住んでいるまちや通学路のお気に入りの風景や気になる場所の写真を Google Classroom に投稿する。→6次へ
3	4 5 6 7	自分と異なる立場にある人たちの疑似体験をしよう	・シニア体験、妊婦体験、車いす体験、アイマスク体験を行い、心身の状況や必要な支援について考える。 ・バリアフリー、ユニバーサルデザイン、ノーマライゼーション、インクルージョンの考え方や具体例を理解する。
4	8 9 10	赤ちゃんとふれあい、心身の発達や子育てについて理解しよう	・乳幼児の心身の発達について学習し、沐浴人形を用いて赤ちゃんの抱き方や沐浴を体験する。 ・乳児とその保護者を授業に招き、乳児とふれあったり保護者の話を聞いたりして子育てについて理解する。
5	11 12 13 14 15	ワーク・ライフ・バランスやジェンダー・バイアスについて知り、多様な生き方について考えよう 【SDGs5】 【SDGs8】	・グラフを見ながら、ワーク・ライフ・バランスやジェンダー・バイアスについて知り、自分はどうありたいかを考える。 ・多様な性について学び、学校、企業、自治体の取り組みについて知る。 ・妊娠や出産についてさまざまな事例から、「いのちを育む」責任について考える。 ・企業におけるダイバーシティの考え方や家族の多様性について理解する。 ・選択的夫婦別姓について、賛成、反対の立場の考え方にふれ、自分はどちらの意見を支持するかを考える。 ・健康寿命、認知症、ユマニチュードについて知る。地域のお年寄りの困りごとの事例を読み、解決策を話し合う。50年後の今日の日記を書く。
6	16 17 18	住み続けられるまちを考えよう 【SDGs11】	・自分の住んでいる地域のよいところや課題を整理する。 ・課題の解決策を考え、発表し合う。 ・Society5.0のショート動画[4]、まちづくりに携わる2人の先輩のインタビュー[5] を視聴し、住み続けられるまちとはどんなまちか話し合う。 ・学習を振り返り、2030年の自分に向けて「未来宣言」をする。

4 授業風景

2次 自分自身をみつめてみよう

　はじめに2学期の学習について見通しをもつためにライフプランガイドを通して読んだ。今なぜ学校で学んでいるのかを考えることで自分自身を見つめ、将来にどのようにつなげていきたいのかをイメージした。リカレント教育や生涯学習についてふれ、大学受験や大学を卒業することで勉強が終わるのではなく、日本では学びたいときにいつでも学べることを伝えた。

● 学校で学ぶということ（生徒のワークシートより）

・学校で学ぶことは、自分を見つめ直すということ。自分がこれまでしてきたことやしてもらったこと、今自分の興味関心があること、そんなたくさんの自分の過去や今を見つめて自分の「なりたい」や「したい」にどうすれば近づくことができるかを考える。つまずいたときには、まわりの仲間に手をさしのべてもらえる。周りがつまずいたら手をのばしてあげられる。そうやって、一歩ずつ未来の自分に輝きを与えていくところが学校であり「学び」であると思う。

3次 異なる立場にある人たちの疑似体験をしよう

　原則男女のペアでシニア体験、妊婦体験、アイマスク体験を行った。車椅子体験は4人グループで、1段の段差、2段の段差、スロープ、グレーチング（格子状に組まれた側溝の蓋）の上を通ることなどを行った。いずれも体験者役と介助者役を交代しながら安全に十分配慮して行うよう指導した。これらの体験のまとめとして、支援が必要な場合の心身の状況や身近な環境について考え、「バリアフリー」「ユニバーサルデザイン」「ノーマライゼーション」「インクルージョン」について、事例をあげて学習した。

● 疑似体験を通して考えたこと（生徒のワークシートより）

・「障がいは環境の中にある」と考えたことが印象に残っている。授業をうけてから、点字ブロックの上を避けて歩いたり手すりのところをあけて歩いたりするようになった。学んだことを友達に話したりSNSで発信したりして、一人一人が考え行動できるようにしていきたいと思っている。

4次 赤ちゃんとふれあい、心身の発達や子育てについて理解しよう

▲沐浴体験

　まず乳幼児の心身の発達について学習してから、沐浴人形を用いて、全員が抱き方や衣服の着脱、沐浴を体験した。

　赤ちゃんふれあい体験は、市内の3つの子育て支援センターに依頼をして参加親子を募集した。各クラスに6〜8組の親子を招き、乳児とふれあったり、保護者から妊娠、出産、育児のエピソードや子どもの発達、地域の子育て支援等の話を聴いたりした。

● 赤ちゃんふれあい体験を通して感じたこと（生徒のワークシートより）

・親は大変な思いをして自分たちを育ててくれたので、感謝の気持ちを絶対忘れてはいけないと感じた。ちょ

っとしたことで、自分や他人を否定してはいけないこともわかった。親に感謝し、自分の価値を認めることの大切さを感じた。
・子育ては一人でするものではなく、たくさんの人と支え合ってやっていくことがとても大事ということが印象に残った。

5次　ワーク・ライフ・バランスやジェンダー・バイアスについて知り、多様な生き方について考えよう

11時間目　「とやまの男女共同参画データブック2017」[6] を用いて、子育て家族のワーク・ライフ・バランスについて学習した。富山県の女性は労働力率が高いことや、M字型のくぼみが少なく、結婚、出産をしても就労を継続する人が多い一方で、女性管理職の割合は全国44位であることを紹介し、その理由を考えた。また、理想の子どもの数より現実の子どもの数の方が少ない状況を知り、理想が叶うにはどうすればよいかを考えた。生徒達は「長時間労働をなくす」「男女が協力して家事育児を行う」などと発言していた。さらに、性別役割分業の意識は変わってきているもののなかなか実態が変わらないこと、男女とも望んでいるワーク・ライフ・バランスが叶えられていないことなど、グラフを用いて学習した。これらの学習から、ほとんどの生徒が「性別にかかわりなく仕事も家事育児にも取り組むべきだという意見をもったようだったが、生活的に自立できなければ家事育児の協力も空論にすぎないことに気づき、生徒自身の生活的自立についても考えていた。

　海外の事例として、ニュージーランドの女性首相とパートナー、その赤ちゃんとの3人の写真を見せて、育児休業を取得しながら首相として活躍していることを紹介した。生徒達からは、「えーっ！女性の方が首相」と声があがった。また、育児休暇を取得しているデンマークの男性や子育て中にパートタイム労働を選んだオランダの夫婦を紹介した。世界経済フォーラムによる日本の世界ジェンダー格差指数（2019）が153か国中121位であることも伝え、就労や子育てのあり方、ワーク・ライフ・バランスについて考える機会をもった。

　「男らしく、女らしく」にとらわれず育ってきた生徒達であるが、一方では仕事で帰りの遅い父親や仕事を持ちながら家事も担っている母親、家事育児をサポートしてくれる同居や近居の祖父母の姿からアンコンシャス・バイアスをもっている。富山県の調査では、学校教育では男女が平等だと感じている割合が多いものの、職場や家庭生活では男性が優遇されていると感じている割合が多くなっている。将来の自分や社会のあり方について、これらの学習を通してさらに考えを深め意見を述べ合った。

🌑 子育て家族について考えたこと（生徒のワークシートより）

・育児や家事のほとんどを女性が行なっているのは、「性別に関係なく活躍できる社会」に反している。「手伝うではなく参加すること」という言葉がとても心に残った。自分の心の中で女性がやる仕事だと決めつけていたんだと初めて気づいた。
・男性が家事育児にかかわりたいと思っても現状では難しい。企業や国が、男女とも家事や育児ができるような制度を当たり前に利用できるようにして意識を変えていく必要があると思う。

12時間目　これまでの授業では、男子対女子となりがちなものだった。そこで男らしさ、女らしさとは何なのかを改めて考えてからLGBTs（Lesbian Gay Bisexual Transgender）の話題にふれ、性の多様性につ

いて学習した。この授業は、養護教諭に相談して構成した。性の4つの要素として「からだの性」「こころの性」「性的指向」「性別表現」があることや、性分化疾患、LGBTs、SOGI（Sexual Orientation, Gender Identity）などの語句を確認しロールプレイを行った。その後、ロールプレイの問題点を話し合い、性自認は生まれながらのもので病気ではないことや、カミングアウト、アウティングについて学習した。

ロールプレイ1のせりふ	ロールプレイ2のせりふ
＜B子＞A子ちゃん、わたしC君のことが好き。C君のこと見とったらドキドキする。 A子ちゃんは？ ＜A子＞B子ちゃん。私、3年生の先輩のこと好き。すごくドキドキする。私って変かな？ ＜B子＞大人になったら治るんじゃない？	（ナレ）ある日の教室 （A太）B太、実は俺、わたし、こころの性は女の子だと思う。この間、家庭科で習ったよね。 （B太）そうだったんだ。このこと他の誰かに言った？ （A太）言った方がいいと思うけど、なかなか勇気がでないよ。 （ナレ）別の日の教室。A太とB太が話しているところにC太がやってきた。 （C太）A太、おまえトランスジェンダーなんだって！俺、チカラになるよ！（A太の肩をたたく）

次に4人グループで、LGBTsの生徒が学校生活を送る場合に不都合だと思うことについて、ハード面（施設設備）を黒字、ソフト面（慣習・ルール）を青字、ハート面（接し方）を赤字でホワイトボード（59×41cm）に記入しながら考えた。また、富山県でLGBTsの支援をしている「レインボーハート富山」の調査（2016）のデータを用いながら、当事者の思いについて学習した。まとめとして、全国の高校、大学での取り組みや自治体のパートナーシップ条例、企業のダイバーシティの考え方を学習し、授業を通して考えたことを記述した。

▲ LGBTsのロールプレイ

🔵 性の多様性についての学習で考えたこと（生徒のワークシートより）

・授業前は、LGBTsの人に対して「別に気にならない」と思っていたことを反省した。これは「包括」でも「受容」でもなく、無関心だ。その個人を知ったうえで受け入れるということは全く違う。僕は理解するというところから最も遠いところにいるのではと感じ、自分が変わらなければと思った。
・男らしさ女らしさについて、少し前まで「なくてはならないもの」だと思っていたが、それぞれの個性を認め、一人一人が尊重される社会になればよいと思う。友人がLGBTsなら、必要以上の介入はせず、自然な形で寄り添いたい。

13時間目 ライフプランの授業では、男女が協力して…などという言葉が頻繁に登場する。生徒の家族も多様化しており、家族の多様性について配慮していかなければならないと感じている。また、結婚や子どもを産み育てることにおいても、生徒自身がどうしたいかを考える機会と捉え、押しつけがましくならないように配慮している。「いのちを育む」がテーマの授業では、望まない妊娠や望んでも叶わない場合があることなどについてもとりあげ、それぞれ人工妊娠中絶、赤ちゃんポスト、生殖医療、出生前診断などの語句やグラフをもとに命を育むことについて考えた。生物学的に妊娠に適した時期はキャリア形成の時期と重なることから、生徒はパートナーとともに慎重に考えることが大切であることを認識していた。

また、LGBTsの子育て家族や再婚家族など、さまざまな形の家族があることを学習した。その上で、

「家族に欠かせない要素は何だろう。家族って何だろう。」と問い、自分なりの言葉で表現しあった。

14時間目 民法750条「夫婦は婚姻に際し夫か妻の姓を名乗る」に着眼し、世論調査の結果にふれながら、「選択的夫婦別姓に賛成している人、反対している人は、どのような理由からそう考えているのか。自分は賛成か反対か。」についてペアで話し合った。生徒にはイメージしにくいこともあるので、授業者がいろいろな観点からの意見を補い、再度自分は賛成か反対か、その理由は何かを4人グループで話し合うようにした。また、「ところで夫婦が別姓の場合、子どもの姓はどうしたらいいと思う？」と問いかけ、諸外国の法律を比較しながら、どの国の制度を支持するか、理由を含めて話し合う時間をもった。

⚫ 選択的夫婦別姓について考えたこと（生徒のワークシートより）

・授業の最初は選択的夫婦別姓に賛成していたが、子どもの姓をどうするかと考えると難しい問題だと思うようになった。子どもの姓は兄弟で統一した方がよいと思う。ただ、選択肢が増えることは、よいことだと思う。

・この問題は単に結婚した時の姓の問題ではなく、一人の人間としての問題だと思った。別姓を認め、誰もが望む権利を得られるようにするべきだと思う。

6次　住み続けられるまちを考えよう

16時間目 5人ずつ8つのグループで活動する。あらかじめ課題に出しておいた、自分の住んでいるまちや通学路のお気に入りの風景や気になる場所の投稿写真について、Google Classroom（生徒と教師による課題のやりとりなどが簡単にできるツール。以下 Classroom と略す）を用いて紹介し合った。山、川、海、田園、空などの自然の風景や、疑似体験の学習をふまえて駅のスロープや点字ブロックなどを撮影した写真が紹介されていた。次に、生徒達が考え

▲田園風景の中を走るローカル線（生徒撮影）

たまちの課題をクラス全体で集約して16のテーマに整理した。この中からエキスパート活動として、8つのグループが重複しないようにひとつずつテーマを選んで学習に取り組んだ。ワークシート①には、グループで選んだテーマについて地域のよい点と課題を記入し、ワークシート②には、タブレットPCでデータを検索して裏付けをとり、マッピングしながら課題を整理した。

17時間目 生徒の情報収集が不十分で思考が深まっていないように感じたので、Classroom に県や市、民間の事業者のホームページのリンクを貼り、目を通すように指導した。再度、ワークシート①、②を見直し、ワークシート③に解決策を3つ記入するように伝えた。机間巡視をしている時に、解決策がなかなか思い浮かばず停滞しているグループの生徒から、「こんなことは政府や市役所の人が考えてくれるんじゃないですか？」と言われ、

▲地域の課題を整理し解決策を考える

自分事として捉えさせる難しさを感じた。

　仕上がったワークシート①～③は、タブレット PC で撮影して Classroom に投稿し、生徒間で共有できるようにした。次時は、異なるテーマに取り組んだ４人でグループを再構成してジグソー活動を行うこと、一人一人異なるテーマについて発表し合うため各自簡潔に説明できるようにしておくことを予告した。

図表1　グループ別のテーマ（表中の数字は班の番号）

テーマ ＼ クラス	1	2	3	4	テーマ ＼ クラス	1	2	3	4
豊かな自然環境を楽しむまち		8			誰もが居場所があるまち			1	
伝統の産業や文化を大切にするまち		3	8		性別にかかわらずみんなが大活躍できるまち		2		3
まつりが盛りあがるまち	8				人が集まるにぎやかなまち	2			4
誰もがいきいきと働けるまち	3	7		7	少子高齢化、人口減少を○○で解決する				1
災害に強く安心して暮らせるまち		1	3		農家が元気で食べ物がおいしいまち	6		5	
交通が便利で行きたいところに行けるまち	5	5	2	2	お年寄りが元気で長生きができるまち			6	8
多様な人々が快適に暮らすまち	1			6	買い物が便利で、まちなかに活気があるまち	4	6	4	
地域が大きな家族になるまち			7	5	ワークライフハーモニーが響き合うまち	7	4		

18時間目　あらかじめ座席を指定して４人ずつ10のグループを構成し、Classroom に投稿したワークシートの画像を用いながら１人３分ずつ発表を行った。

　発表が終わったところで、政府広報 Society5.0 を視聴し、テクノロジーで解決すること、解決しないことをグループで話し合った。「高齢者が自宅で医師の診察を受けられるので、交通が不便でも問題ない」「ドローンによる宅配やスマートフォンを用いた買い物は便利だが、逆に街のにぎわいは遠のく」等の意見が出された。

　次に、まちづくりの活動に携わっている本校の２人の先輩の取り組みを視聴した。Ｓさんは、東京の大学を卒業後に地元に戻り、現在は家業を継ぎながら伝統産業の日本遺産登録や地域を担う人づくり、まちづくりに奔走している。Ｓさんは、「住み続けられるまちとは？」というインタビューに「やりたいことをチャレンジできる環境があるまち」と答えていた。一方、Ｍさんは東京の大学を卒業後に東京で起業し、まちのイベントや音楽プロデューサーとして活躍し故郷のイベントにもかかわっている。Ｍさんは「夢中になれることをずっと続けられるまち」と答えており、２人の先輩の言葉は偶然にも同じことを意味していた。となみ野の風景と先輩のインタビューを織り交ぜて編集された映像を、生徒達は引き込まれた様子で視聴していた。視聴後、先輩の活動から見えてきたことや、「住み続けられるまちとはどのようなまちか。」について話し合った。

● 先輩の活動からみえてきたもの（生徒のワークシートより）

- ・私達は生活の不自由をなくすことに着眼し、施設や制度などハード面ばかり考えていたが、先輩は人づくりやまちの雰囲気等ソフト面の大切さを発言しておられた。
- ・私達は人が来てくれること、住んでくれることばかり考えていた。地域の中で人を育てるという観点がなかった。
- ・先輩は、思っていることを実行に移している。動き出している人の言葉だから重みがある。
- ・私達は都会や他のまちの真似をすることを考えていたが、先輩方は「ここでしかできない」「ここならでは」という「only one」の発想だった。

授業終了後、生徒はルーブリック表に基づいて自己評価するとともに、Google フォームに入力した。

● 住み続けられるまちづくりの授業を終えて（生徒のワーシートより）

- ・他のグループの発表を聞いて富山のよいところをいろいろと知ることができた。また、自分のグループのテーマと繋がってくるようなことや、違った視点の考え方など、たくさん新しい発見をすることができた。便利な生活を送ることができるようにするだけでは、住み続けられるまちにはならないのだと思った。
- ・多くの若者が、やりたいことやあこがれをもって都会に移り住んでいる。自分もそうしたいと思っていたが、今は、地域でできることを考え、地域をよりよくするにはどうしたらよいかを考えるときなんだと思った。住み続けられるまちは、そういうふうに地域を思い考える人が多くいるまちだと思う。

授業のまとめとして、SDGs の理念や17の目標を振り返り、最も関心のある目標とその理由を再度グループで紹介し合った。また、日本の達成度について確認した。最後に、SDGs が2030年までの達成目標であることから、「2030年のわたしへ　未来宣言」として、どこでどのような毎日を過ごしているのか、大切にしているもの（こと）は何かを宣言しあった。

● 「2030年のわたしへ　未来宣言」（生徒のワークシートより）

- ・児童指導員として親のない子どもたちを育てる仕事に就き、社会に役立つ大人になる。自分の家族を大切にし、温かい家庭を築いている。
- ・植林などのボランティアに参加している。偏見を持たず、誰にでも公平に接することを大切にしている。

5　授業の分析・評価

○学習、仕事、社会貢献、人生のパートナー、子育て、地域社会のまちづくりなど、人生100年時代の自分の生き方について考えるとともに、多様な立場にある人を受容し共生していこうという姿勢が身についた。

○SDGs の「4教育、5ジェンダー、8働きがい、11住み続けられるまち等」に着眼して身近な社会の課題に気づき、自分がそれをよりよくしていく一人であり、これから行動していこうという態度が育まれた。

● 授業を終えて（生徒のワークシートより）

- ・自分が主体となって「どうすればいいのだろうか」と考えなければならない授業が多く、身近な問題なのに、そこに疑問を抱かずに過ごしていることが多くあるのだと感じた。難しかったのは、色々な角度から考えるということだった。正解があるわけではないが、自分たちの中では納得できる考えを得ることができたのでよかった。
- ・たくさんのことを肌で感じて、クラスメートと考えをシェアすることができた。授業で体験したことがとても貴重だったことに気づいて、家庭科の大切さを知ることができた。漠然と世界に貢献できる仕事に就きたいと思っていたので、SDGsと結びつけて自分の将来を考えるきっかけとなり、わくわくした気持ちになれた。
- ・学生である私たちもどんどん地域の協力の輪の中に入っていって、自ら提案したり発信したりしていくことが大切だと気づいた。自分の得意なこと、やりたいことを地域の発展につなげていくことができるとわかり、さらに地域への意識が高まった。
- ・世界のことは遠い存在で自分には関係ないと思っていたが、そう思っていることこそが世界の問題だと気づき、一人一人が変わることで世界は変わると考えるようになった。まず「自分から」を意識して、人の意見から新たに自分を磨き、さまざまなことにつなげていきたいと思った。

6　授業の振り返りと今後の課題

　4人グループをつくり、タブレットPCでClassroomにログインすることが授業開始時のルーティンとなった。宿題や授業冒頭でのクイズ、調べ学習、グループ発表に大いに活用した。授業評価はGoogleフォームに入力するようにしたことで、入力と同時にグラフ化され、結果をタイムリーに生徒に提示することができた。

　最初の頃はグループの活動が停滞気味だったものの、授業のスタイルに慣れてくると次第に活発に話し合う様子が見られるようになった。しかし、相手の話を受容することはできても、なかなか議論には至らないというのが現状であり、さらに質の高い話し合いができるように工夫することが今後の課題である。

　生徒達は体験やクラスメートとの話し合いを通して多様な立場や考え方にふれ、その中で自分はどうありたいのかということを考え続けてくれたと思う。自分や社会の未来を考える中で、少子高齢化によるさまざまな問題は、IoTやAIなどの先端テクノロジーだけでは解決できないことを理解し、結局は「人」であり「教育」が大切であることを感じとっていた。「学校で学ぶということ」の原点に立ち返り、自分の可能性を切り拓くために、教養や専門性、人的ネットワークをしっかり身につけたいという生徒が多く、今後に期待したい。

（永井　敏美）

【参考文献】
1) 内閣府.（2014）. 平成26年度版　子ども・若者白書, 東京：日経印刷.
2) 長谷川義史.（2007）. ぼくがラーメンたべてるとき, 東京：教育画劇.
3) 富山県教育委員会.（2019）. とやまの高校生ライフプランガイド　ー自分の未来を描こうー：富山県教育委員会.
4) 政府広報 Society5.0　https://www.gov-online.go.jp/cam/s5/（参照2019年11月）.
5) 三井住友信託銀行 ESD プロジェクトによる映像提供　（株）TREE 撮影・編集.
6) （公財）富山県女性財団.（2017）. とやまの男女共同参画データブック：（公財）富山県女性財団.

福井県立藤島高等学校

暮らしにかかわる仕事と自分、そしてこれからの家庭生活と社会を考える

探究的な学びを深める手立て： 1） 全4時間で思考を深める学習の展開
　　　　　　　　　　　　　　　 2） データを元に自分事として繰り返し考える
Keyword：家事労働とワーク・ライフ・バランス、パートナーシップ、アニメ映像

1　授業づくりにあたって

　家庭基礎（高校）2単位の中で問題解決や探究のステップを踏ませる授業はどうデザインできるか、常々考えているが、なかなか難しい。前任校は職業系高校で「家庭総合」を履修していたこともあり、探究型の10時間を超える授業を行っていたが、この経験から一定程度の時間をかけないと生徒の思考は深まらないだろうと、現任校での実践は半ばあきらめていた。しかし、目の前の生徒は、知的好奇心が旺盛で、考えることが嫌いではない。彼らに意味のある授業がしたい。短時間でコンパクトで、それでいて生徒の思考が深まる授業をしたい。そんな思いをもちながら、赴任した2年目からは消費生活の分野で4、5時間の実践を試みた。結果、少しの手応えを感じ、今回使ってみたい教材もあったことから、他分野でチャレンジしてみることにした。

　本校は福井県にある進学校であり、進学率はほぼ100％である。家庭科は1年生で家庭基礎2単位を履修している。生徒の生活実践度を見ると、「包丁やフライパンなどを使って食事を作る」35％、「ボタンが取れたときに、自分でボタンをつける」40％程度である。決して自立度は高いとは言えない。このような生徒であるが、9割は県外へと進学し、一人暮らしを始める。否が応でも家事はやらなくてはいけないという気持ちはもっている。自分のことなので、自分で家事をするのは当然のことである。

　この一人暮らしに焦点を当てた学習はこれまでも行ってきたが、さらに一歩進んで、誰かとパートナーとなりともに暮らすようになった時、さらには子どもを迎えた時、それぞれの状況で家事労働がどのように変化していくのか、誰が担当していくのか、気づかせたいと考えた。昨今の共働き家族のWEB記事やブログを拝見すると、さまざまな話題があげられているが、その中でも特に「家事育児の当事者意識」や「名もなき家事」というキーワードからヒントを得た。家事労働、すなわち「暮らしにかかわる仕事への当事者意識をどう醸成するか」が、家庭科において大事な視点である。さらには、SDGsの17の目標のうち、「5ジェンダー平等を実現しよう」「8働きがいも経済成長も」にもつながり、SDGsを自分事としてとらえる機会にもなると考えた。

　授業を通して、高校生自身の自立を考えること、一人ひとりが家事育児は自分のすべきこととしてとらえること、そして、そこには個人的な努力では解決し得ない問題が隠されていること、社会的なことにつながっていることに気づかせ考えさせたい。

2　授業設計の視点

（1）学びの構造図　　次頁

（2）授業の構想

　短時間の授業の中で、①探究のステップを踏ませること、②学習の視野が個人の暮らしから地域・社会問題への広がりがみられること、③学びの深まりとして、「気づく→認識する→考える」への流れになるように構想した（学びの構造図参照）。さらに、この流れの中で当事者の意識を持たせ、その立場を想像させるために、繰り返し自分事にするという手立てを考えた。学びの構造図上で授業展開を見ると、「一般的事柄→自分→社会→自分」と必ず自分に戻る展開にし、自分自身のことにおきかえたり、将来を考えたりと、生徒が自分自身と向き合う時間を入れることにした。

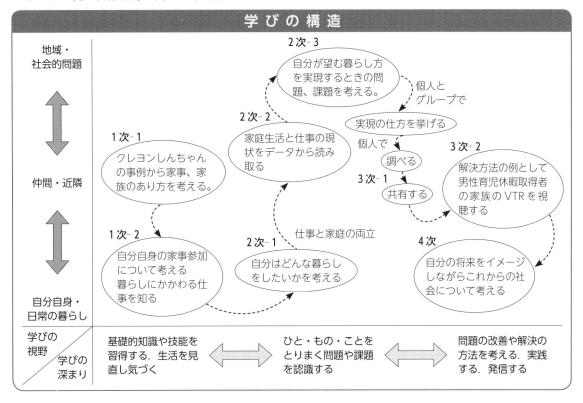

3　授業計画

- **（1）　題材名**　暮らしにかかわる仕事と自分、そしてこれからの家庭生活と社会を考える
- **（2）　実践校・対象学年**　福井県立藤島高等学校1年生　「家庭基礎」2単位
- **（3）　実施時期**　2019年11月
- **（4）　学習目標**
  - ○暮らしにかかわる労働は、誰が行うのか、性別によって固定化させるものなのか、気づき、考えることができる。
  - ○家事は誰にとっても暮らしを営む上で必要なことで当たり前のことと認識することができる。
  - ○個人や家族の問題が、社会的で構造的な問題であることも理解する。
  - ○自分自身の自立と、今の家族、これからの家族の暮らしのあり方について考えることができる。

（5）学習構成（全4時間）

次	時	テーマ・問い	学習内容・学習活動
1	1	クレヨンしんちゃんの事例から家事育児、家族のあり方を考える	○クレヨンしんちゃんの野原家の朝支度の動画を見て、家族全体の行動分析をする。 ・動画を見る。（動画は1.5分程度） ・考えたことを隣の人と共有する。 ・再度動画を見る。1人ひとりの行動記録を記入する。 ・分析結果とそこから気づいたこと、考えたことを書く。 ・最後にもう一度動画を見る。 ・グループ（4人）で共有し、結果を発表する。
		自分の家事参加について考え、暮らしにかかわる仕事を知る	○「家事育児100のタスク」を見て、次のことを確認する。 ・高校生の今、自分が実践していること。 ・子どもにかかわるタスクがどれくらいあるか数える。 ・この学習を通して一番考えたことを各自記述する。
2	2	自分自身が将来どんな暮らしをしたいか考える	○将来の暮らしについて、仕事、趣味、パートナー、子ども、住まいなどイメージしてみる。
		家庭生活と仕事の現状をデータから読み取る	○日本の現状を把握するためのデータを読む。 ・データから日本の現状を把握し、自分たちが望む暮らしを実現するときの問題点、課題を考え、個人でまとめる。 ・グループで共有する。 ・どのような解決策があるか、各自で考える。 ・グループで共有する。
3	3	自分が望む暮らし方を実現する方法を考える	クラス全体で問題点や課題、それに対する改善や解決の方法を共有する。 ○ミニ個人探究をする。 「自分が望む暮らし方を実現できる社会はどうあったらよいだろう〜仕事もしながら家庭生活も充実させるために〜」 ・テーマを決める。 ・情報を収集する。 ・まとめる。
4	4	自分の将来をイメージしながら、これからの社会について考える	・個人調査を共有する。 ・映像『男性だって育児休暇』を視聴する。（20年前に育児休暇を取得した男性教員の家族の一日を取材した地元の番組） ・授業全体を通しての考えをまとめる。

4 授業風景

1時間目 ① クレヨンしんちゃんの事例から、家事育児、家族のあり方を考える

　まず授業の導入として、アニメ「クレヨンしんちゃん」の動画を視聴した。2分程度の動画で、朝、母であるみさえが起床し、しんのすけを幼稚園まで送り届けるまでの朝支度の様子を描いた場面である。（出典は映画『クレヨンしんちゃん伝説を呼ぶブリブリ3分ポッキリ大進撃』(2005)）おなじみのキャラクターなので、反応がよく、思ったことを口々に言いながら、笑いもありながらの視聴となった。次に、隣席の者と2人で、動画を見た感想を1分伝え合う。その後、もう一度視聴し、ワークシートに慌ただしく

い朝支度の中、誰がどう動いてるのか、その行動を登場人物ごとに整理した。

更に、確認のため、もう一度動画を視聴した。その後、4人グループになり、分析結果を共有、そこから見えてきたことをホワイトボードにまとめ、発表を行った。行動に関しては、みさえはすべての家事を1人でやっていて負担が大きいこと、朝食すらも食べていないこと、夫のひろしは自分の事以外は何もしていないことが挙げられた。子のしんのすけは5歳なのに身の回りのことを何もしないことが明らかになった。そこから一歩進んで、「家事は分担すべき、自分のことは自分ですべき」とまとめるグループもあった。

▲分析結果のホワイトボード記入例

② 暮らしや子育てにかかわる仕事の量ってどれくらいあるの？

その後、日常の暮らしや子育てにかかわる仕事はどれくらいあるのかを、数量的・視覚的につかむために、「共働き家事育児100タスク（『AERA』2016年5月30日号掲載）を授業者から提示した。

「①高校生の自分がやっていることに○をつけカウントする」「②子育てに関する事柄に○をつけ、カウントする」という作業を行った。100個あるうちの40個弱は子育てに関する事柄であることや自分自身はほんの数個しか携わっていないことに気づいたようだ。最後に「今日の授業で一番考えたこと」として振り返りを行った。自分自身の自立の必要性、自分を支えている人への感謝、子育て世代への理解などの記述があった。さらにパートナーシップのあり方まで考えた生徒もおり、動画視聴と家事育児タスクの把握をする活動から多くのことを考えたようだ。

● 生徒のワークシートの記述から

・今自分がやっていることの少なさに驚いた。普段忙しいから家事なんてできない、と決めつけていたところがあったが、短時間でできることがたくさんあることに気づいたので、自分も家族の一員として家事の一部はやっていこうと思った。家事はほとんど母がやっているが、母は仕事が大変で帰りも遅い上に、こんなにたくさんのことをやっているのかと驚いた。空いている時間に少しでも負担を軽くしてあげたい。（男子）
・誰かがやらないとまわらない家の仕事はたくさんあるのだと気づきました。自分のことは自分でする（起床やふとんなど）という原則の上で、誰がどうやってみんなのための仕事をするのか、家族で話し合うことが大切なのだと思った。（女子）
・自分の生活は誰かの支えがあってできていて、その支えは自分の目には見えないようなところで、たくさんされているのだなと思った。少しでも自分でできることは自分から積極的にしていきたい。（男子）

2時間目　日本の現状を知る

1時間目に生徒が活動を通して考えたことは生徒自身を振り返る思いや意見が多かったが、発展的意見として、「妻は家事、夫は仕事という日本の前時代的な慣習が残っている」や「長時間労働」について日本社会の現状に言及する生徒もいた。そこで、2時間目は仕事や家庭生活の現状が見て取れるデータを授業者から提示し、生徒が現状を知る、考える時間とした。少しでも自分事として捉えられるよう、データを

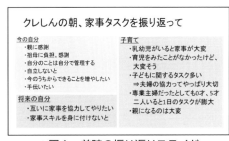

▲図1　前時の振り返りスライド

提示する前に、「あなたが希望する将来の暮らし」として自分自身のことを考える時間をとった。その後、データをスライドとワークシートを使って提示し、ひとつのデータにつき2〜3分程度の時間で、授業者から少しの解説を加えながら、確認していった。データは教科書や資料集にも掲載されている以下の8項目を示した。

＜提示したデータ＞

①共働き世帯と専業主婦世帯の推移　②夫婦が仕事と家事に費やす時間比較、国際比較

③労働力人口と労働力率の見通し　④女性の労働力率（性・年齢別、国際比較）

⑤生涯賃金の変化　⑥女性の生涯収入の差　⑥男性の育休取得率と日数

⑦諸外国の国会議員に占める女性割合の推移　⑧長時間労働者（週49時間以上）の割合の国際比較

さらに、なぜ諸外国では男性の家事育児参加が可能になっているのかを生徒がイメージしやすいように、北欧の男性の子育てを紹介する映像（3分）を視聴した。

その後、授業者が「自分が望む暮らし方を実現するためには、何が問題や課題になってくるだろうか？」の問いを提示した。生徒は各自で考えた後、グループで共有し、黒板に記入した。

▲生徒が黒板に記載した問題点や課題

最後に、「仕事も家庭生活も両立して、自分が望む暮らしを実現する社会はどうあるべきか、どうしたらよいか」を各自で考え、ワークシートに記入して、2時間目は終了した。

3時間目　自分が望む暮らし方を実現する方法を考える（ミニ個人探究）

3時間目は調査活動がしやすいように、授業の会場を図書室に移した。まず、前時の話し合いの結果や、個人が考えた改善や解決の方法を、授業者がプリントにまとめたものを配付し、クラス全体で問題点や課題、それに対する改善や解決の方法を共有した（表1）。

その後、授業者がワークシートを配付し、大テーマ「自分が望む暮らし方を実現できる社会はどうあったらよいだろう〜仕事もしながら家庭生活も充実させるために〜」を示し、個人での探究活動を行うことを伝えた。これまでの学習では、

▲図書室で調査活動

仕事や家庭を取り巻く現状の概要を一方的に伝達しただけであることや、自分たちの考えはまとめたが実社会はどうなっているのかは確認できていないことを伝え、自分自身で知りたいことをテーマに個人調査をするよう促した。ワークシートにはまとめる際に必要な項目『「テーマ」「（1）現状…どうなっているか」「（2）問題点…何が問題か」「（3）改善・解決案…何をどうしたらよいか」』を明記し、調査の手立てを明確にした。補足として「自分で情報を手に入れて、自分が判断すること」「生の声もあるとよい（インタビューなど）」「データの出典を記載する」ことも記載した。その後生徒は、図書室内で、図書資料やタブレットを利用して情報収集を行った。40分程度の活動時間だったため、残りは宿題とした。

表1　課題や問題点、解決策の共有資料
（あるクラスの例。生徒がワークシートに記入した内容のすべてを授業者が資料にした）

1人1人が仕事も家庭も両立して自分が望む暮らし方を実現するために

【何が問題？課題？】
・長時間労働によって仕事ばかりの生活になること。健康にも影響を及ぼすこと
・高齢化によって、多くの高齢者を養わなければならないこと
・収入が減り、自分の趣味にお金を費やせなくなること
・年収の低下と物価の上昇
・男性が育児休暇をとれないこと
・収入の安定（経済面結構大事）
・女性の晩婚化
・休みが少ない
・政府が子育てをする人のことについてあまり考えられていない。
・帰りたいとき（子どもの迎えなど）帰れるか。
・育児休暇後復帰したとき、周りの環境がいいか、悪いか。
・家事・育児・仕事の両立には時間がなさ過ぎる。でも、3つとも生活をする上では譲れないものだから、働き方改革や幼・保施設の整備・子育て世代への制度は大事。

・自律心
・効率の悪い働き方。生産性が低そう。
・国会議員に女性が少ないので、女性に優しい政策が少なそう。
・男性も育児休暇制度を使えるのに、頭の固い上司に当たったら嫌みを言われ、取得できなそう。
・男性の育児時間が少ない
・日本は休みが取りにくいという風潮
・少子化で働き手が不足するので、長時間労働を強要される。
・日本は忙しすぎる
・家事・育児＝女性の考えがまだある。
・学費が高い。
・年金制度や増税

【解決の方法】
＜個人レベル＞
□男性の家事参加
□仕事の効率化
□本当に男性の育児がいいのか？
□自分が仕事と家庭生活の切り替えや仕事の質を上げる
□ワークライフバランス
□ブラック企業に就職しないことかな
□家事を分担する
□小さいことでもいいから、男性も積極的に育児し、女性の負担を減らそうという考えをもつようになる
□団らんの時間を決めて絶対に守る
□就職先の吟味
□今のうちから貯金
□互いにストレスなく生活していける結婚相手を見つける
□祖父、祖母を頼る
□効率よく家事や仕事をできるようにする
□家事が好きな人と結婚してちゃんと分担する
□女性や共働き世帯のことをよく考えている政党に投票する（選挙）
□三世代で住む
□日本では家事・育児は女性がするものという偏見があるので、なくしていく。

＜企業、地域、国の社会システム＞
□女性の働きやすい環境
□政治に頑張ってもらう
□男性が育休をとることができる環境をつくる
□男性の長時間労働や育休をとらないという風潮を変える。
□地域や社会全体で仕事も家庭生活も両立できるような考え方を共有する
□男性が育児をしやすいように国が法律を整える。
□企業側も積極的に育児休暇を取れるようにする。
□休みを増やす
□賃金を上げる
□子育て支援の法律を整備する
□始業時間（学校、企業）を遅くすればいい
□政府の税金の使い方が問題
□長時間労働を減らす取り組みや政策を作っていく
□働く時間を短くして、給料を増やす
□もっと政治に女性の意見を取り入れて、男女の平等を目指す
□休暇を取りやすくする
□セクハラをする部長や課長を撲滅
□家でできる仕事は家でやってもいい制度
□男女が同じように扱われる社会を目指す。（育休、収入、家事）
□女性の政治家が増えるようにする。
□やっぱり働き方改革

4時間目　自分の将来をイメージしながら、これからの社会について考える

まず、個人探究レポートを4人グループで共有する時間を取った。1人あたり2分半〜3分を持ち時間として、その内容を説明しあった。ワークシートを配付し、メモを取ることをも促した。

次に、仕事と家庭（家事育児）を両立させている個人や家族での取り組み例として、20年前に福井県で育児休暇を取得した男性教員の１日を映像で視聴した（『幼児の世界「パパだって育児休業」1999』）。２歳、４歳の２人の子を持つ共働き夫婦がどのように家事育児を行っているか、大変興味深いようで、生徒は集中して視聴していた。

その後、授業者から、個人の意思があるから社会は変わっていく、社会のシステムを個人、地域、企業、国が協働して作っていく必要があることなどの話をした。最後に、今回の題材を通しての振り返りとまとめとして、「仕事と家庭、ともに豊かに充実させるにはどうしたらよいだろう。自分自身のこれからのことを含め、あなたの考えを整理しよう」をテーマにレポートを作成し、学習を終えた。

- 育児休業制度はどうなっているのか
- 男性の育児休暇の取得状況
- 日本はなぜ忙しすぎるのか？
- ブラック企業とは
- 仕事と育児の両立
- 少子化・情報化が子どもに与える影響
- 待機児童問題について
- 女性の政治家が少ない理由　　など

図２　テーマ例

（1年　　　　　）ワークシート4

【ミニ個人探究】自分が望む暮らし方を実現できる社会はどうあったらよいだろう
～仕事もしながら家庭生活も充実させるために～

(1)現状…どうなっているか　(2) 問題点…何が問題か　(3) 改善・解決案…何をどうしたらよいか　(4)感想

＊自分で情報を手に入れし、自分が判断する

＊データの出典を記載する

個人調査テーマ：晩婚化

テーマ設定の理由：芸能人の結婚のニュースを聞く度に、晩婚化という言葉が頭にちらつくようになった。そして、「そもそも晩婚化って何だろう？」と思うようになり、晩婚化について調べてみようと思った。

(0) 初めに

晩婚とは婚期を過ぎてから結婚することであり、晩婚化とは世界一般の平均初婚年齢が以前と比べて高くなることである。(Wikipediaより引用)

(1) 現状

平均初婚年齢は毎年0.1～0.3歳ずつ遅れている

	男性	女性
1970年	26.9歳	24.4歳
2015年	31.1歳	29.4歳

45年の間で男性は4.2歳女性は5.0歳遅くなっている

ちなみに…2011年の福井県の平均初婚年齢は男性：30.3歳，女性：28.8歳（厚生労働省HPより）

＜晩婚化が進行している理由（諸説アリ）＞

①日本の不況

・不況→収入不安定・将来への不安→結婚して養える自信がない

→男性が結婚から距離を置くように

＋

・終身雇用・年功序列→成果主義へと変化

→「いつリストラされるか…」→「仕事が安定してから」と思う人が増加

②女性の社会進出

→女性が社会的に自立しやすくなった

↓

給料㊒，やりがい㊒⇒結婚を急がなくても生きていけるように

結婚や出産・子育ては仕事への影響㊛⇒「やりきれるまで仕事を…」

③価値感の多様化

メディア・SNSの発展により多様な価値感が広がった

「結婚が全てではない」「結婚よりやりたいことがある」

↓

結婚以外に重きを置く人が増加

など（https://uranaru.jp/topic/1047787　https://30kekkon.com/bankonka/ から引用）

(2) 問題点

①少子化を進行させる

晩婚化→平均初婚年齢↑→平均初産年齢も↑

年齢が上昇するにつれ出産のリスクが大きくなる

↓

出産を諦める夫婦が増加し、子供の数が減少⇒少子化が進行

女性の平均初産年齢	
1975年	25.7歳
2015年	30.7歳

②女性の社会進出が晩婚化を進める

(1)で述べたように女性の社会進出によって晩婚化が進行している

↓

現代の世の中は女性の社会進出促進に積極的

↓

今後も晩婚化は進んでいくだろう

晩婚化は近代化によって生まれた社会現象

(3) 改善・解決案（私個人の意見）

・(2)の①について

①医療の発展

高齢出産で有りうるリスクを医療の発展で取り除けるようにする

もしものときに、母子両方の命を助ける医療を開発

→出産を諦めなくてもよくなる

・(2)の②について

①結婚での仕事への影響を小さくする

例）女性が名字を変えなくてもよくする

②女性が結婚しやすい，子育てしやすい職場作りを進める

例）育児休暇を取得しやすくする（特に男性）

職場に子供の待機所（預ってくれるところ）を作る

「我々にできることは少ないって政府や企業に任せとけばいいんじゃね？」

↓

そんなことはない

もちろん国や企業が動かないと晩婚化の進行を遅らせることは不可能

しかしそのためには我々が国や企業に協力することが大事!!

「自分には関係ない」そう思うのではなく晩婚化を「自分のこと」と捉える．

それが晩婚化の進行を止める第一歩になるのでは？（私個人の意見です）

(4) 感想

私はニュースとかで晩婚化という言葉を耳にすることが多くて，この言葉について調べてみることにしました。今回を通じて改めて晩婚化は他人事ではないと思いました。まだ私たちにとって結婚は遠い存在ではありますが，だからと言って放っておくのではなく今のうちから少しずつ考えておくことが大切だと思います。日本全体で晩婚化を食い止めようと協力していけるようになるといいなと思いました。

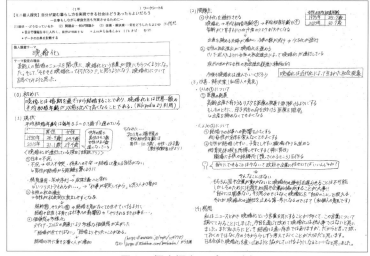

図３　個人探究レポート例

5　授業の分析・評価

生徒の授業後の振り返りから読み取ると、テーマを自分事としてとらえていることと４つの学習目標は一定程度達成しているように感じた。さらに、生徒一人ひとりの本実践が生徒にとってどのような学びになっていたかを見てみると、大枠として以下のようにまとめられる。（次頁「授業の振り返り」参照）。①の生徒は将来の自分は親と同じような人生を歩むと思い込んでいたが、この学習を通して将来仕事と家庭の両立は可能で自身の夢は叶えられるという希望を持つに至っていた。②の生徒からは主権者意識の醸成が見て取れる。意見を表明することの重要さが述べられている。③の生徒からは人権の基本理念とも言える記述があり、今回の題材は人権問題でもあることへの気づきが伺えた。④の生徒はこの授業を通して見えてきた社会の偏りについての気づきが述べられており、さらには自分たちが行動していくという主体的な意識が見られた。

● 題材を通して考えたこと（振り返り）

①自分の叶えたい将来に向けて、将来どうするのがよいか深く考えさせられた。私は将来は養護教諭になり、結婚をして子どもも2、3人は欲しいと思っている。母は常々「働きながら子育てなんて余程体力がないと無理」と言っていたので、一生懸命勉強をして夢を叶えたとしても子どもも産めば専業主婦にならざるを得ないと思っていた。しかし、自分で調べてレポートにまとめたり、ビデオを見たりするなかで、パートナーとの協力と子どもの成長を見守れることの喜びがあれば不可能ではないと思った。（中略）将来結婚したら、よく話し合って両方が納得できるような家事・育児の分担を見つけたい。（女子）

②政治で進められていく政策などの考え方と、個人個人の考え方の間に差があると思います。その差をうめるためには、自分や女性の社会参画に賛成だろうと反対だろうと、自分の意見や考えを伝えなければいけないと思います。そのひとつの方法、手段が選挙だと思います。選挙における投票率が低下することは政府に声が届きにくくなってしまうことに直結すると思います。さらに、選挙に投票に行くということは、自分たちの生活や政策、未来について考えることにつながるので、皆の意識も高まると思います。私はまだ15歳だけれども、選挙に行く年齢になったら、必ず行きたいと思いました。（後略）（女子）

③別に男性が仕事で、女性が家事につきっきりという家庭があっても何の問題もないと思いますが、それは二人の同意によって成り立つものであることが最低条件であり、二人の思い込みや固定観念・地域、社会の暗黙の了解や風潮から押しつけられたように決定されたものであるならば、すぐに相談や変更を余儀なくすべきだと思います。まず、何より重要になってくるのは個人の意思であり、それが周囲の人間によってゆがめられるのはあってはいけないことで、尊重されるべきです。（後略）（女子）

④（前略）日本は男性、女性、仕事、家事、育児、正規労働者、非正規労働者等、そのそれぞれに壁があり偏りがあると感じた。男性は仕事、女性は家事という考え方が今も結構残っていて、どちらにも負担がかかっていて柔軟性にかけるやり方だと思いました。僕は将来そのような壁にしばりつけられるのではなく、パートナーがいるのであれば、お互い助け合って生活したい。日本は男女で共同して仕事、家事をしづらい社会なので、これからもっと多くの人が協力して誰もが住みやすい社会になれば良いなと思う。そのためにも若い自分たちから行動を起こしたい。（男子）

6　授業の振り返りと今後の課題

　授業を終えて、生徒の振り返りを読みながら、4時間で思考が深まるのだと驚きがあった。導入に使用した2つの教材は生徒の価値観をゆさぶり、自分自身の生活への気づきや、社会の風潮をも気づかせる力があった。この教材のおかげで、生徒はスムーズに思考していったように思う。生徒の思考を深める良質な「問い」と「教材」を今後も探していきたい。この授業後実施した調理実習では、生徒の実習への取り組む姿が一人ひとりがいつになく意欲的だった。高校生が将来に向けて自立を意識する機会にもなったようだ。一方、課題もある。個人探究レポートを作成に際しての環境づくりである。作成時間が短く手書き作成だったため、生徒も知りたいことをとことん調べ尽くすことはできなかったようだ。今後は、学習支援システムなどICTの活用により、短時間でも生徒にとって有意義な学習となるよう工夫していきたい。その際には道具に振り回されないよう、学びの本質を大事にしながら取り組んでいかなければならないだろう。先日、人権教育関連の講演で印象に残った言葉がある。「人権問題でも何でも知識と認識がないと是正できない」「他人事を自分事にする秘訣は自分だったらと想像すること」。家庭科の学び方そのものと感じた。大事にしていきたい。

（大嶋　佳子）

和食を未来につなぐために
―フィッシュボーンで思考を深める―

探究的な学びを深める手立て：1）毎時間の思考をつなぐワークシートの工夫
　　　　　　　　　　　　　　　　2）五感を伴って実感する体験的な授業
Keyword：食文化、和食とだし、地産地消、味覚教育、フィッシュボーン

1　授業づくりにあたって

　日本は世界からも長寿国として注目され、それは和食の影響も大きいと考えられる。また、和食はユネスコの無形文化遺産に登録され、世界的にも和食のよさについて注目を集めている。米飯を主食として多様な食品を使う和食は栄養バランスもよく、将来にわたって健康に生活するためにも自分の食生活に取り入れていってほしい食事の形態である。

　また、自分の住む自然環境を大切に、自然が生み出す山の幸、海の幸を上手に活用し、それらの食材を無駄なく使う和食は、まさに、国連が提案したSDGsを可能にする料理だと言える。それぞれの地域における環境、食文化、栄養、健康等、多彩な内容を包含した新たな和食文化の継承が望まれる。

　しかし現在の日本は、外食産業の発達、レトルト食品や冷凍食品等の調理済み食品の増加により、地域で得られる食材を利用して家庭で調理する機会も減ってきており、親から子へ、人から人へと受け継がれてきた地域の食文化が失われつつあるのが現状である。本校の実態調査では、日本の食文化のよさとして、栄養バランスや健康を挙げる生徒が多かったが、行事や季節とのかかわり、伝統・文化、おもてなしの心について挙げる生徒は少なかった。また、日本の食文化を取り入れた生活をしていると感じている生徒は74％いたが一方で、日本の食文化について気にしたことがない、考えたことがないと答える生徒が25％、家庭の味噌汁のだしの53％が顆粒だしを使っており、だしの取り方を知らない生徒も36％いた。

　そこで、地域の食材や日本の食文化の特徴について学び、地域の食材を用いた和食の調理を行うことで、日本の食文化を継承していこうとする生徒を育てたいと考えた。

　本題材では、大きく分けて三つの学習内容を考えている。1つ目は、和食が世界で注目されている理由に目を向け、日本の食文化のよさや知恵を理解する。2つ目は富山になじみの深い「昆布」や「にぼし」を用いて、和食の基本となるだしをとり、五感を使って味わう味覚教育。3つ目は日本の食文化から学んだ食生活の技や知恵を自らの生活に取り入れ、日本の食文化を未来につなげていこうとする視野の広がりをもたせる内容である。

　これらの学習を通して、だしのとり方や地域の食文化等の基本的な知識や技術を身につけるとともに、世界に誇れる日本の食文化のよさに気づかせ、未来へつなげていこうとする実践意欲を育みたい。

2　授業設計の視点

（1）学びの構造図

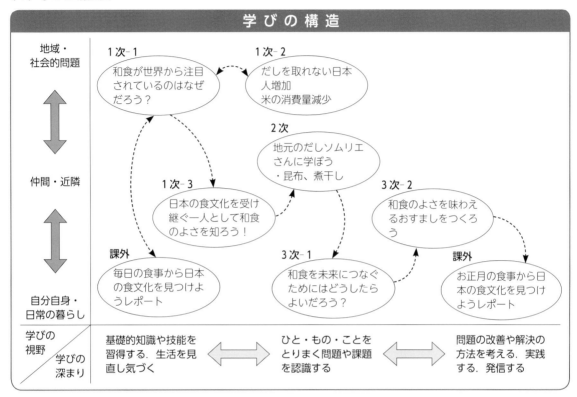

学びの構造

（2）授業の構想

　①和食が世界無形文化遺産に選ばれたことから、なぜ和食が世界に注目されているかを考える。一方でだしを取れない日本人、和食職人の減少、米の消費が減少傾向にある日本のデータ等を示し、和食がこのまま受け継ぐことができなくなるかもしれないという問題意識をもつ。また、自分も日本人の一人として和食を受け継いでいくにはどうしたらよいだろうかという、4時間を貫く課題設定をする。

　②だしソムリエでもあり、地元で100年余り続く煮干し屋を営む職人さんから、地元でとれる煮干し、富山県になじみ深い昆布についてお話を聞く。地元食材のよさ、職人さんとしてどんな思いで煮干しを加工しておられるか、だしの飲み比べ、出し殻を利用した環境に優しい料理の紹介と試食等を通して、改めて地元食材や和食のよさ、日本の伝統文化を受け継ぐ人々の思いに気づく。

　③これまで気づき、学んできた和食のよさを未来につなぐためにはどうしたらよいだろうか？と新たな課題を設定し、話し合い活動を行う。自らも和食を未来につないでいく一人として考えを深める。

　④これまで学んできた和食のよさを感じられるおすましを調理実習でつくり、お世話になっている先生方におもてなしする。地元食材を用いたり五感を意識して食感、温度、味覚等を工夫したりする。自らも簡単に作ることができる、おもてなしした相手に喜んでもらえる経験から、これからの自らの生活に活かしていこうとする意欲や態度につなげていく。

3 授業計画

（1）**題材名**　和食を未来につなぐために

（2）**実践校・対象学年**　富山市立興南中学校 2 年生

（3）**実施時期**　2018年 9 月～10月

（4）**学習目標**

　　○日本の食文化を継承しようとする態度を身につける。

　　　日本の食文化の特徴を理解し、日本の食文化を未来につなげるための食生活の工夫ができる。

　　○地域の食材を用いた和食の調理が適切にできる。

　　○日本や地域の食文化について理解することができる。

（5）**学習構成（全 4 時間）**

次	時	テーマ	学習内容
1	1	日本の食文化が世界で注目されているのはなぜだろう	・なぜ和食がユネスコ世界無形文化遺産に選ばれたのか、国外の和食ブームのニュースを取り上げ、和食が世界で人気を集めている理由について考える。 ・食品別摂取量の年次推移でデータから、米や魚の消費量が減り、脂肪が増えていることを知る。 ・だしをとれない日本人のデータや、自分たちの実態調査から、和食離れの実態を知り、「このままでよいのだろうか？」という、危機感をもつ。 ・本時を通して分かった日本の食文化のよさを付箋に書き、ワークシートフィッシュボーンに貼る。（1 回目） ・毎日の食事から日本の食文化を見つけよう。（課外）
2	2	だしソムリエさんに学ぼう	・和食の基本、だしについて知るため、だしソムリエのお話を聞く。（富山と昆布のつながりや歴史、地元食材煮干しパワー、地元食材を作る職人さんの工夫・思い等） ・味覚教育「だしの試飲」（昆布、煮干し、混合だしのみ比べ）を行い、五感を通して感じたことをワークシートに書く。 ・煮干しのだしがらを使った料理を味わい、食材を余すことなく食す料理の工夫について知る。 ・本時を通して分かった日本の食文化のよさを付箋に書き、ワークシートフィッシュボーンに貼る。（2 回目）
3	3	日本の食文化を未来につなげるためにはどうしたらよいだろう	・だしを用いたおすましを五感を使って味わい、料理人が行った工夫について考え、話し合う。 ・おすましを味わい、話し合って分かった日本の食文化のよさを付箋に書き、ワークシートフィッシュボーンに貼る。（3 回目） ・これまで書いた思考ツールフィッシュボーンをもう一度見直し、日本の食文化を未来につなげるためにできることについて話し合う。
	4	和食でおもてなししよう	・友達や先生方を和食でおもてなししよう。 ・これまで学んできた和食のよさを生かして汁物の調理をしよう。

4　授業風景

1次　日本の食文化が世界で注目されているのはなぜだろう。

　和食がユネスコ世界無形文化遺産に選ばれ、世界では和食に注目が集まる一方、若者たちの和食離れが進んでいる。日本の宝物である和食文化が失われつつある危機感こそが和食を未来につなげていきたい思いにつながるのではないかと考えた。そこで、生徒の実態調査の結果や国外の和食ブームによるレストランの増加数、食品別摂取量の年次推移、だしをとれない日本人等のデータを提示した。世界の注目度と比較し、自分達がその価値についてあまり実感していないことから、「このままでよいのだろうか？」「日本人として日本の食文化についてもっと詳しくなっていこう。」と生徒に投げかけ、課題設定につなげた。

　また、自身の生活の中にどのくらい日本の食文化が根づいているのか知るため、「毎日の食事から日本の食文化を見つけよう」レポート（夏季休業中課題）を基に情報交換を行った。レポートでは、3食の食事に味噌や醤油等の日本特有の調味料が使われていること、煮物や刺身等の調理法、そうめんは行事食であること、挨拶や調理道具、行儀作法等さまざまな点から日本の食文化のよさが出た。普段当たり前のように行っていたことが実は日本の食文化の良さであることに改めて気づいた様子だった。

　日本の食文化のよさについてまとめる際には、フィッシュボーンを活用した。フィッシュボーンには和食がユネスコの無形文化遺産に登録された視点を踏まえて、6項目（食材、季節・行事、技術、健康、伝統・文化、おもてなし）を提示した。また、このフィッシュボーンは1〜4時間を通して板書とワークシートで使用し、毎時間の気づきを付箋に書き、色を変えて追加していく形式とした。

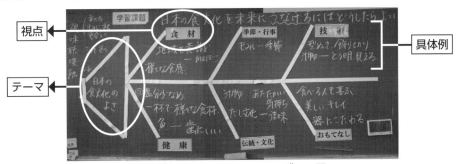

▲思考ツール：フィッシュ・ボーン図

　魚の骨のような形をした「フィッシュ・ボーン図」は問題となっていることの原因の解決策を考え、自分の考えについて理由や根拠を整理するのに役立つツールである。魚の骨（ほね）のような形をした「フィッシュ・ボーン図」は頭に「テーマ」、中骨に「視点」、内側の小骨に「具体例」を書いて使う。問題の原因を洗い出して解決策を考えたり、自分の考えについて、理由を洗い出して説明したりするのに便利である。今回のテーマは「日本の食文化のよさとは」という課題を頭に記入した。中骨にはユネスコの無形文化遺産に選ばれた理由から「食材」「健康」「技」「伝統・文化」「おもてなし」「季節・行事」といった6つの視点を提示した。そして内側の小骨に「日本には四季折々の行事食がある」「盛り付けやお皿等の工夫によっておもてなしの心を表現している」というような授業や話合いを通して気づいた理由をより具体的に説明する「根拠」を書いていった。図にまとめることで、自分の考えに対して6つの視点から、理由と根拠を整理して示すことができた。

また、生徒の発言も、より6つの視点に沿ったものとなり、どの生徒にとっても発表の方向が分かりやすいものとなった。

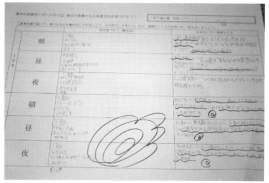

▲日本の食文化を見つけようレポート（課外）▶

2次　だしソムリエさんに学ぼう

地元で100年あまり続く海産物製造業を営み、かつ、だしソムリエのゲストティーチャーを招き、授業を行った。煮干しができるまでの工程、地元の氷見漁港でとれる鰯は他の漁場でとれるものよりも栄養価が高いこと、定置網漁で漁を行っているため魚にとってもストレスがないこと、無駄に乱獲しない環境に優しい漁をしていること等を学んだ。鰯そのものの味がよいため、塩以外の添加物がないことや職人さんとして是非この味を受け継ぎ、味わってほしいという思いを話された。

講演後、職人さんの手によってつくられた氷見産の煮干しを全員で試食した。煮干しをそのままかじる経験の少ない子どもたちだったが、予想に反して「おいしい！」と言って食べていた。

また、こんぶだし、煮干しだし、混合だしの3種類のだしを五感を使って味わい、それぞれの違いについて考えた。だしの種類による味覚、嗅覚の違いや相乗効果について実感した様子だった。

● 授業後のワークシートの記述より

・私は煮干しやだしについてよく知らなかったのですが、今回いろいろな汁を飲み比べした時にけっこう味やうま味が変化していてびっくりしました。煮干しはカルシウムが入っていて健康にも良くてスーパーフードだと思いました。
・日本の食文化っていいなと思いました。だしのない味噌汁をのんでも全然おいしくなくて、だしは大事なのだと実感しました。また、ソムリエさんが「食を通して絆を深める」といった大切さを学んだのでこの文化を守っていきたいなと思いました。

▲煮干しと煮干しのだしがらを使った料理

▲煮干しの料理に興味津々

▲五感を使ってだしを味わう

3次　日本の食文化を未来につなげるためにはどうしたらよいだろう。

　まず初めに、教師の方で用意した蓋つきのお椀に盛られたすまし汁を試食し、五感を使って味わい、料理人（授業者）がどのような工夫をしたか推理した。

● 実際の授業でのやりとりから

> Ｔ ：一杯のすまし汁に料理人はどんな工夫をしたと思う？
> Ｓ1：小松菜の色がとてもきれいで、音もシャキシャキした。色をよくするために塩を入れたり、食感を喜ば
> 　　せるためにゆで時間を工夫したりしたのではないかな。
> Ｓ2：食感ではシャキシャキの他に、飾りの麩のフニャとした柔らかい食感もあった。色んな食感を味わえる
> 　　ようにした。富山の渦巻きかまぼこも入れて、富山らしさも表現したと思います。
> Ｓ3：だしが、昆布と鰹節の香りがしたから、合わせだしにしたのではないかな。蓋付きの器だから冷めにく
> 　　くしたり、開けたときに香りがするように工夫したりしたのではないかな。
> Ｓ4：かまぼこの紅白、小松菜の緑、飾り麩の模様等、見た目にこだわったと思います。紅葉の型に抜かれた
> 　　紅葉で秋の感じを出したかったのではないかな。

　どの生徒も運ばれてくる蓋付きのお椀の中身に興味津々の様子で、蓋を開けた瞬間「わあ！」という声があがった。これまで学んできた和食の良さの6つの視点に照らし合わせながら、1杯のすまし汁に込められた願いや工夫を考えていた。この体験を通して、さらに気づいた日本の食文化のよさについて気づいたことをワークシートのフィッシュボーンに書き足していった。

　次にこれまでの学んだ足跡がたくさん残っているフィッシュボーンを再度眺め、日本の食文化を未来につなぐために自分が取り組んでいきたいこととその理由を書いて発表した。改めて日本の食文化のよさに気づき、自らもそれを受け継いでいく一人として、自分にできることを考えていた。なぜそれに取り組みたいのか理由を書かせることで、自分の中にある日本人としての自覚、これまでの学習に裏付けられた知識や思い等、自分自身が気づくことでき、より思考が深まる契機となった。

● ワークシートの記述から

【取り組みたいこと】	【理由】
ご飯を見た時、食べる前に一体どんな食材を使い、どんな工夫がしてあるのかちょっと考える。	料理の工夫や食材を考えることでもっとおいしく食べられるはず。日本食以外でも五感を喜ばせる工夫が色々してあるはずだ。
【取り組みたいこと】	【理由】
粉ではなく本物の食材を使ってだしをとり、味噌汁を作れるようになる！	家では粉のだしだけれど、実際の本物のだしの方がおいしく感じる。それに自分でつくることでもっと日本の食文化を感じてみたいと思います。
【取り組みたいこと】	【理由】
旬の食材が分かるようになりたい。季節に合った料理を作れるようになりたい。	旬の食材を知ることで四季を楽しめるし、一番おいしい時期に食べたいから。また、季節によって気温も変わるから温かいもの、冷たいもの等も考えることによってよりおいしく感じるから。

4 　和食でおもてなししよう

　これまで学んだ技と知識と知恵を使って、「和食のよさを味わえるすまし汁を作って先生や友達をもてなそう」をテーマに調理実習を行った。材料は3時間目に教師が師範で作ったすまし汁と同じものを用意した。だしは昆布と鰹節の混合だし、小松菜と人参は地元でとれたものを、かまぼこと飾り麩は地域のお店で作られているものを用意した。「和食のよさ」については、各班で考え、工夫して調理するように促した。「和食のよさ」として各班でだしこんぶ、鰹節のだしがらと人参の余りを使ってきんぴらを作り、余すことなく材料を使い切る班や、人参を型抜きを使って飾り切りし、視覚にこだわる、小松菜の茹で加減をシャシャキにするために時間をはかる、汁の実が浮いてこないようにそっとだし汁を注ぐ、汁の実を見栄え良く配置する、汁が冷めないようにぎりぎりまでふたをして保温する班等、さまざまな工夫が見られた。

◀昆布と人参のあまりで作ったきんぴらで、食材を余すことなく使う工夫

視覚にこだわった汁物▲

◀彩りがよくなるように盛り付けを慎重に行う生徒

5 　授業の分析・評価

○毎時間の思考をつなぐワークシートの工夫（フィッシュボーン）

　本授業は1時間目から4時間目まで生徒の思考の流れを大切につないでいきたいと考えた。そのため、毎回同じワークシートを用い、フィッシュボーンを書き加えるときには付箋を用いて色を変えて書き足していく形式とした。このことによって、生徒はワークシートを広げるだけで自然と前時の課題を振り返りながらスムーズに学習に入ることができた。また、1時間ごとに学びの足跡が増えていくのが目に見えて分かるメリットもある。また、授業前の日本の食文化についての考えをBEFOREに、4時間を経て考えたことを AFTER に記入し見比べることで自身の成長を実感できる工夫をした。

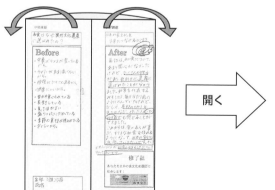

開く

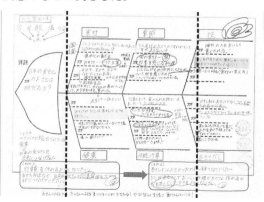

○五感を伴って実感する体験的な授業

　和食のよさをどれだけイメージで話し合ってもやはり実感として伴うことは難しい。2～4時間目にもの作りの体験（効きだし、お吸い物を五感で味わう、調理実習等）を徐々に体験を重ねることで和食のよさが、実感を伴った理解となっていった。また、「毎日の食事から日本の食文化を見つけよう」レポート、「我が家のお正月から日本の食文化について調べよう」レポートを行ったことで日本の食文化を「自分事」としてとらえる契機となった。

6　授業の振り返りと今後の課題

毎年何も考えずにお雑煮を見てきたが、今回詳しく調査してみると、我が家のお雑煮の食材は 季節 の食材や富山県産、日本産の 食材 にこだわってるということが分かりました。また、家族の 健康 を考えて作っていたり、いつもはほんだしを使っているのに お正月 は特別に昆布 だし をとったりしているということも知りました。このように普段何気なく見たり食べたりしているものを詳しく調べることは面白いし、大切なことだなと思いました。　　　　　　　　　　　　　　　　　　　　　　　　　　　　　（冬休みの課題レポート）

日本の食文化は私が思っていたより深かったです。何気なく飲んでいた味噌汁等も、今味わって飲んでみるととてもおいしく感じます。 これは鰹だしかな？昆布かな？と考えながら飲むようになりました。 やはり日本に生まれたからには日本食を大切にしていくべきだと思いました。手間はかかるけれどおいしいこの味を未来に 残したい です。　　　　　　　　　　　　　　　　　　　　　　　　　（ワークシート：AFTER）

ただ食べるだけの日本料理だけではなく、見た時の喜びや 伝統 を守り続けるためや 健康 を考えた文化なのだと感じました。そんな文化のある日本に生まれてよかったと思うし、とても幸せなんだと感じました。昔からずっと伝え続けられてきた箸や食べ方のルールや「いただきます」の言葉等、昔の人が伝え続けてきてくれた文化を私たちも 守り抜いて いかなければならないと思いました。食べ物に対する気持ちやありがたみを次の世代に繋げて、国を超えて世界中に「いただきます」の言葉や意味が広まってほしいと思いました。　　　　　　　　　　　　　　　　　　　　　　　　　　　　　（ワークシート：AFTER）

　この感想の中には、日本の食文化のよさとして学んできた季節、食材、行事、健康、技、おもてなし等の視点が書かれており、いつも何気なく食べていた和食をさまざまな角度から捉えなおし、そのよさを実感できた様子が伝わってくる。また、学習前はどこか自分事としてとらえきれなかった日本の食文化について、自らが主体者となって「受け継いでいきたい」という気持ちが芽生えていることを授業者として嬉しく感じる。しかし、伝統を本当の意味で継承しようとする実践意欲や態度は一朝一夕にできるものではない。食の分野だけでなく、住居や衣生活、保育の分野とも横断的につなげ、層を重ねるようにして積み上げていく授業構成を今後は考えたい。また、問題解決のプロセスを大切にし、学んだことが本当の意味で自分の生活に落とし込まれていく授業を目指していきたい。　　　　　　　　　　　　　（山崎　陽江）

【参考文献】
田村学・黒上晴夫.(2017). こうすれば考える力がつく中学校思考ツール. 東京：小学館.

商品の選択と購入
―さまざまな立場と視点から情報をとらえる―

探究的な学びを深める手立て：1）消費行動を情報の発信・受け取りの両方の立場を通して情報の捉え方を深める。
　　　　　　　　　　　　　2）消費行動における意思決定の視点を広げる。
Keyword：情報の読み解き、批判的思考、多様な視点

1　授業づくりにあたって

　生活が便利になり、さまざまな物が以前よりも簡単にすぐに手に入る時代となった。しかし、その便利さの裏側には見えない仕組みがあり、さまざまなものとつながっている。そんな日常生活をもう一度じっくり見直し、簡単にすぐに手に入るからこそ考えなくてはならないことがあることに気づかせたいと思っている。スイッチを入れれば電気がつき、蛇口をひねれば水が出てくる。しかし、それには電力を作り、運ぶ仕組みと消費者としてそれを手に入れるための契約、支払いの責任がある。また、資源は有限であり、消費後もそれらを川や海、大気といった地球へ戻さなければならない。その最後までを考えて生活を送らなければ、持続可能な世界の存続は難しい。

　中学生の消費・環境の分野では、まず、基本となる契約や支払いについての基礎知識の整理とそれらを日常生活に結び付けて考えることを学ぶ。そのうえで、生徒にはこれまでの生活の中で知り得たさまざまな情報や知識を結び付け、自分自身の価値観を大切にしながら、持続可能な社会に向けて、責任ある選択をする力を培ってほしいと考えている。その際、大切なことはさまざまな視点から物事を見る力や、異なる考えを、単に排除したり受け入れるだけではなく、それを受け止める力である。さらには、それを自分自身の中で消化し、その場の状況に応じて判断、行動できることである。

　多様な視点は教師が一方的に説明するよりも生徒間でのやりとりから気づかせる方が望ましい。教師はそのための「場」作りとサポートに回りたい。生徒が自分自身の意見を持ち、それを言葉にする力とともにそれを聞く力、受け入れ、発展させる力につながる題材や授業展開を考えていきたい。

2　授業設計の視点

　日常生活で何となく過ごしている事がらを消費者という視点で見直すことが第一の目標である。これは、批判的思考力を養う第1歩である。例えば、商品ひとつを選択するにしても、生徒によって気づく視点、大切にしたい視点が異なる。これらはグループでの話し合いの中で議論となり、その話し合いの中で、視点が広がるとともに全体としての傾向と各自のこだわりが明らかになっていく。価値観について全員が同じ答えになることはないが、共通する何かは存在する。その共通することは、さまざまな場面において活用できることであり、今後の生活の中で活かされると思う。また、異なる考えだからといって排除するのではなく、認める、取り入れる、尊重する態度が育っていく。さらには、目の前にあることだけではなく、将来や世界といった時間的・空間的な側面も加えた決定をしてほしいと思う。最終的には自分自身の判断で権利と責任を果たせる大人をめざしたい。

（1）　学びの構造図

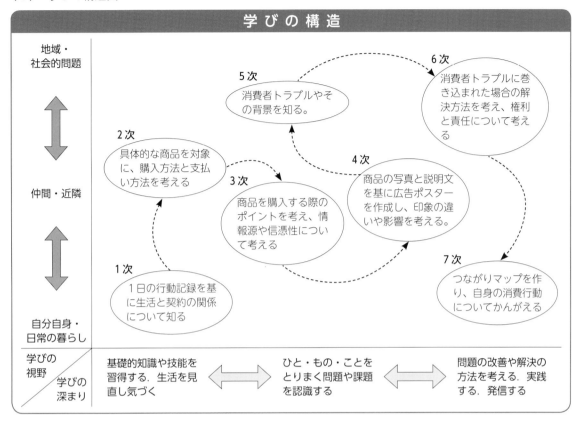

（2）　授業の構想

　まずは、普段の生活とこの単元内容の関連を押さえ、生徒自身の身近な問題であることに気づかせたい。

　そのために、第1次では、「契約」をキーワードに日常生活の見直しから始める。生徒の契約のイメージは、「家を買う」「お金を借りる」などの大事であるが、お菓子を買ったり、友達との口約束までが契約とかかわっていることで身近な問題とし、次への興味・関心をつなげる。

　商品の購入については何をどこで買い、どのような支払方法をとるかの選択がある。第2次から第4次では、それに関する知識と判断基準に焦点をあてる。何をどこで買うかは各自の自由であるが、その際それを選ぶための根拠、各自の考えをもつことが重要である。グループ活動や生徒同士のディスカッションを通してそれらに気づかせたい。その際、自分と異なる意見にそのまま追随したり、排除するのではなく、受け入れる姿勢や疑問を持つ心を養いたい。そしてそれが質問、意見という形で生徒間でつながり、生徒個々にとっては意見の再構築となり、最終的には生徒自身の考えの広がりや変化になることをねらう。意見を発言する際には、聞く力も大切である。これは批判的思考力とともにコミュニケーション力の育成にもかかわる。この「聞いてもらえる」という場作りに教師の存在が重要になる。

　第5・6次では、実際に起きているトラブルやその原因、対策について、学ぶことで、消費者としての自覚を高めていく。消費者トラブルについては、自分もそうなる可能性があることを社会的背景、心理などを考えさせる中で気づかせたい。DVD、新聞記事、生徒の周りでの体験などの例を取り上げ、自分事に近づける展開とする。併せて、トラブルの予防法や対処法とその根底にある消費者の権利と責任につい

て理解を深める。

　ここまでの授業は自分からという視点での扱いが中心であった。まとめとなる第7次は、自分たちの行動を外側から見たうえで、これからの消費生活を考えさせる。グリーンコンシューマーやフェアトレードなどの話題を取り上げ、商品が手元に届くまでの過程、使い終わった後の行先を知ることで自分たちの消費行動の変容につながることが期待できる。

3　授業計画

（1）　**題材**　私たちの消費生活
（2）　**実践校・対象学年**　東京都内中等教育学校　1・2年生
（3）　**実施時期**　2019年12月
（4）　**学習目標**
　　　○契約の意味を理解し、商品の選択に必要な情報の収集方法、適切な購入方法や支払方法を理解すること
　　　○消費者の基本的な権利と責任、消費者トラブルとその対処法について理解すること
　　　○消費者としての自覚をもち、種々の情報から読み取った内容をもとに適切な判断や行動を考え、工夫すること

（5）　**指導計画（全7時間）**

次	時	学習テーマ	○各時間のねらい・主な学習活動	教師の働きかけ・支援
1	1	契約について知る	○日々の生活と契約の関係に気づき、契約の意味を理解する ・契約によって日々の生活が成り立っていることを知る。 　1日の生活の記録文に線を引きながらどのような契約がかかわっているかを考える。 ・契約の種類と成立を理解する。	・生活行為の多くが契約で成り立っていることに気づくよう、朝起きてから、寝るまでの1日の行動記録を示す。 契約の種類とどのような状態で成立するかを理解できるようクイズ形式で問う。
2	2	商品の選択と購入①	○さまざまな購入方法と支払方法を知り、適切な選択を考える ・具体的な商品に対し、どこで買うかを理由とともに考える ・グループ及び全体で考えを共有し、さまざまな購入方法、支払方法の特徴をまとめる。 ・さまざまなカードのコピーを類別しながら、支払方法の違い、仕組み、長所、短所を理解する。	・購入方法を考える対象として、具体的な商品を挙げる。 ・理由を大切にし、購入方法の特徴へつなげる。 ・プリペイドカード、キャッシュカード、クレジットカード、会員カードなどのコピーをグループへ配り、前払い、即時払い、後払いへの分類を指示する。 ・支払いのしくみや長所と短所を基に、適切な使用を考える時間をとる。

3	3	商品の選択と購入②	○商品を選択する基準を理解し、購入時に活かせるようにする。 ・商品を購入する際のポイントを書き出し、選択の視点を知る。 ・商品の情報をどこから得ているかに気づく。 ・商品の情報をどこから得られるかを知り、その信頼性について考える。	・グループごとに商品（Ｔシャツ、携帯電話、ポテトチップス）購入時のポイントを5つ以上考えるよう促す。 ・共通点やそれぞれに特徴的な購入ポイントがあることに気づくよう、商品ごとのポイントを黒板に書いて可視化する。 ・売り手、買い手からの情報とともに公共機関による情報等の活用も知らせる。
4	4	商品の選択と購入③	○広告からの影響力を知り、情報をどう読み解くかを考える ・ある目的に沿った広告を作成する。 ・広告をグループごとに発表する。 ・最初の印象、発表を聞いての印象などをプリントに記入する。 ・広告による影響力について考える。 ・必要に応じた適切な情報を得る大切さを知る。	・グループごとに写真（ジュース、ペアルックのジャージ、高層マンション、携帯電話、自動車からひとつ）と肯定的な内容または否定的な内容の説明文を渡す。 ・説明文に沿った広告をグループごとに作成、発表する場を設定する。 ・プリントに印象等を記入させながら、広告の影響について考えさせる。 ・全体で感想などを共有する。
5	5	消費者トラブル	○消費者トラブルについて知り、その背景を考えるとともに対処法を知る。 ・消費者トラブルのDVDを見ながら具体例を知り、その背景を考える。 ・巻き込まれないために各自ができることを理解する。	・DVDを視聴し、実例を理解するためにプリント記入を指示する。 ・トラブルに巻き込まれる背景について問う。
6	6	消費者の権利と責任	○消費者トラブルに巻き込まれた場合の解決法を知るとともに消費者の権利と責任について理解する。 ・クーリングオフ制度やそのもとになる法律、相談機関について知る。 ・消費者の権利と責任を理解する。	・前時の復習から始め、トラブル解決のための法律や相談機関の情報を提供する。 ・具体例を用いて権利を説明する。 ・法律の主旨とも照らし合わせ、その責任についても知らせる。
7	7	よりよい消費生活	○持続可能な社会の実現に向けて、消費者の自覚をもって責任ある行動がとれるよう現状を理解し、具体的行動について考える。 ・日々の消費行動が世界や将来につながることを知る。 ・グリーンコンシューマー、フェアトレードの具体的な取り組みを知る。 ・価格や自分の欲求だけでなく、他者や将来を含めた持続可能な社会のための選択をする必要性に気づく。	・消費行動が世界や将来につながることに気づくよう、つながりマップを作成する。 ・児童労働、貧困、環境破壊などの現状とそれに対するNGOなどの活動やフェアトレードの取り組みを紹介する。 ・自分たちができることを時間軸、空間軸も含めて考える時間をとる。

4 授業風景

（1） 商品の選択（4次）

　商品を売るためにさまざまな広告が流布している。私たちはそれらを通して情報を集め、商品に対しての印象を深めていく。本時は、ひとつの商品に対し、肯定的なポスターと否定的なポスターを作り、その発表を通して商品に関する情報について考え、判断、思考の重要性を理解させることを目標とする。

【導入】写真をみた最初の印象を記録する（7分）

　情報に基づいてポスターを作ることだけを知らせ、使用する写真5枚を黒板にはりだし、生徒はその第一印象をプリントに書いた。これは、情報を受け取った後、自分自身の気持ちの変化を振り返るために必須である。写真は、ジュース、ペアのジャージ、高層マンション、高級車、携帯電話の5種類である。「何でもいいんですか？」と少々戸惑う子どももいたが、「近くに行っていいですか？」「インスタにいいんじゃない？」「携帯の機種古くない？」「夜景がきれそう、住みたい！」「高そう」などの質問や会話をしつつなど肯定・否定・疑問などをそれぞれ記入していた。

　本校では、4人一組の10グループに分かれて活動を行っている。5種類の写真を用意し、この5枚の写真を2枚ずつ用意し、AまたはBの情報用紙とともに各グループへひとつずつ渡した。

▲写真の印象を記録する生徒

【展開1】ポスターを作る（30分）

　Aはその商品に対する肯定的な情報が、Bには否定的な情報が書かれている。それらを元に、Aは「買ってもらうためのポスター」を、Bは「買わせないためのポスター」を作る。グループごとに写真入りの情報用紙、A3の白紙、マジック、のり、はさみを受け取り、作業を始めた。

　ポスター作りは、もらった情報用紙（右図参照）の内容の読み取りから始まった。

　「キャッチフレーズ考えるんだって。」「トロピカル！」「つまんない、平凡すぎ。」「こういうのって『季節限定』じゃない？」「私、季節限定には弱い！」とキーワードが抽出されていく。その後は、写真を切り取り、レイアウトを考えていく。「ここ？」「そこだと字を書く場所が足りない。」

「何を書くかが先じゃない？」「いきなり書かないで！」「下書きしよう。」と意見が飛び交う中で、ポスターが仕上がっていく。中には、情報用紙を自分だけで読み、周りが手持無沙汰にしていることに気づかない生徒もいる。そんな時は「情報をみんなで共有して。」と一言、声をかける。キャッチフレーズでつまずいたり、話し合いが進まないところには、「情報用紙の情報に順位をつけてみたら？」、「写真の第一印象は何？」など質問やアドバイスを出す。でき上がった班には、１分発表の内容を考えさせる。グループごとに話す内容や発表順を考

▲ポスター作りに取り組む

えたり、ポーズを決めるなどの様子がうかがえる。そんなでき上がった班の様子が遠目に見えると遅れていた班にもスパートがかかる。

　一部に凝ってしまい、他の班員が手を出せなかったりする場面もあるが、時間を示したり、ペンを余分に置いたりしながら、様子を見る。そして、何とか30分後には広告が仕上がった。

【展開２】ポスター発表（10分）

　いよいよ発表である。どの班も、工夫のある個性的なプレゼンを見せてくれた。生き生きと発表する生徒とそれを楽しんで聞く生徒の様子がある。同じクラスとして半年を過ごす中での人間関係、総合的な学習の時間での発表や文化祭で先輩のパフォーマンスをみた経験などがこの発表の中に垣間見られた。自分たちのポスター作りに熱中していた生徒たちだが、途中で同じ写真が全く違った意図で作成されていることに気づく。

　「えー、何？言ってることが違う！」（そういうことだったのです）「この情報ってうそ？」と多少混乱するが、その後はその違いを「それもありか」といった受け止め方にかわる。

　Aの発表では、ヘルシーな飲み物と受け止めていた飲み物が、Bの発表では、「あなたはがんになりたいですか？」と迫られ、思わず「なりたくない！」と答えている生徒もいた。

　生徒の感想には、「二つのポスターの差がすごい。」「ひとつの商品でもポスター

 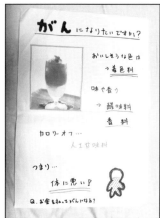

▲生徒が作成したポスター

やアピールの仕方の違いで印象が全く違うので驚いた。」などが見られた。また、ポスターや発表の様子から、「キャッチーコピーは大事。」「インパクトの強い方や面白い方に引っ張られる。」「企業側の意見よりお客さんの声や具体的な数字等を入れたほうが説得力がある。」「大げさすぎるものや現実的でないものは怪しいと思われ、かえって逆効果だった。」など、発表のインパクトや内容にも言及があった。聞いているうちに、「疑問」を持つ心や選択基準も出てきたようだ。

　また、いくつもの発表を比較しながら「ＣＭだけから考えるのは難しい。」「全く反対の声で面白かったが、どちらがと言われると悩む。」「どちらの主張を聞くかで立場が変わった。」「授業では笑って聞けたが実際は笑い事ではない。」「本当でない情報も信じてしまうかもしれない。」と悩んだり、「何かを買う時は

きちんと考える必要があると思った。」「どの商品にもよい面と悪い面があると思った。そこを見抜いて買うことが大切だと思った。」と次の行動につながる記述も見られた。

　制作、発表を通して、情報のもつ不確定さや雰囲気でそれを判断してしまう自分たちについて考えることがあったように思う。自分たちが制作したポスターをより認めさせたいとする気持ちからか発表にも熱が入り、発表する側も聞く側も積極的に授業にかかわり、感じるものがあったと思う。この作業の中で感じた漠然とした不安や疑問が実際の生活で活かされるとよいと思った。

　各グループ1分程度のプレゼン終了後、その印象を各自がプリントに記入、最終的な感想を書いて、授業終了後に集めた。

5　授業の分析・評価

　全体を通して、生徒は積極的に授業へ参加し、グループ内でも自主的に発言や作成にかかわっている姿がみられた。導入における写真を生徒へ見せながら印象を書かせる場面での写真への感想は、概ね好意的であった。しかし、ペアのジャージについては、「ださい」といった否定的評価や商品ではなくモデルへの興味・関心の方が強く見られた。題材を選ぶ際、生徒に親近感や好感をもってもらえるようなものを選ぶことが重要であると改めて思った。

　このトロピカルジュースについては、「おいしそう」「健康的」「オシャレ」「さわやか」「色がきれい」「飲みたい」など肯定的な感想が、7割ほどを占めていた。他には「フルーツ系」「夏の飲み物」等の記述もあったが、「甘そう」「濃そう」「マズソー」「合成?」といった否定的な感想は2割弱であった。100名中1名だけが「おいしそうだけれど、添加物が心配」と書いていた。

　この活動は、後で気持ちの変化を振り返る時に重要となった。他の写真についても疑問を持つ割合が少なかったことから、批判的能力を育成する場づくりは重要であると思われる。

　ポスター制作では、各自が意見を出し合う中で作業が進められる。アイデアがどんどん出る班となかなか出ない班、書いてまとめながら話し合いを進める班とだれも書くことをせず、意見だけが飛び交う班など進行もさまざまであった。各自が他者の発言に対し、質問や意見を述べ合えていたのは評価したい。意見に対し、否定的な発言も見られたが、それを相互に受容し、合意形成へつなげることでポスターが完成していった。この一連の学習を通して、各自の心の中で自分自身の意見の再構築が行われたと言えよう。他者の意見を聞く、受け入れる、自分の考えを見直し、最終的な判断をするという意思決定のプロセスを学んでいたと思う。

　発表においては、クラス内ということもあり緊張感もそれほどない中で進んだ。発表者と聞き手の距離感が程よく保たれ、聞き合う関係が成り立っていた。これについては、教科内だけでなく。総合的な学習や行事などを通して培われていることが大きい。教科、ロングホームルーム、生徒会などさまざまな機会を通してコミュニケーション能力を養う体制作りも大切である。

　一方で、このジュースの発表では、添加物⇒危険⇒がんといった陥りがちなフレーズの流れをそのまま受け入れてしまう生徒も多くいた。正しい知識を持つことの重要性とともに批判的能力の不足に再度気づかされた。

6　今後の課題

　1学年3クラスのためA組ではAの肯定情報を持つ5つの写真のポスターを先に、B組ではBの否定情報を先にC組では、ランダムに発表を行った。A組は買わせるためのポスターからのため違和感なく始まり、最初の5班が終わった後の否定情報には強い反応が見られた。また、B組は、まず否定情報から入ったため、そこで驚きの声が上がり、その商品を最後までよいものと受け止めにくかったようである。フェイクニュースなどがひとたび流れるとその回復に多大な労力を必要とすることともつながっている。フェイクニュースの恐ろしさを挙げた生徒がB組には多く見られた。C組はランダムに行ったため、切り替えが難しかったようである。広告の読み取りを中心に考えるのであればAから、フェイクニュースなどの問題を考えるのであればBから発表させる方がよいと思った。授業の目標によって提示を工夫するとともに実際のニュースを含めた情報提供を織り込むことが考えられる。

　また、1時間の授業では、ポスターを作り、発表をさせるのが精いっぱいだった。しかし、発表を次の週に伸ばしてしまうとA、Bの違いによる意外性を体感できなくなるので、時間配分は重要であった。また、意外性を体感してもらうためには、制作中に他班の情報が入らないようにするため同じ写真を近くに配布しないなどの工夫も必要である。

　クラスの人数にもよるが、時間的には、6〜8グループの発表で振り返る時間をある程度確保する方がよいと思った。実際には、本時の結果を集め、次週に最初の印象を各自が思いだしながら全体にフィードバックするという形で補足を行った。このフィードバックの方法については今後さらに検討をしていきたい。

　ペアのジャージの否定的情報としてファッションにおける「低賃金で働かされる海外の生産工場の労働者の存在」を入れていたが、3クラス揃って使われなかった唯一のフレーズであった。これはSDGsの10.人や国の不平等、12.つくる責任、つかう責任などとも大きくかかわっている。フェアトレード等の説明も含め、第7次の授業ではこの結果を踏まえて説明する必要があると思った。

　本校は中等教育学校のため、中高一貫で授業を組んでいる。中学生での経験を踏まえ、高校では、ファストフード店の企画書作りを行ったことがある。ターゲットやコンセプトを絞り込んで、企業の立場から企画書を作り、グループごとに発表するものである。高校生では、利用客層の資料や季節ごとの売り上げなど客観的データを盛り込んだり、CSRを組み込んで、発表するグループも見られた。ここでは売る側に特化し、買う側の心理を見直すことができた。この授業では、企画全体を生徒自身の自由な発想で実施した。そのため、自分たちで目的にあった情報を収集したり、分析したりする必要があり、その中でさらなる発見もあったように思う。また、それらの情報を再加工し、発表に使っていた。その結果、中学時よりもより多面的、総合的な内容になっていた。（この授業は保健と連携し、「生活習慣病」をテーマとした授業で実施したものである。）家庭科の学習は小中高の中で空間軸・時間軸を広げながらスパイラル状に学習するという特徴がある。発達段階や生徒状況に応じた教材提示と継続した学びをどう実現していくかも今後の課題である。

（栖府　暢子）

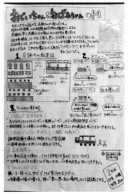

▲「売上げ倍増計画」企画書

考えよう！ 物の使い方・買い方

探究的な学びを深める手立て：1）各自のテーマ（課題）に基づく調べ学習
2）主体的な学習の保証（追究方法や追究形態の自己選択）
Keyword：物の使い方・買い方　質的に豊かな生活　売買契約　未成年者契約取り消し

1　授業づくりにあたって

　SDGs など世界的な取り組みも行われているが、物質的に豊かであるともいえる現在の日本社会では物を最後まで大切に使ったり、よく考えて買ったりすることを更に意識して生活しなくてはならない。なぜなら個々の「物やお金の使い方」が、やがては社会に大きな影響を与えるからだ。

　それは小学生の生活も同様である。例えば学校で自分の持ち物を失くしたことに気付かず失くしても探さない子がいるという。また、買い物については家庭によって経験に差が大きく、お小遣いをもらっていない子もいれば、かなり高額な物を自分の意志で購入する例もあるようだ。さらに、環境に配慮した生活についてはこれまでに学習する機会があったものの、授業では調べたり自分の生活に活かすために考えたりすることがほとんどで、実際に生活が変わり、継続していくことは少ないと感じてきた。

　このような状況を受け、本題材では、「物質的に豊かな生活」の課題を踏まえて、子どもたちに「質的に豊かな生活」について具体的なイメージをもたせ、自分とかかわる様々な人・物・場の価値について考えさせることを大切にしたい。課題の追究については、これまでにも繰り返し行い重視してきた。具体的には、子どもたちが、題材の内容（例えば教科書の該当範囲）を理解し、その上で追究する課題を自ら考えたり選んだりして取り組むことで、個々の力を鍛えてきた。6年生を対象に行う本授業では、子どもたちの興味や問題意識に基づいた追究活動にしたいと考えている。そこで、自分の実際の生活につないで考えることや、SDGs の目標と関連づけて取り組むことを期待して授業を構成した。

2　授業設計の視点

　学習内容や方法をグループで考える活動を経てから個々が課題を追究するように、段階的な学習を重ねることで、1人1人が主体的に学習に取り組むことができるようになってきた。つまり、教師が意図的に題材を関連させることで、子どもたちの思考は広くつながり、学習過程は充実すると考えている。

　本題材では、物や金銭の使い方についての基本的なことを一斉指導で学んだ後、子どもたちが個々に追究する時間を設定している。これは、学習評価の観点「主体的に学習に取り組む態度」において、教師が見ていく子どもの姿の1つである「自らの学習を調節しながら学ぶ」を意図している。また、子どもたちの身近な生活からスタートして、広く世界的な課題にまで思いをめぐらせて欲しいという願いから、問題意識をもつ視点として SDGs と学習内容とを関連づけることを子どもたちに提案した。

　SDGs については、5年生の時にも題材に取り入れた経験から、子どもたちもすぐに物やお金の使い方との関係をイメージできたようであった。

（1） 学びの構造図

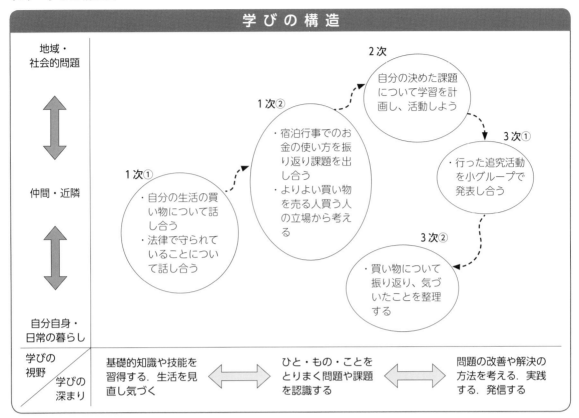

学 び の 構 造

2次
・自分の決めた課題について学習を計画し、活動しよう

1次②
・宿泊行事でのお金の使い方を振り返り課題を出し合う
・よりよい買い物を売る人買う人の立場から考える

3次①
・行った追究活動を小グループで発表し合う

1次①
・自分の生活の買い物について話し合う
・法律で守られていることについて話し合う

3次②
・買い物について振り返り、気づいたことを整理する

地域・社会的問題

仲間・近隣

自分自身・日常の暮らし

学びの視野 / 学びの深まり

基礎的知識や技能を習得する. 生活を見直し気づく

ひと・もの・ことをとりまく問題や課題を認識する

問題の改善や解決の方法を考える. 実践する. 発信する

（2） 授業の構想

1次① 自分の生活と関係の深い買い物について知ろう

　個人追究に向けて、子どもたち自身が疑問や問題点につなげていけるような学習をスタートさせたい。「売買契約」「未成年者契約の取り消し」については知識的にも経験が足りない内容であることから、子どもたちが自分の事として考え始めることができるよう、気持ちをゆさぶる発問を意識する。

　売買契約 どの時点で売買契約が成立するかを理解させるだけでなく、「自動販売機にお金を入れたが商品が出なくお金も戻らない場合」「買った商品が壊れていることに家に帰ってから気付いた場合」などのトラブルについても、「皆ならどうする？」と疑問をなげかけておく。

　未成年者契約の取り消し 商品売買などに伴うトラブルは主に中学校で扱う内容だが、教科書にある「売買契約が成立したら一方的な理由で商品を返すことはできない」で知識的な内容が終ってしまうのでは不十分だと考え、「未成年者契約の取り消し」についても扱うことにした。ここでいう不十分とは、子どもたちの実際の生活に即して考えさせるためには情報が不足しているという意味である。

1次② 自分の物やお金の使い方を振り返ろう

　まず、宿泊行事でのお金の使い方について、グループ行動の中でのお金を使う場面は、単によりよくお金を使うだけでなく、友達やお店の人との関わりから、よりよい行動を考える。また、日頃の自分の物やお金の使い方について、気を付けていることや失敗したことに加え、家族との関わりから感じたことや学んだことなどを話し合わせる。

子どもたちは、自分がもっと知りたいことや考えたいことは何か考え、また、家族に相談するなどして追究する課題と活動の見通しを準備する。

2次　自分の決めた課題について学習を計画し、活動しよう

　2次は、子どもたちが自分の決めた課題に向かって、自ら取り組む時間である。これまでも内容だけでなく、よりよい追究方法を考えたり、計画を修正したりしたことを友達と共有し、記録に残してきた。子どもたちは「分かったことを伝えたい」という気持ちが強く、発表を聞く側としても活動の成果に注目することが多い。そのため、追究の記録を残していくことで、後に生活の中で出会う課題を解決する力として高めることにはつながるようにしたい。また、追究活動＝発表準備にならないよう、追究の過程で、気づいたり考えたりしたことを、その都度書き残していけるよう環境を整えたり声かけを行いたい。さらに、「方法」や「計画の修正」を検討する場合には、今求められている「自らの学習を調節しながら学ぶ」態度についても子どもたち同士で高め合えるよう意識させたい。

3次①　追究活動について発表し合おう

　追究活動の成果を発表するにあたっては、表現方法は子どもたち自身にどのような方法がより効果的な発表になるかを考えさせたうえで進めたい。また、以前実践した題材の活動では、発表するにあたって、自主的に小グループを形成し中間発表をしている姿が見られた。この姿は、とてもよいと感じたことから、本題材では活動例として紹介したい。

3次②　自分の変化に気付き、友達と交流しよう

　ここでは、追究の方法や成果を共有するとともに、子どもたちが新たに気づき、深く理解できたことを整理する時間である。追究活動が終わったことで、子どもたちの気持ちが切れないよう、意識の変化や行動の目標などを子ども同士でも交流させたい。子どもたちの考えを前向きに捉えて、応援する姿勢を示したい。

3　授業計画

（1）　題材名　考えよう！物の使い方・買い方
（2）　実践校・対象学年　筑波大学附属小学校6年生
（3）　実施時期　2021年6月〜7月
（4）　学習目標
　　○買い物の仕組みや消費者の役割、身近な物の選び方や買い方について理解している。
　　○身近な物の選び方や買い方について問題を見いだして課題を設定し、解決方法を考え、実践を評価・改善し、考えたことを表現するなどして、課題を解決する力を身につけている。
　　○家族の一員として、生活をよりよくしようと、物や金銭の使い方と買い物について課題の解決に向けて主体的に取り組んだり、振り返って改善したりして、生活を工夫し、実践しようとしている。

（5）　学習構成（全6時間）

次	時	小題材名	◎ねらい　・主な学習活動
1	1	知ってる？ 物の使い方・買い方	◎自分の生活と係わる買い物について理解する ・どんなことにお金を使っているのかを話し合う。 ・売買契約について身近な生活場面も挙げながら理解する。 ・未成年者契約の取り消し（民法第5条第1項、第2項）について、中学生向きweb教材（東京くらしWEB）のクイズを通して理解してから、自分たちが法律で守られていることの意味を話し合う。 ◎自分の物やお金の使い方を振り返る ・宿泊行事での物やお金の使い方を振り返り、よいことや問題だと感じることを出し合う。 ・よりよい買い物を、買う人だけでなく売る人の立場からも考える。
2	2 3 4 5	調べよう！まとめよう！ 物の使い方・買い方	◎課題を決め、活動の方法・内容を計画する ・さらに知りたいことや確かめたいことの学び方やまとめ方を考える。 ◎計画を確かめたり修正したりしながら個々で活動する。
3	6	こうしよう！ 物の使い方・買い方	◎自分の追究活動について発表し合う ・活動の方法・内容・成果・課題などを、伝えたい方法で発表し合う。 ◎題材を通して自分が変わったことや、物やお金の使い方についての自分の考えを話し合う。

4　授業風景

第1次　知ってる？　物の使い方・買い方

売買契約について教科書を活用して学習した子どもたちに次のクイズを出した。

> 　素敵なバッグを見つけた中学生が、携帯番号を店に伝えて取り置きを依頼する。しかし、他の店で見たバッグの方がよくなり、そちらを買ってしまう。何日かして、取り置きを依頼した店から、取り消しはできないから、バッグを買いにきて欲しいと連絡がくる。

　「どうなると思う？」という問いに、ほぼ全員の子どもが【売買契約は成立しているのだからバッグを買うしかない】の選択肢を選んだ。教科書にも「売買契約が成立したら一方的な理由で取り消すことはできない」ことが書かれていることから、この子どもたちの反応は予想通りである。しかし、正解が【親の承諾を得ていないからバッグは買わなくてよい】だと知ると、「何で⁉」と、子どもたちは大変驚いた様子だった。その後、売買契約を取り消すことができる「例外」について説明してから、なぜそのような「例外」が設けられているのかについて話し合った。子どもたちからは、「未成年は判断力が未熟だから」「働いてない人だったら失敗の責任がとれないから」などの意見が出された。ここでは敢えて意見をまとめずに、さらに「みんなは、自分が本当に未熟だと思う？」と、投げかけておいた。

第2次　調べよう！まとめよう！　物の使い方・買い方

　これまでも活動の条件を示すと、子どもたちはいつも「受けて立つ！」という表情になる。それは、活動への意欲の表れだととらえている。子どもたちの追究活動は、興味があることについて調べたり、実践

したりすることを繰り返して、物の使い方・買い方について自分なりの考えを形づくっていくものが多かった。子どもたちが興味をもって活動した内容の一例を紹介する。

○企業などの取り組みを探究（マイボトルを持って行くと無料で飲み物が入れてもらえる「給茶スポット」）など

○自分の家を見てみる（マークを探す）（冷蔵庫に貼ってあるホワイトボードの活用）（食品ロスがないかを家族と話し合う）など

○地域やお店などにインタビュー（売れ残ったパンを集めて売る「夜のパン屋さん」）（「ホテルのレストラン」に食べ残しを減らす工夫）（「スーパー」に食品ロスを減らす工夫）

○わかったことを生かしての実践（生ごみ処理機で処理したごみを有機肥料にして植物を育てる）（着なくなった服をリフォームしてブックカバーを製作）など

　子どもたちは各自の課題意識に沿って、時には友達と相談しながら追究的に活動を進め、気づいたり考えたりした内容をパンフレットやスライドに活動の成果としてまとめた。

第3次　こうしよう！　物の使い方・買い方

　まず、取り組みの成果を小グループで紹介しあった。Ａさんは、昼間は本屋さんなのに夜にパンを売る店について追究し、店の人が売れ残るパンが捨てられる実情を何とかしたいという思いで始めたこと、売れ残りそうなパンを買い取ってその値段で売っていること、そのような手間をかけて続けているお店の人の思いなどを聞き取りパンフレットにまとめ紹介した。発表を聞いた子どもたちからは、「食品ロスは、給食の残菜が多いとか、売れ残りを捨てるとかだけが問題のように考えていたけど、発表をきいて自分にもできることがあると気付いた」などの意見が出された。

　また、Ｂさんは、自宅の冷蔵庫に貼られているホワイトボードに注目してその理由を追究した。家族への聞き取りを進める中で、冷蔵庫の中で食品が埋もれてしまわない役割があることや、まとめて無駄なく購入できることを理解していた。発表の場では、自分の好きな食品も次に買ってくれる時まで、調整しながら食べるようになったことが報告され友達からの賛同を得ていた。

▲探究した内容を基にしたまとめ（一部）

　その後、「**お母さんとパン屋に来ていた子どもが、お店の人がレジを打ち終わった後でパンを落としてしまったらどうなるのかな**」と投げかけた時には、ほとんどの子が「**売買契約は成立しているのだから、本当は落としたパンを持ち帰らなくてはいけないけど、きっとお店の人は新しいパンをくれる**」と答えた。子どもたちがそう考える理由には、「**お店の人は小さい子どもの失敗を許してくれると思うから**」「**お店の人は、きっと自分が一生懸命作ったパンを食べてもらいたいと思っているから**」などが出された。

▲友達の成果物にコメントする子ども

　追究を終えた子どもたちのこのような意見を聞いていると、子どもたちが必要としている「物の使い方・買い方」の学習は、人を思う気持ちや温かいかかわりも含んだ学びとして成立したことが感じられた。

5　授業の分析・評価

　子どもたちが活動と関連付けたSDGsの目標には、次のようなものがあった。

　予想を上回る数の目標が挙がった理由のひとつには、学習の順序が関係していたのではないかと考察する。「今回の活動に先生から条件をひとつ提案したいんだけど。SDGsと関連させて考えることはできないかな?」個々の活動計画を立てようとしている段階の子どもたちに提案した。いつも何かしらの条件を教師から示しているので、今回も「やってみます!」という感じでうなずいている子が多かった。このタイミングでの提案は、子どもたちが1次の学習でもった様々な疑問や気持ちを基に課題を決め、活動計画を立てるよう意図的にしたことである。つまり、「物の使い方・買い方」に関係がありそうな目標を選んでから追究活動をするのではなく、子どもたちが活動する中で必然性をもって関連づいた目標に取り組んでいくという授業デザインのイメージをもち、本題材で具現化を試みた。

　本やインターネットで調べるだけでなく、多くの子が家族に聞いたり地域のお店に出向いたりして生の声や情報を集め、主体的に考えて取り組んでいた。また本題材が終わった後に、追究してわかったことをもとに作成したポスターをスーパーに持参して貼ってもらうよう働きかける姿も見られた。

　自分から関わっていくこのような姿勢は、他教科で培った行動力も関係している。本題材の1次において、基本的な理解を図った「売買契約」「未成年者契約の取り消し」の内容だけでなく、子どもたちの実際の生活に馴染むような場面を設定して考え意識を高めたことも、主体的な取り組みを支えている。

　子どもたちは追究活動を通して、地域の人が温かな心をもっていることや自分たちへのやさしさを感じていた。このような実感が教室の中で共有されることは、地域に出て取り組めたことのよさである。

6　今後の課題

　今回、SDGsを問題意識をもつ視点の1つとして「物の使い方・買い方」の学習を展開したが、子どもたちが世界的な課題と日々の生活を十分に関連付けられたかといえば、課題が残る。小学校段階では、SDGsを通して見えてくる「世界の中の日本」という見方を強調し、そこから気付いた「日本の課題」に自分の生活を当てはめて考えるような学習過程が適切だったようにも感じられる。

　小学校家庭科においては、子どもたちが動いて確かめられる範囲で考えたり実践したりすることを大切にしながら、さらに子どもたちの問題意識や働きかけたいと思う世界が広がり深まる題材を工夫していきたい。

(横山　みどり)

何とかしたい教室の空気調和
―切実な思いから始まる探究的な学び―

> **探究的な学びを深める手立て**：1）室内の暖かさと空気のきれいさを両立する難しさから、問題を顕在化・追究する動機をもつ。
> 　　　　　　　　　　　　　　2）空気調和の要素を数値化・可視化し、比較実験をもとに根拠をもって問題解決を図る。
> **Keyword**：ウィルス禍、感染症対策、換気、空気調和（空調）、温度・湿度・CO_2濃度・気流・住まい方

1　授業づくりにあたって

　子どもが生活の中から問題を見いだし、「なんとかしたい！」という切実な思いや願いを原動力に、よりよい生活の創造に向かう主体的・探究的な学びを家庭科で実現したいと考えている。日々の生活を立ち止まって振り返ってみると、普段は意識していない自分の行動、目に見えにくい生活事象の中から課題が浮かび上がってくる。顕在化した課題を一緒になって考えていくスタンスで問題解決を図り、積み重ねによって、自分の生活をよりよくし、未来を豊かに生き抜く資質・能力のはぐくみにつなげたい。

　2020年ウィルス禍（COVID-19）によって、社会も子どもたちの生活も激変した。ステイホームの時間が多くなる中、家庭科を通して、解なき課題を子どもが追究し、自分自身でよりよい生活に向かっていくプロセスや仲間と問題解決を図る経験にこそ価値があると考え授業を構成した。

2　授業設計の視点

（1）学びの構造図　次頁

（2）授業の構想

　本題材は、小学校家庭科住領域の季節に合わせた生活の仕方を扱っている。長岡市の冬季は、降雪量が多く、気温も低い。さらに、感染症対策が加わり、快適さと健康面・安全面を両立した生活が今まで以上に求められている。そこで、その両立の重要性と難しさを取り上げることで、子どもは問題を自分事として捉え、必要感や切実感をもって主体的に問題解決に動き出すだろうと考えた。

　「冬を快適に過ごすための条件は何？」子どもは、一様に「部屋が暖かいこと」と答えつつも、「インフルエンザや新型ウィルスが怖いから、換気や加湿も大事…」と口を揃える。これまでの生活を振り返り、様々な換気方法を考えた子どもは、実際に換気をして空気の測定を行いたいと考えるだろう。実験結果を根拠にして話し合う中で、住生活を見直し、快適な室内環境を実現していこうと意欲を高めていく。このことにより、以下の資質・能力（表1）のはぐくみを期待し、授業を構想した。

表1　本題材ではぐくむ資質・能力[※1]

	「認知的資質・能力」	「社会的資質・能力」	「実践的資質・能力」
資質・能力	先を見通す力	敬意	探究心
資質・能力がはぐくまれた姿	自分の住生活を見直し、問題解決の方法を考える	自分とは異なる相手の気持ちや考えを尊重し理解しようとする	よりよい解決方法や実践の仕方を見いだそうとする

※1　新潟大学附属長岡校園「新たな世界を創り出す子どもをはぐくむ―『統合的な学び』の実現を通して」より

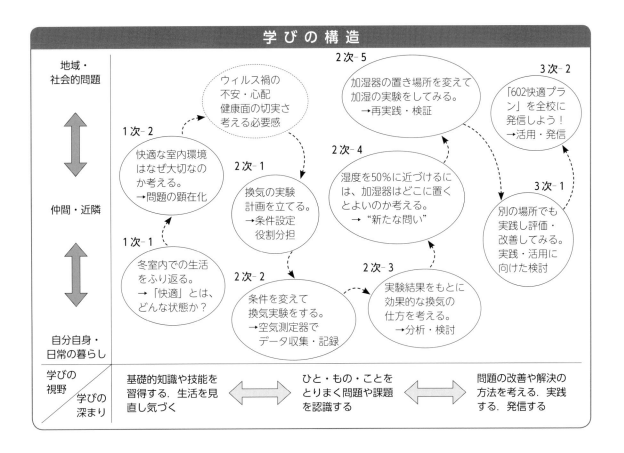

本題材では、冬の快適な過ごし方を考える。初めに「冬における快適の捉え」を問うと、子どもはこれまでの生活経験やそれぞれのイメージを語り出すだろう。その際、様々な「快適」の捉えをもつ子どもに、冬の室内環境で大切なことは何かを問う。すると、感染症を防ぐための換気に目を向けたり温度・湿度・空気の汚れを調節する必要性を語ったりしてくる。また、室内で快適に過ごせるような換気の仕方を見つけたいと意欲を高めてくるだろう。そこで、教室における換気の仕方を比較実験する場を設定する。その際、温度や湿度を数値として可視化するために空気測定器を使う。換気時間、開ける窓の幅、開ける窓の場所、効果を高める工夫について子どもたちが条件設定を行い、比較実験を行う。実験結果の具体的な数値と変容から、子どもたちは換気による一定の効果があることに気付くだろう。一方で、湿度は換気をしても上がりにくい傾向がある。そのため、実験結果の検討や子どもの意識をもとにして、子どもたちと相談しながらその後の追究の仕方を考えていくことにした。子ども自身が追究の原動力を生み出し、追究の道筋を描いていく。必ずしも教師が想定した計画通りには進まないかもしれないが、子どもの意識に寄り添いながら一緒に問題解決を図っていくことにした。このことにより、快適と健康を両立した効果的な換気と加湿の仕方を子ども自身が探究し、身近な住生活に生かしていきたいと意欲を高める姿が期待できると考えた。

3 授業計画

（1）題材名　冬をあたたかく健康に過ごそう　―換気から考える住生活―

（2）実践校・対象学年　新潟大学附属長岡小学校　6年2組

（3）実施時期　2020年12月

（4）学習目標　冬を暖かく健康に過ごす方法を考える中で、室内で快適かつ健康に過ごすためには、換気と加湿によって室内の温度や湿度を調節するとよいことに気付き、効果的な換気と加湿の仕方を自分の生活に生かすことができる。

（5）学習構成（全9時間）

次	時	学習テーマ	○各時間の学習活動　・子どもの意識	・教師の手立て
1	1	冬の住生活を見直そう	○冬の室内での生活を振り返り、快適に過ごす方法を考える。 ・室内で快適かつ健康に過ごす方法を調べよう。	・事前に冬の住生活に関する個々の意識や経験を把握する（家庭でのインタビュー）。
	2		○快適な室内環境の条件を話し合う。 ・換気と窓の開閉と空気の汚れの関係を調べて、よい換気の仕方を見つけたい。	・温度と湿度の目安になる快適ゾーンをもとに話し合う活動の組織
2	3	冬をあたたかく健康に過ごす方法を考えよう【SDGs3】	○換気の実験計画を立てる。 ・夏の換気実験で、開ける窓の位置は対角線がよい。換気前後の空気の変化を確かめたい。	・換気の実験をどのような条件を設定して行えばいいのか話し合う活動の組織
	4		○条件を変えて換気実験を行う。 ・10分ごとに2回換気をして温度・湿度・二酸化炭素濃度を測る。	・空気測定器を使って換気による条件ごとの温度・湿度・二酸化炭素濃度を計測する場の設定
	5		○実験結果を基に効果的な換気の仕方を考える。 ・どうやったら加湿器の効果がより出せるのか置き場所を考えたい。	・実験結果をもとに効果的な換気の仕方について話し合う活動の組織
	6		○湿度を保つための加湿器の置き場所を話し合う。 ・加湿器の場所は空気が入ってくる窓の近くがよいと思う。この加湿の方法で湿度を上げることができるか実際に試したい。	・効果的に湿度を上げる加湿器の置き場所について話し合う活動の組織
	7		○加湿器の置き場所を変えて実験し確かめる。 ・加湿器を窓の近くに置いたら湿度が50％の近くになった。家庭科室でも換気と加湿の効果があるのか実験をして試してみたい。	・加湿器の置く場所によって湿度が変わるのか計測して効果を確かめる場の設定
3	8	「602快適プラン」を試して全校に発信しよう	○実験を他の場所でも試して、効果を確かめる。 ・家庭科室は換気扇があるから、効率よく換気ができた。「602快適プラン」を全校に伝えたい。	・実践結果を基に評価し、改善策を話し合う活動の組織
	9		○「602快適プラン」を全校に発信する。 ・暖かさと感染症予防の両方を重視したプランを伝えて、役に立つことができた。自分の部屋は窓が一つだから、部屋に合った換気と加湿の仕方を家でも試してみよう。	・「602快適プラン」を学びの成果として全校に伝える場の設定

4 授業風景

1次 冬の住生活を見直そう…換気で "超快適ポイント（TKP）" を目指そう！

「暖房の温度を上げてください」「乾燥して肌がかゆい」「感染症予防のために換気をしよう」住生活にかかわる会話が冬の教室内で聞こえてくる。しかし、暖房が効いた教室内では、自ら空気調和（温度・湿度・CO_2濃度・気流）を調節する姿はほとんど見られない。

Eさんに、冬の室内での生活で何が大切か聞くと、「暖かさと空気のきれいさが大切。でも両立は難しい。」と話した。理由を問うと、「換気をすると寒くなる。でも、換気をしないと空気が汚れて頭痛になったり感染症のリスクが高まったりする。だから、難しい。」と答えた。Eさんは、換気の必要性を感じつつも、その難しさも感じている。この考えをきっかけに、「普段生活している教室で、暖かさと空気のきれいさを両立する換気方法を見つけたい。」と声が上がった。問題が顕在化した子どもたちの追究意欲が高まったことから、教室における換気実験の方法を考える場を設定した。

2次 冬をあたたかく健康に過ごす方法を考えよう

実験方法を考える中で、「温度や湿度を確かめるために空気を測りたい。」と発言したEさん。空気の具体に着目し、調べたいと意欲を高めてきた発言だと捉え、人が快適だと感じる室内環境と温度・湿度の関係図（図1）を提示した。「快適ゾーンのど真ん中を目指したい！」と子どもたちが発言した。そこで、快適ゾーンの中心点を「超快適ポイント（TKP）」と命名し、目指す温度と湿度とした。超快適ポイントに近づける方法として、子どもたちは「①窓を開ける時間」「②窓を開ける幅」「③＋αの工夫」に加え「窓を開ける場所」の4つ（表2）を挙げた。ただし、「窓を開ける場所」[※2]については、夏に行った換気実験から「窓は対角線に開けるのがよい」ことが確認できていることから、今回の実践では①から③の3つの方法を扱った。

子どもたちは、グループごとに測定する条件と分担を決め、換気時間や窓を開ける幅を変えながら試行錯誤を重ね、測定データを集めた。実験後、Eさんは、「換気で温度・湿度・CO_2濃度が変わることが分かった。"TKP" に近づけることができるベストプランを見つけたい。」と振り返り、実験結果を自分の住生活に結びつけてよりよい方法を考えようとする気持ちが伝わってきた。

子どもたちはデータを収集し比較・検討を通して、窓を開ける時間、開ける幅、＋αの工夫をどのようにすればよいかを明らかにした（表2四角囲みの条件）。しかし、「加湿器を置く場所によって湿度が変わるかもしれないから試してみたい。」など、加湿に関す

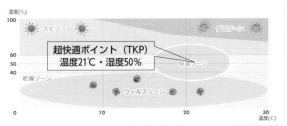

図1 快適さと温度・湿度の関係
三協エアテック株式会社．加湿.net
https://www.xn--yfro26d.net/ より引用

表2 実験で試す条件（全18種類の条件）

換気方法	変える条件
①窓を開ける時間	常時・10分ごとに2回・20分ごとに2回
②窓を開ける幅	半開・4分の1を開ける（全開は寒く×）
③＋αの工夫	サーキュレーターで排気・加湿器使用・なし

※2 窓は対角線上に開ける。（夏に実験で実証済）

る予想や意見も多く出てきた。そこで、さらに追究するために「◎湿度を50%に近づけるには加湿器はどこに置くとよいか」を学習課題として、教室の湿度を効果的に上げるための加湿器の場所について話し合いを進めた。

考えを練り合う中で、「窓やドアの近くに置くのは、湿った空気が換気の気流に流されるからよくない。教室の真ん中だと水蒸気が全体に行く。」という発言や、「気流に乗せた方が早く加湿できる。」などの意見が出された。発言した児童は当初の考え「教室の真ん中に置く」から「教室の横に置く」

▲空気測定器で各条件のデータを集める子どもたち

▲加湿器の場所について話し合い、考えを伝えるＥさん

という考えに変えていた。話合いの最後に、「最初は教室の真ん中がいいと思った。でも、今は教室の横に置いてサーキュレーターで拡散させる方が効果的に加湿できると思っている。次は、このやり方で本当に効果があるのか確かめたい。」と振り返っていた。この児童は、話し合いを通して、自分とは異なる相手の考えを尊重して新しい考えを取り入れて取り組もうとしていた。

3次 「602快適プラン」を試して全校に発信しよう

加湿器の設置場所を複数試して湿度を調べた結果、Ｅさんは「対角線上に２台を設置する。さらにサーキュレーターで広げるのが最も効果的である。」と結論づけた。他の子どもたちもデータを基に考え、議論して結論を見出したことで、実験に協力してくれた他学年の子どもたちにも伝えたい気持ちを膨らませていた。

Ｅさんは仲間の賛同を得て、「602快適プラン」を全校に紹介することになった。「この換気と加湿のやり方だと、教室も暖かいし空気もきれいになります。」と担当の１年２組で堂々とプレゼンをした。振り返りには「今までは、ただ換気や加湿をすればいいと思っていた。でも、実験や話し合いをしたことで、換気や加湿が大切な理由や具体的な換気方法が分かった。これからも「602快適プラン」を意識して、暖かく健康に過ごしていきたい。」と記述されていた。

▲１年生に学習成果を説明する

5 授業の分析・評価

本実践では、資質・能力の評価方法としてルーブリック評価と記述による振り返りを行った。これは、生活の営みに係る見方・考え方を働かせ、実践的・体験的な活動を通してはぐくまれた資質・能力を子ども自身が自覚するために有効であった。

　題材導入時に身につけたい資質・能力を子どもと共有し、途中や終末にルーブリック評価（A・B・C）を用いて資質・能力のはぐくみを子ども自身が評価した。Eさんの記述は以下の通りである。

	探究心	Eさんの記述
導入時	B	空気測定器を使って教室の空気を測ったら、二酸化炭素濃度が高いことと湿度が低いことにびっくりした。あたたかさだけを重視するのではなく、感染症対策もしながら健康に生活したいから、教室の換気の仕方をみんなで考えていきたい。
換気実験後	B	実験結果を比べて、みんなで話し合ったことで、TKPに近づける換気の仕方を決めることができた。これから湿度をどうやって上げたらいいのか、次の課題も考えることができたから、探究心が高まった。次は、早く加湿器の場所を考えたい。
加湿器の置き場所の話し合い終了後	A	加湿器の置き場所について仲間の考えを尊重しながら話し合った。いろんな考えを聞いて自分なりの考えをもつことができたし一生懸命に考えることができたから、探究心が特に高まった。他の場所でも試したり、成果を発信・活用したりしたい。
終末時	A	この学習をする前は空気のことを考えることはなかったけれど、実験や話し合いをしたことで、換気と加湿の大切さが分かった。冬休み中に自分の家でも試してみたい。全校にも成果を伝えていきたい。

　本実践の導入時に快適かつ安全に住まいたいという切実な思いを抱いたEさんは、換気と加湿の方法を試行錯誤する中で、空気調和の調節方法の具体を学んだ。また、実験結果を根拠に追究を進めたことで、生活を科学的に分析し、換気や加湿の方法を修正・改善・評価しながら、仲間とよりよい方法を見いだすことができた。単元の終末には、学校内に成果を発信するだけにとどまらず、家庭で過ごす時間が多くなる冬休みに向けて、自分の部屋や家族が過ごすリビングの換気と加湿の方法を考える子どもたちの姿が見られた。

6　授業の振り返りと今後の課題

　「教室の空気調和をなんとかしたい」という子どもの思いを原動力に、自分たちでやり遂げた実験や問題解決の過程を経験したことは価値があったと考える。「健康・快適・安全」という生活の営みに係る見方・考え方を使いながら、よりよい方法を見いだそうと取り組むカリキュラムを構成したことは、子どもの探究心を支えたと考える。

　予測困難な社会を豊かに生き抜くために、様々な困難や変化への対応を求められる今こそ、子どもが探究的に学び続けるための創造的な思考や探究的な態度の育成が必要である。家庭科の学びは元々探究的であるが、タブレット端末や電子黒板、共有化ソフトなどのICT環境が整うことによって、今まで以上に新しい授業の展開が可能となる。「今、自分がやっていることは実生活や未来と繋がっている。」「自分の行動によって未来を豊かに変えることができる。」と実感できる授業を構成していきたい。

（関　慎太郎）

【参考文献】
1）高木幸子、他．（2018）．未来に向かう家庭科 リスクに向き合う授業の創造．東京．開隆堂．
2）筒井恭子．（2020）．小学校家庭科 資質・能力を育む学習指導と評価の工夫．東京．東洋館出版社．
3）新潟大学附属長岡校園．（2020）．新たな世界を創り出す子どもをはぐくむ─「統合的な学び」の実現を通して．

特製おにぎりを作ろう

探究的な学びを深める手立て：1）3回のおにぎり作りを通してステップアップできる流れを構成する
　　　　　　　　　　　　　　2）入れる材料や使う道具を選択できるように準備する
Keyword：社会的自立、学習意欲　技能習得

1　授業づくりにあたって

　多様な個性が認められ、すべての人が大切にされる社会を構築するためには、学校教育においても、子ども一人一人が認められる中で、主体的・探究的に学び、社会に生かしていける力をつけることが必要である。

　本事例は、特別支援学校高等部の子どもたちが、簡単な食事を自分の力で準備する力をつけるためにおにぎり作りに取り組む。学習対象となる高等部の生徒は、これまでに「生活や身だしなみ」、「調理」等について学習している。また、年間を通して2回実施される宿泊学習（敷地内にある宿泊施設で日常生活の過ごし方を学ぶ学習）では、「こんな料理を食べたい」「自分で作れるようになりたい」という思いで夕食作りをする姿が見られている。生徒の食事作りへの興味・関心は高く、調理に関する調査では、9割を超える生徒が、「料理を作れることはかっこいいことだ」、「料理は生活に必要だ」、「自分で料理を作れるようになりたい」と考えている。一方で、家庭での調理経験には個人差があり、半数以上の生徒が調理をすることは難しいことだと感じている。

　そこで、このような生徒が、普段の食生活において自分の力で食事の準備ができるようになるために、どうすればよいかを考えて食事を作れるようになることを目指した授業を構成した。授業づくりにあたっては、生徒の学習に対する興味・関心を高め維持する工夫[注1]や、多様な生徒の学習を支える学びのユニバーサルデザイン[注2]を参考にカリキュラムを構成した。

2　授業設計の視点

（1）　学びの構造図　次頁
（2）　授業の構想

　本授業では、食生活の自立に向かう力をつけるために「おにぎりを作る経験」を3回繰り返す構成とし、生徒が達成感や役立ち感を感じながら学習を進めていけるように工夫した。1回目は、おにぎりが作れるという経験を保証する機会、2回目は大学生のためにおにぎりを作る経験、3回目は、注文に合わせて喜ばれるおにぎりを作る経験である。給食以外の食事摂取に配慮が必要である生徒が含まれていたことから、「おにぎりが作れる」という成功体験と自分の作るものが家族や大学生、教員など他の人を楽しませたり喜ばせたりすることができるという経験を繰り返すことで、学習意欲を維持しながら技能習得につなげることを意図した。また、作る相手を意識することで、箱に入れることやラッピングすることなど、人とのかかわりに必要な思いやりや配慮などを考える経験を積み重ねていけるように意図した。さらに、3回の

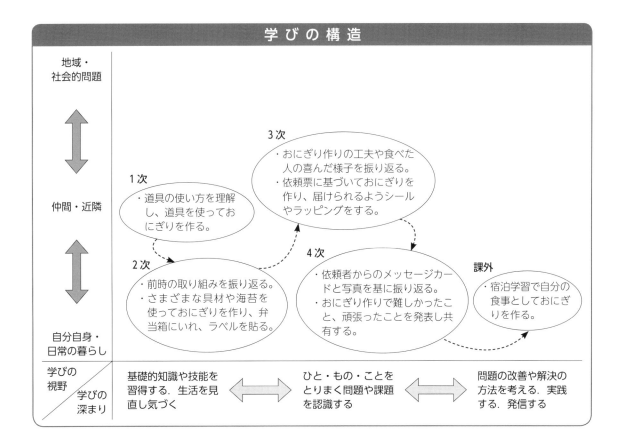

おにぎり作りを通して習得した技能を生かす場として、年間の活動に組み込まれている「宿泊学習」の学外活動の昼食を準備する機会を位置づけた。

　学習を進めるにあたっては、どのようなおにぎりを作るかを自分で考えたり決める経験を繰り返すことや、友達の作ったおにぎりと比べたり自分の取り組みを振り返ったりできる機会を意図的に位置づけること、手でにぎるのが難しい生徒には、さまざまな道具を準備して選べるようにすることやおにぎり作りの場所を固定することなどを行った。これらはすべて多様な生徒の学びを成立させるために、生徒個々の学びに沿って進めることや学習環境の整備である。

3　授業計画

（1）　**題材名**　特製おにぎりを作ろう
（2）　**実施校・対象学年**　新潟大学教育学部附属特別支援学校・高等部（1年生〜3年生）
（3）　**実施時期**　2017年11月
（4）　**学習目標**
　　○調理時の身支度や清潔で安全な環境作りに進んで取り組むことができる。
　　○おにぎり作りの手順や道具の使い方が分かり、具材や量を考えて作ることができる。

（5）　学習構成（全7時間）

次	時	テーマ・問い	学習内容・学習活動	教師の働きかけ・支援
1	1	おにぎり作りに挑戦しよう	○さまざまなおにぎり作りの道具に興味・関心をもち、進んで調理活動に取り組むことができる。 ○おにぎり作りの手順や道具の使い方が分かり、道具を使っておにぎりを作ることができる。 ・道具の使い方を理解して、おにぎり作りに取り組む。 ・活動を振り返り、ワークシートを記入する。	・学習に興味をもてるように、何を作る道具かクイズを行う。 ・イラストを用いて活動の手順や注意点を説明する。 ・実際に道具を使って、おにぎりを作ってみせる。 ・道具の使い方がわからない生徒には、一緒に道具を使って支援する。
2	2 3	おにぎり名人になろう	○興味・関心をもち調理の時の身支度や清潔で安全な環境作りに進んで取り組むことができる。 ○おにぎり作りの手順や道具の使い方が分かり具材や量を考えておにぎりを作ることができる。 ・前回の活動を振り返る。 ・身支度を整え、必要な道具を使って具材、海苔を使ったおにぎりを作る。 ・おにぎりをパックに入れる ・活動を振り返り、ワークシートを記入する。	・前回のおにぎり作りの様子を写真やビデオで振り返り、取り組みの頑張りを共有する。 ・自分の作りたいおにぎりの具材を考え、選べるよう、複数の具材や海苔を準備しておく。 ・作ったおにぎりを弁当箱に詰めたあと、生徒個々のラベルシールを貼って、お弁当を仕上げる。 ・完成したお弁当箱の写真を撮る。
3	4 5 6	喜んでもらえるおにぎりギフトを作ろう	○調理に興味・関心をもち、調理の時の身支度や清潔で安全な環境作りに進んで取り組むことができる。 ○手順や道具の使い方が分かり、道具や具材を選択して、注文のおにぎりを作ることができる。 ・注文票で作る数を確認する。 ・身支度を整えおにぎりを作る。 ・作ったおにぎりをパックに入れラベルシールを貼り布で包む。 ・活動を振り返り、ワークシートを記入する。	・おにぎり作りに自信がもてるよう、前時の取り組みやおにぎりを食べた大学生からのメッセージを写真やビデオで振り返る。 ・どのようなおにぎりを作ればよいのか確認できるよう、注文票を準備する。 ・手順や注意を確認する。 ・自分の考えでお弁当パックが完成できるよう、専用パック、名前と日付を書いたラベルシール、包める布、飾りのシールを準備しておく。 ・完成したパックは写真を撮る。
4	7	*インタビューしよう〜おにぎり名人は誰だ!?〜*	○作ったおにぎりの良いところを見つけることができる。 ○おにぎり作りの手順や方法を理解し、頑張ったことを自分なりに説明することができる。 ・依頼者からのメッセージや写真を見て振り返る。 ・使った道具を見せ、頑張ったこと、難しかったことを発表する。 ・おにぎり名人認定証を受け取る。	・依頼者からのメッセージカードを返せるよう準備しておく。 ・依頼者が食べている様子をビデオで紹介し、喜ばれていることを伝える。 ・おにぎりを作れるようになった自信を共有できるように、お互いにインタビューしあうようにする。 ・自信がもてるよう、おにぎり名人認定証を準備しておく。

4　授業風景

1次　おにぎり作りに挑戦しよう

　まず、おにぎり作りの道具に興味・関心をもち、おにぎりを作りたいという気持ちを育てることを意図して手順を説明した。その後、おにぎりを作るときに使える道具（図1）を使っておにぎりを作ってみせた。生徒は食い入るように手元を覗き込み「自分もやってみたい！」と意欲を高めていた。エプロン、三角巾、マスクの着用、手洗い、アルコール消毒、ゴム手袋を着用し、班（3～4人）で好きな道具を選んでおにぎり作りに取り組んだ。最初は道具がうまく使えず戸惑っている様子も見られていたが、先生を呼んで聞いたり教えてもらったりして取り組んだ。慣れてくると他の道具も使って作っている姿があり、全員が2種類以上の道具を使って自分の力でおにぎりを完成させることができたことに満足している様子が見られた。

▲道具を使ったおにぎり作り

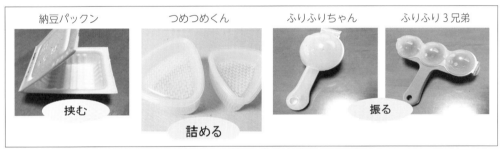

納豆パックン	つめつめくん	ふりふりちゃん	ふりふり3兄弟
挟む	詰める	振る	

図1　選択肢として準備したおにぎり作りの道具

2次　おにぎり名人になろう

　前時のおにぎり作りを写真で振り返った。画面に映る自分のおにぎり作りの様子を誇らしげに見ながら使った道具の名前を言ったり友達に話をしたりと自信をもった様子がうかがえた。大学生からおにぎりの注文が入っていることを伝えると、「頑張ります！」と意気込む姿が見られた。普段食べているおにぎりには具材が入っていることから、今回は「具材入りおにぎり」を作ることとなった。身支度を整え、生徒の多くは前回使用した

▲具入りおにぎりに挑戦

道具を手にとって作り始めた。ふりかけやごま塩、鮭フレークなど具材を自由に選べるようにした。初めは、ご飯の量の調整や具材の入れ方がうまくいかず、特に梅干しは、はみ出したりつぶれてしまったりして苦戦していたが、海苔を巻いて形を整える工夫を考えだした生徒もいた。思うように形が整えられず困りながらも、多くの生徒はどうしたらよいか試行錯誤しながら、熱中しておにぎり作りに取り組んでいた。前回は、ラップを切っておにぎりを包むことが難しい様子が見られたことから、カラーのアルミホイルを切って用意しておくと、キャンディー型に包むなど工夫して活用していた。

3次　おにぎりギフトを作ろう

　3次は、おにぎり作りの手順や道具の使い方が分かり、道具や具材を選択できるようになること、食べる人の気持ちやシチュエーションを考えておにぎりを作ることができるようになることを目的として進めた。まず、前時のおにぎり作りの様子を映像で振り返った。調理中は自分の作業に集中していてなかなか周りの様子を知ることができない分、他の人がどのようにおにぎりをつくっていたのかが気になっている様子だった。前時の活

▲メッセージを読む

動の様子を映像で見ながら、使った道具や具材、頑張ったことについて問うとどの生徒も堂々と答えており、前回よりも自信がついていることが伝わってきた。また、自分たちが作ったおにぎりを食べた大学生から「おいしい」「味加減も握り方もちょうど良い」「また作ってほしい」などの生の声を聴き、生徒は「よかった」と満足感を抱いていた。大学生からのメッセージをわたすと「嬉しい」と声があがり、夢中になって読む姿が見られた。

　生徒が自信をつけてきたところで、新たな依頼が入っていることを伝えた。注文票には、「紅葉を楽しみながらおにぎりを食べたい」や「午後からもがんばる力が湧いてくるおにぎりが食べたい」などの依頼が書かれていた。依頼が11パックあると、そんなに作れるだろうかと不安そうな表情を見せる生徒もいたが、楽しみに待ってくれていることやこれまでの頑張りを称える声かけをすると、「頑張るぞ！」と前向きな声が聞こえてきた。

　おにぎり作り3回目は、身支度も調理もスムーズに行うことができていた。初回には、道具の振り方や振る回数が足りず、おにぎりが丸くならない生徒もいたが、今回は、強く振ったり、縦と横の両方向に振ったり振る回数を増すなど、考えて取り組んでいる様子が見られた。前回、梅干しがはみ出してしまった生徒も、ご飯の量を少なくして穴を空けてから具材を入れる工夫をしていた。具材や組み合わせを変えて作るおにぎりのバリエーションは増えていった。

　おにぎり作りを終えた後、おにぎりを入れたパックをそのまま生徒に手渡した。すると、「これはプレゼントとは言えない」「嬉しくない」という声があがり、きれいに包装してあると、もらったときに嬉しい気持ちになることを理由にラッピングを行うことになった。何種類かの布や紙を準備しておくと、おにぎりの形や大きさによっては包みにくそうだったが、生徒は楽しそうに包み、最後に自分の名前のついたラベルシールを貼り仕上げていた。

▲いろいろなおにぎり作りに挑戦

4次　インタビューしよう〜おにぎり名人は誰だ!?〜

　最後の時間は、これまでの頑張りや身につけたおにぎり作りの力を互いに認め合い、学び合う時間であった。自分がどのようなおにぎりギフトを作ることができたのかを思い出した。その後、嬉しそうにおにぎりを食べている動画をニコニコして見ていた。また、学校の先生方が食べている映像が流れると歓声があがり、「すごいね」「おいしいね」という言葉を聴きとても嬉しそうだった。身近な人に喜んでもらう経験は、生徒のモチベーションに大きく影響する。生徒は、達成感に満ちた表情で、「またおにぎり作りをしたい」と意欲を見せていた。

5　授業の分析・評価

　授業後のアンケートでは、全員の生徒が「料理は楽しい」「料理は生活に必要だ」と回答した。おにぎり作りの経験を通して、料理の楽しさと必要性を実感していた。これは、授業を通して料理を作れるようになることで、自分の生活に活かしたり、誰かを喜ばせたりすることのよさを感じることができたことによると考えられる。また、全員が「新たな道具を使っておにぎりを作りたい」「具材を変えておにぎりを作ってみたい」と意欲を示していた。多くの生徒が授業を通して道具や具材を使ったおにぎり作りの楽しさややりがいを感じていた。また、11人中8人が「おにぎりを作って出かけたい」「家でおにぎりを作って食べたい」と回答しており、学校外や家庭での実践に気持ちを向けていた。

　授業後に家庭でおにぎり作りを実践した生徒は、学んだ具材の入れ方や成形の方法で実践しており、同じ道具が家庭になくても自分から取り組めた。家庭実践を通して、家にある道具や具材を使いながらより簡単におにぎりを作る方法を身につける経験につながった。生徒にとって身近な人に喜んでもらう経験は、自分の力で挑戦しようとする動機付けにもなり、ついた自信は家族に食べてもらおうとする姿として表われた。

6　授業の振り返りと今後の課題

　本実践は、「学びのユニバーサルデザイン（UDL）」や学習意欲にかかわる「ARCSモデル」を活用し、多様な子どもの実態に配慮して「食生活の自立」につながる力の育成を目指した。具材や大きさ、パッケージなど、少しずつ考える内容を増やしながら繰り返したおにぎり作りを通して、生徒はゆっくりではあるが確実に調理技術を身につけることができた。それに伴う自信ややりがいが、「新たな道具を使っておにぎりを作りたい」「具材を変えておにぎりを作ってみたい」と学校に限らず家庭で実践しようとする意欲につながることも確認できた。実践後に実施した、2回目の宿泊学習では、学外実習の昼食として各自がおにぎりを自分で作った。また、冬休みには家族のために、おにぎり作りに挑戦して、レポートを書いてきた生徒もいた。家族は、子どもが自分たちの好みを聞いて具材を工夫し、おにぎりを作ってくれたことをとても喜び、冬休み明けに、学級担任に写真を添えて喜びのメッセージを送ってくれた。

　今回の実践を通して、どのような実態の子どもも、自分の生活を自らの手でより豊かにしていきたいという意欲やその意欲を具現化する実践的スキルを高めることの大切さが確認できた。今後も多様な生徒に寄り添いながら力を付ける授業について検討していきたい。　　　　　　　　　　　　　　（上村　幸・高木　幸子）

【参考文献】
1）J.M.ケラー著，鈴木克明監訳.（2010）.学習意欲をデザインする，東京：北大路書房.
2）CAST.（2008）.学びのユニバールデザイン（UDL）ガイドライン（Ver.1）.

群馬県立館林女子高等学校

人口減少と空き家について考える
―SDGs と大学生が取り組んだ地域創生プロジェクトから学ぶ―

探究的な学びを深める手立て：1）社会課題に目を向け、大学生の取り組みなどから自分事として考える
2）空き家の利活用を自分たちで考える
Keyword：ジグソー法、大学生の地域創生プロジェクト

1 授業づくりにあたって

　グローバル化や情報化等、急速な社会の変化といったこれからの時代を生き抜くためには、習得した知識や技術を活用し、課題を解決していくための思考力・判断力・表現力を育成することが大切であり、教員にとってもそのための指導方法の工夫が急務であると考える。

　そこで，課題解決型の学習を導入し、授業の過程を質的に改善することで、思考力・判断力・表現力の育成及び学習意欲の向上につながると考えた。具体的には、教師から一方的に知識を与える講義型のみの授業スタイルから脱却し、授業で習得した知識を自ら活用し、探究するスタイルを導入することとした。

　住生活の領域における今後の社会問題として、空き家問題がさらに重視されることが必至である。ここでは、大学生が取り組んだ空き家を活用したプロジェクトを取り上げることにより、空き家問題をより身近なこととしてとらえさせたいと考えた。

　空き家の現状を知るとともに、課題解決に向けて主体的に行動する力を身につけさせたい。

　また、SDGs の17のゴール目標と関連させ、学習内容をより「自分ごと」として考えるとともに、地域社会、我が国及び世界における課題に目を向けさせることで、批判的思考力の育成を目指したい。

2 授業設計の視点

（1）　学びの構造図　次頁

（2）　授業の構想

　家を借りたり購入したりすることや、管理することについては、生徒たちにとって自分事として捉えにくいことから、教師はいかに興味・関心を高めさせる授業の工夫を行うかが課題であった。

　しかし、現在においては、「家」を見ることで、バリアフリー、防災、防犯、環境、少子高齢化、人口減少というように、社会の多くの課題を認知することができる。どのライフステージでいくらの家を購入するべきかという問題よりも、住人がいなくなった家をどうするかという問題の方が深刻化し、これからを生きる若者たちの重圧となりかねない。

　そこで、これからますます深刻化する「空き家問題」を取り上げ、現状や対策について考えられるとともに、とくに若い人たちを中心に行われている利活用の取組を例に挙げ、自分ごととして興味・関心を高めたい。また、今まで教師が知識として教えてきた採光、換気、遮音、間取り図、平面表示記号等についても、リノベーションを行うという設定で主体的に取り組むようにすることで、より効果的な習得が期待できる。

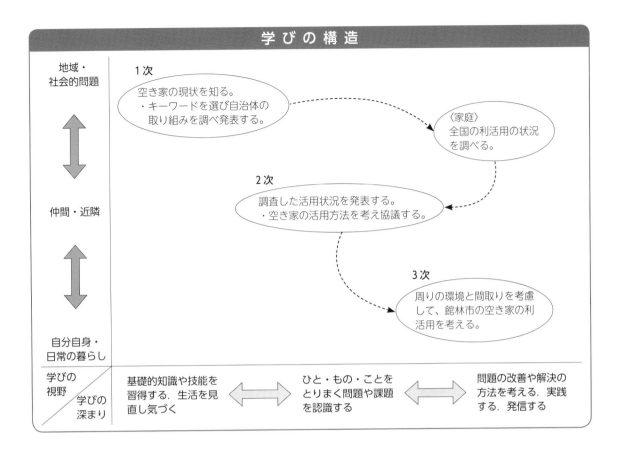

さらに、「空き家問題」の背景にある社会のさまざまな課題に気づかせ、考えさせることで、「A人の一生と家族・家庭及び福祉」、「C持続可能な消費生活・環境」の領域との横断的な学習による深い学びを実現するとともに、SDGsのゴール11、12、17を示すことで、国際社会の課題解決にも視野を広げさせることを目的としている。

3　授業計画

（1）　**題材名**　増加する空き家問題

（2）　**実践校・対象学年**　群馬県立館林女子高等学校1年生　「家庭基礎」2単位

（3）　**実施時期**　2019年12月

（4）　**学習目標**

　　○日本における空き家の現状について知り、問題点についてとらえることができる。

　　○実際に行われている空き家の利活用の例について知り、空き家問題解決に向けて、利活用として
　　　リノベーションを提案することができる。

（5）　学習構成（全4時間）

次	時	テーマ・問い	学習内容・学習活動	教師の働きかけ・支援
1	1	空き家の現状について知る	○空き家の現状について知り、自分の考えをまとめる。 ・空き家の現状について知る。 ・空き家に対する近隣の反応について知る。 ・危険な空き家（特定空き家）の除却について知る。 ・マンションの中にある空き室問題について知る。 ・空き家予防のための自治体ごとの取組について知る。 ・それぞれのKeywordについてインターネットで調べ、自分の考えをSDGsの視点を踏まえてまとめる。 ・4人グループ内で発表する。 ・空き家の利活用について知る。	空き家の現状について、スライドにまとめる。（20分）※SDGs　11　12　17 ・平成30年住宅・土地統計調査における全国の空き家数はおよそ846万戸、空き家率は13.6％となり過去最高を記録したことを知らせる[1]。 ・近隣住民にとって、空き家は心配の種になる場合があることを知らせる。 ・空き家問題対策として、空き家に対する規制が厳しくなったことを知らせる。 ・マンションの中に売れ残った空き室が増えた場合の問題点について知らせる。 ・「空き家バンク」、「空き家のマッチング」とは何か知らせる。 ・各自で調べ、関連するSDGsのゴール目標を踏まえて自分の意見をまとめることを告げる。（15分） ・1人2分ずつ話すことを知らせる。タイマーを使う。 ・空き家の利活用例について説明し、全国の例を調べてくることを知らせる。
家庭学習			各自で全国の空き家の利活用例を調べてくる。	
2	2	空き家の利活用について知る	○全国の空き家の利活用例について知る。 ・4人グループ内でそれぞれが調べてきた利活用の例を発表し、紙にまとめる。 ・各グループで1人が説明者として残り、3人は別の班の発表を聞きに行く。 ・別の班の説明を聞いた生徒は、元の班に戻り、内容を伝える。 ・大学生が取り組んでいる空き家を活用したプロジェクトについて知る。 　「SDGs 地域創生型プロジェクト 　　甲賀でつながる30日」 〈背景〉過疎 　　　　若者流出 　　　　小学校の閉校 　　　　空き家 〈大学生の取組〉 　　　ふるさと納税のしくみを利用したガバメントクラウドファンディングによる資金づくり	・各グループにA3版の紙を配布し、ポスターセッション形式にまとめるよう指示する。（12分） ・説明を行い、質疑応答を行うことを知らせる。（7分） ・1人が2分ずつ説明を行うことを知らせる。（7分） ・現役の大学生が人口減少・若者流出が課題となっている地方都市の空き家に一ヶ月間住み、市内5つの地域で毎日企画を実施し、関係人口を創出していく動画を紹介する。（4分） 　　自治振興会初代会長さんの話 　　陶芸家の方の話 ・動画について補足説明する。（10分） 　ガバメントクラウドファンディングとはどのようなものか。

			毎日企画を実施	甲賀市出身の高校生によるふるさとキャンプ 牧場でのバターづくりや兵糧丸づくりなどのむらのこ学校　等
			〈効果〉 　関係人口の創出 　他の若者への影響	・関係人口とは ・取組について発信することで、他の若者の地域及び社会の一員としての自覚を促し、課題解決について考えるきっかけを与える機会とする。
			・空き家の利活用について協議する	・空き家の利活用について自分たちの意見を出し合うように指示する。（10分）
3	3 4	空き家を利活用する	○空き家の利活用について考える ・館林市のある場所に空き家を想定し、周りの環境と間取りから、どんな利活用がよいかグループで考える。	・空き家の場所が示された地図、空き家の間取りを用意する。 ・自分たちが利活用するとしたら、どんなリノベーションがよいか自由にアイディアを出し合うように伝える。 ・その空き家のメリット、デメリットをあげさせる。 （交通量、近隣の年齢層、周囲の施設等） ・前時に知った全国の利活用の例を参考にさせる。 （ゲストハウス、カフェ、学生が集まる憩いの場、子ども食堂等） ・既習した防犯、防災、環境等に配慮させる。 ・地域とのかかわりについて考察させる。
			・平面図を作成する。	・既習した平面表示記号について復習させる。
			・リノベーションの目的をまとめる。	

4　授業風景

1次　空き家の現状について知る

　1次では、空き家についての現状について知り、空き家問題について自分の考えをまとめて発表できるようにする。

　空き家の現状、空き家に対する近隣の反応、危険な空き家（特定空き家）の除却、マンションの中の空き室、空き家予防について、プレゼンテーションにまとめ、説明を行った。

　空き家に関する Keyword について生徒自身がインターネットで調べたことを、自分の考えを SDGs の視点を踏まえながらグループ内で発表した。

▲自分の考えをまとめる生徒

2次　空き家の利活用について知る

　多くの空き家が利活用されることが望ましい。利活用の場合、空き家の所有者と購入希望者を結び、円滑に購入・賃貸する仕組を構築することが、多くの空き家を解決する手段として有効である。

　一方、全国で試みられているリノベーションなどのよい例があるが、空き家を公共の建物にする場合は、公共の建物用途に使用が限定されることや建築基準法の用途変更に耐えられることなどのきびしい条件があるため、数を増やすことは容易ではない。現在の耐震性や耐火性を満たさないいわゆる既存不適格の建物を現在の基準に改修することも必要になる。事例の紹介としては、以下などがある[2)～4)]。

■広島県尾道　尾道空き家再生プロジェクト
■やほろじ（代表和久倫也／首都大学東京饗庭伸研究室）
■岡山県小田郡矢掛町アルベルコディフーゾ計画

　この他にもさまざまな例があり、生徒自身が調べたそれぞれの利活用例をグループ内で発表し、A3版の紙にポスターセッション形式にまとめた。グループごとに1人ずつ発表者として残り、3人は他のグループの発表を聞くために移動する。7分内で発表と質疑応答が行われ、元のグループに戻り、1人が2分ずつ聞いてきた内容を説明した。

　「空き家問題」は、行政が取り組む仕事、大人が考える問題という認識を改め、より身近に感じさせるために、大学生が取り組んでいる空き家を活用したプロジェクトについて知らせた。現役の大学生が人口減少・若者流出が課題となっている地方都市の空き家に1ヶ月間住み、市内5つの地域で毎日企画を実施し、関係人口を創出していく動画を紹介した。

　この取組は、地域と若者を実際につなげることで地域課題の解決を目指すもので、平日は学生が地域の人々に歴史や文化を教えてもらいながら地域の魅力を発見し、休日は学生が地域の魅力を地域内外に発信する企画を行う。生徒たちは、クラウドファンディングを利用して資金を集めたり、30日間毎日異なるイベントを実施したりするという発想に、自分たちでも何かできるかもしれないと心が惹かれたようであった。

■立命館大学：「SDGs地域創生型プロジェクト　甲賀でつながる30日」

※大学生の取組についての説明スライド

3次　空き家を利活用する

　館林市のある場所に空き家を想定し、周りの環境と間取りから、どんな利活用がよいかグループで考えた。空き家がある場所を想定した市内の地図と空き家の間取りを見ながら、近隣住人の年齢層や人口密度、周囲の交通量、周囲にどんな施設があるか等を考慮してどんな利活用の方法がよいかを考えた。その場所と間取りのメリットとデメリットをあげ、ゲストハウス、カフェ、学生が集まって勉強したり映画を観ることができる憩いの場、子ども食堂等、さまざまな意見が出る中で、最適と思われるリノベーションを選択し、平面図を作成した。

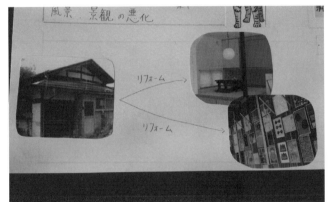 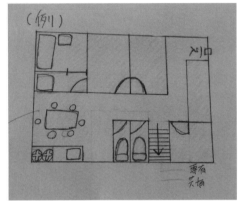

▲空き家を利用して考えたリノベーションや平面図

5　授業の分析・評価

　多くの生徒たちが、今まで「空き家問題」ついては自分とは直接関係のないことであると思っていたようだ。しかし、大学生が取り組んだプロジェクトについて知ることにより、多くの地方都市で人口減少・若者流出が課題となっていることに気づかされた。そして、自分が住む都市の未来を想像し、自分たちが真剣に取り組んでいくべき問題であると考えるようになった。身近な例を取り上げることで社会における課題について「自分ごと」としてとらえるきっかけを与えられたと考える。

　また、実際に空き家をリノベーションするという想定で、平面図を書いたことで、興味深く平面表示記号について習得することができ、生徒はゲストハウスやカフェ、学生が集まる憩いの場など、若者が集まる場所づくりとして「リノベーション」に楽しんで取り組んでいた。さらに、関係人口、クラウドファンディング、子ども食堂等、昨今、よく取り上げられているワードについての知識についても深まったようである。

▲空き家問題について考えを発表する生徒

6　授業の振り返りと今後の課題

▲リノベーションについてアイデアを
出し合う生徒

▲市内のリノベーションされたカフェ
を訪問した生徒

　授業においては、館林の空き家を活用するということは想像の範囲であり、実際に館林にある空き家を活用することは難しい。しかし、市内においても、リノベーションされたカフェなどの飲食店はいくつか実在する。実際にリノベーションされたカフェを訪問し、インタビューを行った生徒もいた。高校生が、「空き家問題」をより「自分ごと」として捉え、課題解決に取り組めるようにするためには、行政やリノベーションスクールを行っている業者等との連携なども効果的であると考える。　（高橋　みゆき）

【引用文献】
1）総務省統計局：平成25年および平成30年住宅・土地統計調査.
2）NPO法人　尾道空き家再生プロジェクト，http://www.onomichisaisei.com/index.php（2019年閲覧）.
3）やぼろじ，http://www.yabology.com/.
4）岡山県矢掛町：世界初！矢掛町が「アルベルゴ・ディフーゾ・タウン」に認定,http://www.town.yakage.okayama.jp/news/2018/06/post_310.html,2018年06月13日.

▲リノベーションしたカフェでインタ
ビューをする生徒　1

▲リノベーションしたカフェでインタ
ビューをする生徒　2

空き家の現状と解決に向けて

日本女子大学　平田　京子

・空き家の現状

　「平成30年住宅・土地統計調査」（総務省統計局）では、空き家数は846万戸で全国の住戸の13.6％を占め、過去最高となりました。ただしこの調査は外観等からの判断のため、実態としての空き家はもう少し少なくなると考えられています。

・空き家に対する近隣の反応

　空き家が隣接していると、倒壊や放火への心配、侵入盗（空き巣等）の侵入・脱出経路に使われるのではないか、不法な侵入者が発生するのではないか、などの不安を抱く住民が出てきます。また長期間空き家の状態になると、屋根や外壁、軒、ベランダの鋼材などの材料が傷んできます。台風や強い風などの自然災害によって建物が被害を受けたり、周囲に影響が及んだりすることも心配されます。

・危険な空き家（特定空家）の除却

　倒壊の恐れがあるような空き家は、近隣住民や通行人、車両が被害を受ける可能性があります。雪国では積雪が多いと住宅が倒壊する危険性があります。国土交通省は「空家等対策の推進に関する特別措置法」を施行し、管理されていない空き家に対する規制をこれまでより厳しくしました。倒壊等著しく保安上危険となるおそれのある状態などいくつかの条件に該当する「特定空家等」を定義し、除却、修繕等の措置の助言又は指導、勧告、命令が可能になりました。行政代執行による強制執行（除却）も可能になりました。特定空き家に認定されるまでには持ち主への助言、指導、命令が行われます。

・マンションの中の空き室

　マンションの中に売れ残った空き室や、居住者がいなくなった空き室が増えてくると、あるいはマンションの管理費用を滞納する居住者がいると、マンションの管理費用が捻出できなくなり、管理費用の高いエレベータを動かすことができなくなったり、共用部分の掃除や修理ができなくなったりと、管理不全に陥ります。こうなるとマンションの物件としての価値が下がり、持ち主が売却しようとしてもうまくいかない、あるいは高齢者世帯が残された状態で、さまざまな問題が発生してきます。マンションの空き室は、最悪の場合、マンションのスラム化につながる危険性をもっているのです。またタワーマンションは資産価値が高いものと考えられていましたが、管理や修繕の費用も高く、将来、管理費滞納者や空き室が増えてしまうマンションの場合は、問題を抱えることも考えられます。

・空き家予防と利活用

　空き家の所有者の意識を啓発し、空き家をそのまま放置しないよう防止策をとる自治体が増えてきました。空き家にしないためには、相続等で所有者になった人々への意識啓発や予防措置が行われる必要があり、自治体では空き家予防パンフレット等での啓発、空き家相談セミナー等のイベント、空き家相談窓口の設置等を始めました。空き家の所有者と物件を探す人とのマッチングサービス等も始まっています。空き家を利用してみんなの居場所にするなど、新たな試みも始まっています。これらの実現には建物の用途変更の困難さ、古い住宅の耐震性・耐火性をどう改善するかなどいくつものハードルがありますが、若い世代の柔軟なアイディアと挑戦に期待したいところです。

学校家庭クラブ活動「桐商生オリジナル　世界にひとつだけのお守り」
―桐生織物を使った作品づくりを通して子どもたちに伝えよう！―

探究的な学びを深める手立て：1）社会課題に目を向け、自分事として考える
　　　　　　　　　　　　　　2）先輩の活動から課題を発見し、継続した活動とする
Keyword：学習領域と学校家庭クラブ活動を関連させた展開、地域課題、協働的学習、伝統文化の継承、問題解決型学習

1　授業づくりにあたって

　家庭科の授業で習得した知識・技能を自分自身や家族の生活、あるいは地域社会において活用する力を身につけるには、ホームプロジェクトと学校家庭クラブ活動が効果的であり、「家庭基礎」においても、年間指導計画に位置づけて行うことが重要であると考える。従来より、学習指導要領には、ホームプロジェクトと学校家庭クラブ活動は「A～Cまでの学習の発展として実践的な活動を家庭や地域などで行うこと。」と記載されているものの、とりわけ学校家庭クラブ活動においては、2単位の「家庭基礎」の授業内での実施が報告されている例は少ない。多くの教員が授業デザインに苦慮しているという報告も見受けられる。それは、「家庭基礎」が学校で学校毎に選択されている必修科目で履修人数が多く、授業時間数も2単位と少ないことから、生徒個人の持つ問題意識を反映した学校家庭クラブ活動になりにくいと考える教員が多いからではないかと考える。

　生徒が家庭科で培った技能を活用し、身近な地域の伝統文化に触れながら、地域の人の思いに寄り添い、地域の問題解決の過程を誰もが経験できるようなストーリー性のある授業デザインはできないものだろうか。筆者らのそんな思いからこの授業の試みはスタートした。

　本授業の対象は、桐生商業高等学校の1年生である。生徒たちの高校生活は、勉強、商業の資格試験や部活動で忙しく、小学校から積み重ねてきた家庭科の学習については、家庭実践をする機会が乏しいことから学習の定着の実感が得られていない状況が見受けられる。

　このような生徒がひとつの提案された地域課題に関心をもち、地域の人の気持ちを考えて、地域の問題解決をする喜びを感じることができるように、本授業の「桐商生オリジナル　世界にひとつだけのお守り」は構想された。特に「地域の課題解決学習」を意識して構想された授業であるのと同時に、基礎的な縫製技能を活かしてものづくりの楽しさを味わい、地域の伝統文化に触れる衣生活分野の授業でもある。

　本授業は、桐生市の伝統文化である桐生織を子どもたちにいかに継承していくかという地域課題がある中で、学校評議員会において「織物業者が不用になった桐生織を学校で活用して欲しい」という話があがったことがきっかけとなり、2017年より実施している。本授業の課題は、この取り組みを継続した活動にすることである。しかし、「家庭基礎」の履修は1年のみであるため同じ生徒が活動を引き続き行うのは難しく、新たに入学してくる生徒に次年度の活動を委ねることとなる。そのため、前年度の反省を綿密に行い、次年度の生徒がその反省に基づいた詳細な改善点をグループワークで話し合うことにより、継続した学校家庭クラブ活動を探究的な学びとすることができる。

2　授業設計の視点

（1）　学びの構想図

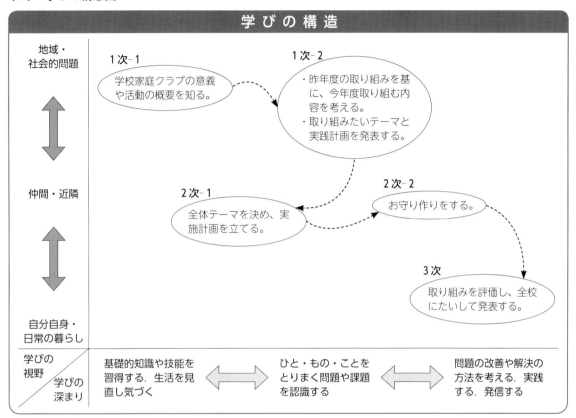

（2）　授業の構想

　授業設計の際には次のことを視点とした。まず、家庭科で学んだことやこれから学ぶことを活かして社会貢献をし、家庭科の学習の有用感と自己肯定感の向上を図れるように、自分たちの活動の記録を付けて可視化することである。次に、学校家庭クラブ活動で探究した学習内容について生徒が紹介することで、学校の取り組みから等身大の自分たちの取り組みへと受容できる。そして、探究的な学びを深める手立ては、本授業を開始した初年度は新たな課題の発見からの始まりであったが、次年度からは単に前年度からの引き継ぎにならないように他の学校家庭クラブ活動の例や、前年度の発表会の動画や反省・感想を見せるなどして、自分たちの視点で課題の発見ができる時間を設定した。綿密な改善案や計画をグループワークで考えることで主体的な活動とすることができる。

　日頃の授業においても常に課題意識をもつように、ミニホームプロジェクトを各単元に位置づけるなど問題解決的な学習を習慣化させ、自己の生活や地域の課題発見につなげるよう心がけている。

一次：まずは、学校家庭クラブ活動の主軸である「問題解決型学習のプロセス」について学ぶ。学習プロセスに照らし合わせて、昨年度までの「桐商生オリジナル　世界にひとつだけのお守り」の活動を紹介する（前年の家庭クラブ役員）。昨年度までの活動の反省を紹介し、その改善点をグループワー

クで話し合い、提案をさせる。決まったテーマを基に各班で実施計画を練る。

二次：地域の人に聞いたインタビューを報告する（本年度家庭クラブ役員）。前時に決めた計画を実施する。（型紙作り、裁断、縫製、叶結び、メッセージ、包装）個人の授業記録をまとめ、班で相互点検を行う。

三次：届けた様子などの報告をする（本年度の家庭クラブ役員）。班毎に、授業のふりかえりをして、発表する。

四次：各クラスの家庭クラブ役員が家庭クラブの研究発表会で授業の様子や反省点を発表する。

3 授業計画

（1）**題材名** 学校家庭クラブ活動「桐商生オリジナル 世界にひとつだけのお守り」
〜桐生織物を使った作品づくりを通して子どもたちに伝えよう！〜

（2）**実践校・対象学年** 桐生市立商業高等学校1年生

（3）**実施時期** 2018年4月〜2019年3月

（4）**学習目標**
○学校家庭クラブ活動の意義と実施方法について理解する。
○地域の生活から課題を発見し、解決方法を考え、計画を立てて実践することができる。

（5）**学習構成（全12時間 ※うち5時間は衣生活領域を兼ねる）**

次	時	学習テーマ	○各時間のねらい・主な学習活動	教師の働きかけ・支援
1	1 2 3	地域の課題について発見する	○学校家庭クラブ活動の意義と実施方法について理解する。 ・学校家庭クラブ活動の意義について復習する。 ・学習活動は、計画、実行、反省・評価の流れに基づいて行い、実施過程を記録することを確認する。 ○昨年の取り組みを振り返る。 ・研究発表会の動画を視聴する。 ・レポートを見る。 ・グループディスカッションにより、昨年の取り組みについて問題点と改善方法を挙げる。 ・各グループごとに自分たちが見直したテーマと実践計画について発表する。	・最初の授業において、ガイダンスとして学んだ学校家庭クラブ活動について復習させる。 ・成果の発表会を行うことを知らせる。 ・昨年度の取り組みを継続する場合には、課題設定、計画、実施方法についてもう一度見直しを行うことの重要性を伝える。 ・実施時期や全体の流れ、製作物、配布方法等、ポイントを示す。
	4 5	計画を立てる	○テーマ決定と計画を立てる。 ・テーマを決定する。 ・計画を立てる。	・各グループに、実施計画を比較し、最も適切な計画を考えるよう指示する。 ・課題を明確にし、調べる手段、必要となる物、期間、経費などを考えさせる。

2	6 ～ 10	実践する	・実践計画に沿って実行する。 　　お守りづくり→配布 ・経過を記録する。途中で経過を振り返り、改善した方を考える。	・お守りづくりについては、被服管理についての知識及び技能を活用させる。 ・毎時間の目標を伝え、進度に遅れが生じていないか毎回チェックする。
3	11	反省・評価をする	○反省・評価をする。 ・実践結果に基づいて、グループごとにチェック項目を参考に反省する。	・評価基準を伝える。
	12		○発展する。 ・グループごとに発表し、クラス全体で共有する。	・挙がった反省項目を基にこれからの取り組みについて考え、学校全体で共有する。
発表			・学校全体の課題研究発表会で発表する。	

4　授業風景

1次　学校家庭クラブ活動の意義と実施方法について理解する（1時間目）

「家庭基礎」の最初の授業においてガイダンスを行っている。その中で、ホームプロジェクトと学校家庭クラブ活動について説明を行い、毎時間の授業及び日常生活において、「自分ごととして考えること」を積極的に行うことを指示している。その際、学校として取り組む課題が前年度から引き継いでいることを知らせ、課題設定や計画、実施方法等を見直し、改善を行い、改めて行うことの重要性を説明し、実施過程を記録することを確認した。

地域の生活の中から、課題を発見する（2時間目）

グループディスカッションにより、今までの授業や生活の中から気づいた地域の課題について話し合いを行った。昨年の取り組みについての問題点と改善すべき内容について話し合った内容を発表しあい、クラス全体で共有した。

〈テーマ〉　「桐生織物を子どもたちに伝えよう」

〈課　題〉　①地域の伝統産業である桐生織物が市内の子どもたちに伝承されていない。
　　　　　　②織物業者の倉庫に不用になった桐生織物が大量に保存されていて、活用方法がない。

〈活動内容〉不用になった桐生織物を利用した手作りのお守りを桐生市内の小学校1年生に配布する。

テーマ決定と計画を立てる（3時間目）

教師は、前時で各クラスからあがった昨年の問題点と改善すべき内容をまとめ、学年全体に伝えた。生徒たちは、教師から伝えられた内容を基にグループで話し合い、今年度の課題を明確にし、調べる手段と必要な物・期間・経費などを考えた。

2次　実践する

①聞き取り調査、インターネットを利用して現状、背景・原因等の実態調査を行った。

桐生市に伝わる桐生織物は、江戸時代以降、京都の西陣織と並んで「西の西陣、東の桐生」と言われ栄えてきた。明治の頃にはジャカード機など当時の最先端技術をいち早く導入し、近代的な生産体

制を確立することによって、世界でも指折りの織物産地に成長してきた。昭和期には、ノコギリ屋根の織物工場が数多く建てられ、今もその姿を市内で見ることができる。最近では、ベーカリーやワイン貯蔵庫、美容室等、新たな役割で再活用されている工場が人々の関心を集めるようになり、現在は、町並みから機織りの様子を感じられることは少なくなった。そのため、桐生が織物で栄えてきたことを知らない子どもたちが増えている。しかし、現在も桐生市は、企画から製品化までのデザイン、撚糸、染め、織、編み、刺繍、縫製など、多くの工程の技術が集積した繊維産地となっている。

また、桐生市の子ども議会において、「もっと学校で桐生織物について教えたらよいのではないか」という小学生の意見や、学校評議員会で「不用になった織物を学校で使ってもらえないか」という話が出たことなどもわかった。また、桐生市内の小学校1年生は約800人であることがわかり、生徒1人が作る数や、製作にかかる時間等について計画を立てた。この実態調査をもとに、生徒たちは、各グループで改善のための実践計画を立てた。次の時間、生徒から出された実践計画案から最も適切な方法を共有し、改善案を考えた。出された意見を聞きながら、その理由を吟味し、全員で実践計画を確認した。

②お守りの製作

お守りの製作については、衣生活の被服管理の学習と兼ねており、5時間計画で行った。生徒たちの意見で、お守りの中には、小学生への交通安全を願うメッセージを入れ、桐生織物の歴史についての説明書とともに袋に入れることにした。

▲桐生織りの布地を用いてお守りを製作している生徒

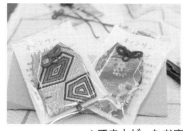

▲でき上がったお守り

③小学生への寄贈

　市の校長会議において、本校の校長から各小学校の校長へ渡された。その後、小学生からお礼の手紙が届き、生徒たちは、自分のたちの活動により小学生が喜んでくれたこと、桐生織について知ってもらえたことに嬉しさを感じていた。

3次　反省・評価

　実践結果に基づいて、グループでチェック項目を参考に振り返りを行った。計画どおりに進めることができたか、実施時期、製作する物、配布方法等について話し合いを行った。生徒たちからは、製作する物をお守りではなく、ブックカバーや日用品など別の物に変えたらどうかという意見や、桐生織に関する絵本を制作するとよいのではないかという意見もあった。

5　授業の分析・評価

● 生徒の感想

　小学生に桐生織を伝えようと始めた取り組みでしたが、自分自身が桐生の文化を知りつつ、桐生織りへの思い入れを強めながらお守りづくりを進めることができました。二重叶結びについて覚えたり、普段は使わないミシンを使うことで技術の習得にもつながったと思います。思いを込めて作ったので、もらってくれる小学生が安全に過ごしてくれると良いと思います。今回の活動により、守っていかなければならない伝統文化の大切さや、不用になった物の活用や環境のことまで考えるきっかけになりました。地域の課題に気づき、考え、行動をするというとても貴重な経験になったと思います。

6　授業の振り返りと今後の課題

　2017年度から始めた活動であるが、2年目からは、前年度の振り返りを行い、改善点を考え、計画を立て直して実践している。生徒たちの希望としては、自分たちが卒業した小学校へ各卒業生が直接届けるようにしたいなど、小学生へ届ける方法を考え直そうという意見も出た。大半の生徒はお守りの製作の継続を希望し、製作時期や製作方法について具体的な変更案がいくつか提案された。この活動については、毎年1月に学校全体で行う課題研究発表会において、活動報告を行うことにしている。　　（高橋　みゆき）

▲お守りを寄贈した小学生から送られたお礼の手紙

ホームプロジェクトと学校家庭クラブ活動の
効果的な指導のコツ

群馬県立大間々高等学校　高橋みゆき

　ホームプロジェクトとは、家庭科で学んだ知識と技能を生かし、自己の家庭生活の中から課題を見いだし、課題解決を目指して主体的に実践する学習活動です。また、学校家庭クラブ活動とは、家庭科で学んだ知識と技能を生かし、学校や地域の生活の中から課題を見いだし、課題解決を目指してグループや学校単位で主体的に実践する学習活動のことを指します。

　ホームプロジェクトと学校家庭クラブ活動を行うプロセスで大切なことは、まず、身近な生活の中にある課題を見いだすことです。次にその課題に取り組む方法を計画し（Plan）、計画した取り組みを実施（Do）、実施した取り組みを振り返って評価する（See）、評価後に課題を見直し、また Plan 計画・Do 実施・See 反省・評価のサイクルで進めます。生徒たちは、この過程で意思決定プロセスを学ぶのです。

　このプロセスを家庭科の授業に取り入れるにあたっては、年間計画に位置づけ、授業の最初のガイダンスにおいて、ホームプロジェクトと学校家庭クラブ活動の意義と実施方法について理解させ、授業の早い段階からホームプロジェクトと学校家庭クラブ活動を意識した学びを支援します。

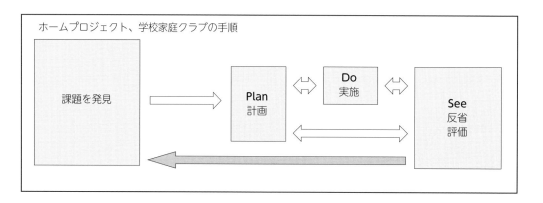

1．課題発見に対する支援

　課題の発見は、苦手とする生徒が最も多い最初のステップです。そのような生徒たちに対する支援のひとつは、普段の授業における働きかけに一工夫することがあげられます。

　まず、授業の最初のガイダンスにおいて、家庭科の授業内でとりあげたことに対しては、常に自分事として「考えること」を習慣づけるように話をすると効果的です。授業で取り上げた内容に対して、「自分や家ではどうだろう？」と考えることで、自分自身や身近な家族の生活の中にある課題が見つけやすくなります。また、この考え方の対象を地域や社会に広げることで自分の生活と現代の社会課題とのつながりといった発展的課題を考えるトレーニングにもなります。

　また、「日々の生活の中で常にアンテナを張って、いろんな課題をできるだけ沢山見つけてみよう。」ということを繰り返し伝え、生徒に応じた支援を考えます。必要があれば、生徒たちの興味関心のありそうなことを問いかけ、考える場を設けます。例えば、部活動にかかわる生活について「こ

うだったらいいなと思うことは？」との問いを投げかけると、汗を吸収しやすい衣類の快適さや、筋肉をパワーアップさせる食事についてといったことを考えるきっかけとなります。そのほかにも、スーパーやコンビニで買い物をした時のことを想像してもらいながら「どんな問題があるか？」を考えるよう促すことで、レジ袋等のプラスティックゴミ問題にたどり着くかもしれません。さらに、テレビやニュースなどでよく耳にするキーワードを自由に書き出してもらうと、例えば、「振り込め詐欺被害」や「児童虐待」、「待機児童」、「防災」など、今世間で話題となっている社会問題が、家庭科の学習に関連する形で現れるきっかけになる可能性があります。

　こうして生徒たちが見いだした課題は、その都度、教科書やプリントにメモしておくよう指示しておくことで、このメモはホームプロジェクトの課題探しの時にも役立ちます。また、さらに探究的な深い学びを目指す場合は、授業のさまざまな場面において、物事を多面的・多角的にとらえる「クリティカル・シンキング（批判的思考）」を心がけるように指導することです。クリティカル・シンキングとは物事の前提を疑いさまざまな角度で検証をすることで、客観的になり、問題の本質をクリアにする思考のことです。テーマ探しの際には、そのトレーニングを活かし、対話的なやりとりのなかでテーマを掘り下げることができるようになります。

２．計画立案に対する支援

　見出した課題への取り組みに当たっては、課題を解決するための目標を明確にし、授業内で綿密な実施計画を立ててもらいます。計画が一通り完成したら、この段階でまず一度振り返りを行うことが望ましいです。振り返りの方法としては、計画を多面的な視点からグループで話し合い、教師が適切な助言を与えることにより、計画段階での論理の矛盾や計画の非合理を見つけ、より適切な解決方法の発見につなげることができます。

３．計画実施に対する支援

　生徒の主体的な活動を尊重し、教師は適切に指導し・助言を行う立場であることを心がけます。生徒の考えや取り組みが行き詰まったときには、計画をもう一度振り返えるよう指導します。また、授業で取り上げた例を今一度示して思考を整理させたり、他のグループや地域の身近な人々とかかわることをひとつの打開策の工夫として示唆したりすることも大切です。

４．反省・評価に対する支援

　ホームプロジェクトと学校家庭クラブ活動においては、計画実施後の反省と評価が最も重要なプロセスとなります。例えば、ホームプロジェクトでは発表会の実施がその取り組みとして多いものですが、発表の形式は、３～４人のグループごとに代表者のみが発表するだけでなく、グループ内で１人１人が発表する機会を設けるなど、必ず全員が行うように工夫することは効果的な指導方法です。また、学校家庭クラブ活動では、毎年学校全体で取り組む課題がある場合に、同じことを繰り返す単純活動にならないように留意します。あらかじめ生徒には、毎年の活動の様子を知らせ、前年度の報告会を計画して、昨年の実施方法等を見直し、今年度の課題を見つけて改善を行うというプロセスで活動することの重要性を説明します。

５．普段の授業でもミニホームプロジェクトを取り入れよう！

　普段の授業においても、問題解決の思考プロセスの習得を意識して授業設計をすることが重要です。例えば、各単元の終わりに、「この単元での学びを活かして〜〜をしてみよう」ということで、手軽にできる家庭学習を呼びかけるなどの工夫ができます。

（高橋　みゆき）

家庭科と他教科との関連

教科横断型でカリキュラムを捉える：家庭科をハブとした教科連携の可能性

　児童・生徒は学校教育の中で様々な教科内容を学びながら、それを自分の中で理解し、知識やスキルを総合し、日常生活に活用する力として醸成している。しかし教科の知識・スキルは教科ごとに設定されており、その統合は子どもにゆだねられている。実際、教科の連携や教科横断型という言葉はよく耳にするが、学校現場でそれが実際に行われている例は少ない。その要因の一つは、各教科がどう関係しているかについて、内容的なつながりが明示化されていないことがあるだろう。

　ここでは、SDGsのゴール11「住み続けられるまちづくり」のなかのターゲット11.5「防災」を例として、家庭科の学びと各教科の学び、そして教科間の学びのかかわりについて図に示してみた。

　家庭科は「自分と家族の生活」を核としているため、子どもの生活や行動に最も近い教科である。「防災」という切り口でみると、図のように住生活、食生活、衣生活そして生活経営で学習内容を横断して様々な学習が考えられる。またそれらの学習を社会科での地域の避難体制や国の防災、理科の自然災害、保健の衛生や救護、総合の地域連携などとつなげることで学習を総合的に深めることができる。ここでは子どもの生活（暮らしの営み）を軸にして、家庭科をハブとした教科横断型の学習の関連を示してみた。子どもの内なる学びの総合化を助けるカリキュラム・デザインが必要である。　　　　　　　　（高木　幸子）

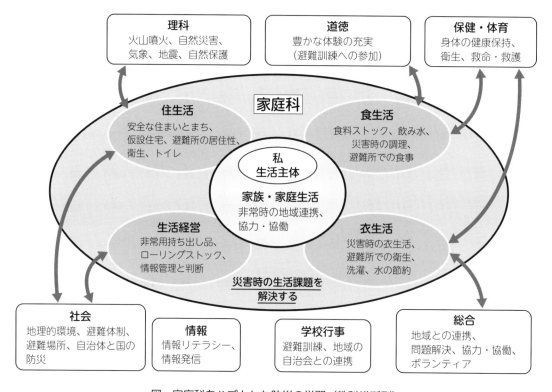

図　家庭科をハブとした防災の学習（教科横断型）

家庭科と家政学、諸科学との関連
現代的課題の解決を目指す家庭科授業の背景として

　家庭科の授業をデザインする時、学習者と現代的諸課題（図の外側の円）をつなげ、生活主体（図の中心）を育む土台となるのが、人間と生活の営みの基盤となる認識枠組みである。それらにかかわる「知識」を理論的に体系づけ、持続可能な生活を目指す学際的な科学のひとつに、家政学（Home Economics）がある。家政学は、アメリカで20世紀初頭に学問として成立した。日本では、明治期に大学の科学的な専門教育として導入され、戦後、日本家政学会が設立された。現在、家政学は「家庭生活を中心とした人間生活における人と環境との相互作用について、人的・物的両面から、自然・社会・人文の諸科学を基盤として研究し、生活の向上とともに人類の福祉に貢献する実践的総合科学」[1)]と定義されている。

　下の図は、学習者（生活主体）を中心に家庭科教育の側から見た家政学と諸科学の関連を示したイメージ図である。家政学の学際性は、その外側の諸科学と密接なつながりがあり、それは家庭科の学びの包括性とも深い関係がある。現代的諸課題を生活原理に基づき科学し研究する家政学の視点は、生活を包括的にとらえる家庭科の学習を支えるものである。家政学と隣接する諸科学を背景に、新たな実践と知を育む家庭科の授業を期待したい。　　　　　　　　　　　　　　　　　　　　　　　　　（小高　さほみ）

【引用文献】　1）日本家政学会編、1984『家政学将来構想1984 家政学将来構想特別委員会報告書』光生館.

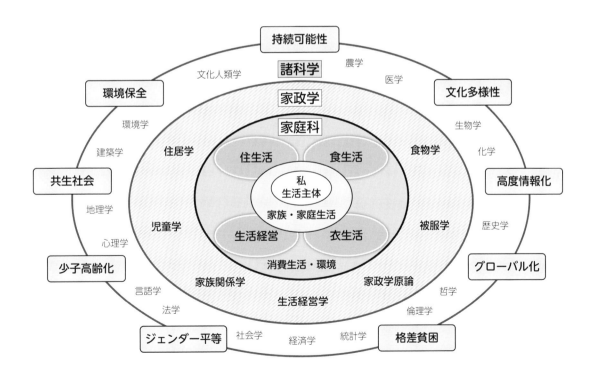

図　家庭科と家政学、諸科学、現代的課題との関連

SDGsと教育―家庭科に期待すること―

国連大学サステイナビリティ高等研究所
いしかわ・かなざわオペレーティング・ユニット

永井　三岐子

　SDGs は、2015年に国連持続可能なサミットで採択された開発目標です。2030年の持続可能な世界のありようを具体的に17のゴールと169のターゲットで示した、いわば未来の大きな見取り図です。これまで、環境、人権、経済開発など分野ごとに課題解決を目指して国際社会も地域社会も活動してきましたが、課題は根本でつながっていることが認識され、異なる分野間の協力や利害関係の調整がないと地球全体と私たちの社会システムが改善されないことがわかってきたからです。結果として、SDGs の実践には、これまで連携が想定されなかったような人や団体間の新しいパートナーシップが生まれることになりました。地域の自然保護を研究する国連ユニットに勤務する私が、教育現場とご縁ができたのは、そのような SDGs のつなぐ力が大きく作用しているように思います。本稿では、石川県内の能登や金沢などの中学、高校で、主に総合学習の取り組みをお手伝いした経験から SDGs と教育の関係について私見を綴りたいと思います。

ゴールとしての教育―SDGs ゴール4　質の高い教育をみんなに―

　数年のうちに教育現場でさかんに聞かれるようになってきた「SDGs」。これまでの ESD とどう違うのか、具体的に何をすれば良いのかわからない、またひとつやることが増えた、面白そう、生徒が生き生きしている、など先生方からはさまざまな声を聞きます。

　SDGs では、誰もが包摂的で質の高い教育を受けられることがゴール4に掲げられています。良い教育を受ける権利はすべての人に等しく与えられたもので、SDGs 達成のためには、依然として学校に通えていない5700万人の子どもに初等教育を届けることが必要です[1]。

　一方、日本の SDGs 達成度を高く押し上げているのは、実は義務教育の高い普及率に起因すると言われています[2]。したがって、日本の教育がこれから取り組むべきは、量的普及よりもむしろ、教育の質の向上や、方向性の転換なのかもしれません。それを示唆するものとして、SDGs4.7のグローバルシチズンシップ教育やインクルーシブ教育、文化的多様性教育にはこれから大いに時間を割いて欲しいと思います。これらが教育の普及や、向上を目指す SDGs に含まれるゴールとしての、教育の側面です。

持続可能な社会を創る教育―SDGs 人材教育のために―

　「教育が大切」。これは、環境、平和、社会どの会議でも言われることです。それほど教育は行動を変えていく重要な要素であり、持続可能な社会を創る上で大きな役割を果たすことが期待されます。

Mikiko Nagai

上智大学フランス語学科卒業、政策研究大学院大学修士（国際開発学）。フランスで民間会社勤務の後、JICA モンゴル事務所で水資源管理や過放牧の問題、国連大学グローバル環境情報センターで気候変動への適応策研究に従事。現在は地域にある国連機関の強みを活かし、石川の自然、文化の豊かさを研究と国連の場で発信するとともに、自治体への政策提言を軸として、SDGs の実践を推進。

　さらに、気候変動による災害の頻発や疫病の発生、AI との共存など、予測不可能なこれからの社会を生き抜く力として、用意された答えに早く正確にたどりつく力よりも、課題を主体的に見つけ出し、他者と連携しながら解決していく課題解決能力が社会の中で重要性を増していきます。探究学習では、生徒の主体性を育むための Project based Learning を取り入れるところが増えていますが、人生経験も浅く、住む社会が小さい子どもたちには、現実の社会課題を汲み取るのは難しいこともあります。そこをうまく導入する枠組みとして SDGs が生徒の気づきを引き出しているように思います。

　このように SDGs を取り入れた学校現場の変容として特筆したいのは、SDGs を知識として生徒に届けるのではなく、先生や学校が、一緒に考え、学ぶプロセスがとても大切だということです。SDGs ではありたい姿は示されていますが、やり方は、世界中がトライアンドエラーを通じて、動的に有効なアプローチを模索している途上にあります。さらに、SDGs という現実社会の枠組みを取り入れることで、机上の課題を解決する外部者としてではなく、生徒も先生もひとしく現実社会の課題の当事者であるという視点が、生徒を現実社会に惹きつけ、課題と向き合おうとする主体性を誘発するように思います。その中では、SDGs 自体に疑問を持ったり、18個目の目標を考えたりというような SDGs を超えた視点を持つ生徒も出てきて、頼もしく思います。

　次に、SDGs は幅広い課題を扱うため、多様な、実践的な人材が生徒との学びにかかわることが望ましいです。そのためには、一層学校の運営やあり方に、柔軟性、開放性、多様性、包摂性が求められます。SDGs を学びのツールとして取り入れることにより、結果として SDGs 的な学校へと変容していく、この一連のサイクルが生まれてこそ SDGs 教育なのではないかと思います。

家庭科の可能性

　家庭科は、現代生活と切っても切れない、環境、エネルギー、消費活動、ジェンダー、食品、農業、などを幅広く扱い、SDGs を生活目線で切り取った SDGs 生活版とも言えるものです。家庭科の学びから率先して、上記で述べた SDGs に即したコンテンツと、SDGs 的なあり方、学び方の導入が生まれることを期待しています。

1) https://www.un.org/sustainabledevelopment/education/
2) Sachs, J., Schmidt-Traub, G., Kroll, C., Lafortune, G., Fuller, G. (2019) : Sustainable Development Report 2019. New York : Bertelsmann Stiftung and Sustainable Development Solutions Network (SDSN).

索引

おわりに

　私たちは、新たな学習指導要領の施行が開始されるこの時期に、SDGsと家庭科との重なりを視野に、思考力、判断力に裏づけられた生活実践力を身につける家庭科カリキュラム・デザインの枠組みと方法の提案を目指して本書をまとめた。

　授業デザインの考え方の変革が求められる中で、これからの家庭科教育の果たす役割や家庭科授業の可能性を具体的に示す必要があるのではないかとの思いが共有され、議論が始まった。2019年7月から現在にいたる議論を通して、私たちはこれからの家庭科教育の果たす役割の大きさや重要性について理解を深めることができた。また、本書には、これから求められる学習者中心のカリキュラム・デザインの具現化を目指してつくられた授業実践を掲載した。こういった実践が本書を通じて広がることに多くの期待を寄せている。

　本書の執筆を進める中で、家庭科における探究的な学びとは何か、学びを深めた姿はどのように表れるのかなど、家庭科が育成を目指す資質・能力について議論し、改めて私たちの生活や生活課題とSDGsとが密接に関連していることを実感した。

　本書には、さまざまな分野で活躍する方々からの最前線の取り組みや話題、情報がコラムや解説として紹介され、私たちが社会に生きる生活者として考える資料とできる。また、収録した7事例の学びの構造図や授業風景から、どのように題材全体のカリキュラムがデザインされ、どのような工夫が学習者の学びに向かう気持ちや主体的な取り組みを維持し支援するために行われたのかについて、一緒に味わい考えることができる。

　本書が皆様の学校での実践や授業改善のヒントになればこの上ない喜びである。よりよい家庭科授業の創造に向けて、学び合う仲間として忌憚のないご意見をいただければ幸いである。

　最後に、私たちの議論をまとめるにあたって、本書の趣旨を深くご理解いただき丁寧で的確な仕事を進めてくださった教育図書の横谷礎さん、編集部の宮嶌洋人さん、磯部海花さんに心から感謝申し上げます。

　2022年3月吉日

　　　　　　　　　　　　　　　　　　　　　　　　　　　　　　　　　　編著者一同

編集・執筆者一覧 （2022年3月現在）

編集（☆代表）

荒井　紀子☆　　福井大学名誉教授
高木　幸子　　　新潟大学大学院教育実践学研究科教授
石島恵美子　　　茨城大学教育学部准教授
鈴木真由子　　　大阪教育大学大学院連合教職実践研究科教授
小高さほみ　　　上越教育大学大学院学校教育研究科教授
平田　京子　　　日本女子大学家政学部教授

執筆者

荒井　紀子（福井大学）………………… はじめに・Ⅰ-1・Ⅰ-2・Ⅱ-1-1・Ⅱ-2-2
高木　幸子（新潟大学）………………… Ⅰ-3・Ⅱ-1-2・Ⅱ-2-5・Ⅲ-序・付論 p.168
小高さほみ（上越教育大学）………………… Ⅰ-4・Ⅱ-2-1・付論 p.169
鈴木真由子（大阪教育大学）………………… Ⅰ-5・Ⅱ-1-4・Ⅱ-2-6
石島恵美子（茨城大学）………………… Ⅰ-6・Ⅱ-1-3・Ⅱ-2-3・解説 p.48-p.49
平田　京子（日本女子大学）………………… Ⅱ-2-4・解説 p.159

安藤　哲也（NPO法人ファザーリング・ジャパン）………………… コラム p.55
井元　りえ（女子栄養大学）………………… 解説 p.66-p.67
都﨑　博子（ケアハウス弘陽園）………………… コラム p.77
大野　　覚（NPO法人フードバンク茨城）………………… コラム p.81
柳川　奈奈（有限会社設計工房顕塾）………………… コラム p.87
長田　華子（茨城大学）………………… コラム p.91

永井　敏美（富山県立砺波高等学校）………………… Ⅲ-1
大嶋　佳子（福井県立藤島高等学校）………………… Ⅲ-2
山崎　陽江（富山市立興南中学校）………………… Ⅲ-3
栖府　暢子（元東京大学教育学部附属中等教育学校）………………… Ⅲ-4
横山みどり（筑波大学附属小学校）………………… Ⅲ-5
関　慎太郎（新潟大学附属長岡小学校）………………… Ⅲ-6
上村　　幸（東京学館新潟高等学校）………………… Ⅲ-7
高橋みゆき（群馬県立大間々高等学校）………………… Ⅲ-8・Ⅲ-9・解説 p.166-p.167

特別寄稿

永井三岐子（国連大学サステイナビリティ高等研究所）………………… p.170-p.171

装丁デザイン　荒井　利春

SDGs と家庭科カリキュラム・デザイン
―探究的で深い学びを暮らしの場からつくる（増補版）

2020 年 6 月 21 日　初　版発行
2020 年 9 月　1 日　第 2 版発行
2021 年 2 月 10 日　第 3 版発行
2022 年 3 月　1 日　増補版発行

●編　著：荒井 紀子、高木 幸子、石島 恵美子、
　　　　　鈴木 真由子、小高 さほみ、平田 京子

●発行者：横谷 礎

●発行所：教育図書株式会社
　　　　　〒 101-0052
　　　　　東京都千代田区神田小川町 3-3-2
　　　　　電話　03(3233)9100(代)
　　　　　FAX　03(3233)9104
　　　　　URL　https://www.kyoiku-tosho.co.jp

ISBN978-4-87730-462-1　C3037